宗教の世界史 7

ユダヤ教の歴史

市川 裕 著

山川出版社

バル・ミツヴァの儀礼　エルサレムの西の壁を背景に，トーラーの巻物を抱えてユダヤ教の成人式であるバル・ミツヴァの儀式をおこなうユダヤ人の少年。父親ともども，左手と額にテフィリン(聖句箱)をつけている。→付録14頁参照

エルサレム　平和の都を意味し，ダビデの征服以来，三千年を経た平安京である。その象徴ともいえる黄金に輝く岩のドームは，イスラーム勢力の征服後にムハンマドの昇天の場を記念して建設された。そこには巨大な岩があり，かつてユダヤ教の神殿の至聖所があったとされている。キリスト教は，イエス・キリストの磔刑と復活の場とされた聖墳墓教会をその中心と定めた。金，土，日にそれぞれの祈りの声が旧市街を包み込む。→付録 25頁参照

シナゴーグ

【起源】ユダヤ教に特徴的な宗教建築は，神殿とシナゴーグである。エルサレムの第一・第二神殿の起源は聖書に明記されているが，シナゴーグの起源については，ソロモンの第一神殿の時代やバビロン捕囚以降の時代など諸説あり，正確なことはいまだ判明していない。シナゴーグとは，もともと会合を意味するギリシア語を語源にしたユダヤ人集会所を意味するが，それから転じて，ユダヤ教の礼拝所，共同体センターとしての二重の役割を担う会堂のことを指す。紀元後70年にエルサレムの第二神殿が破壊されたのちには，神殿でおこなわれていた儀礼や慣習の多くをシナゴーグが受け継ぎ，ユダヤ人の宗教生活の中心となった。もっとも，動物供儀などのように神殿でのみ特別に執行されるべき儀礼は中断され，シナゴーグでは祈禱がそれらに取って代わった。

【構造】シナゴーグは，形や大きさなどに関してとくに条件がないため，建物の外観はその土地や時代の建築様式の動向を反映する傾向にあり，建築的特徴にもそれぞれ違いがある。しかし，礼拝所としての用途がその内部構造を規定している。建物全体がエルサレムに向いていなければならず，内部には，エルサレムに向いた壁面にしつらえられたヘイハル，あるいはアロン・コーデシュと呼ばれる聖櫃がある。その聖櫃にはトーラーが納められ，安息日の朝ごとに各週の朗読箇所が「セーフェル・トーラー」と呼ばれる羊皮紙の巻物から朗読される。それ以外に，内部にはテーヴァーまたはビマーと呼ばれる説教台が設置される。その説教台は通常は壇上に置かれて，司式者が祈禱を先導したり，指定されたトーラーの章節を朗読したりする際に用いられる。シナゴーグは，キリスト教の教会やイスラームのモスクのモデルになったとも考えられている。

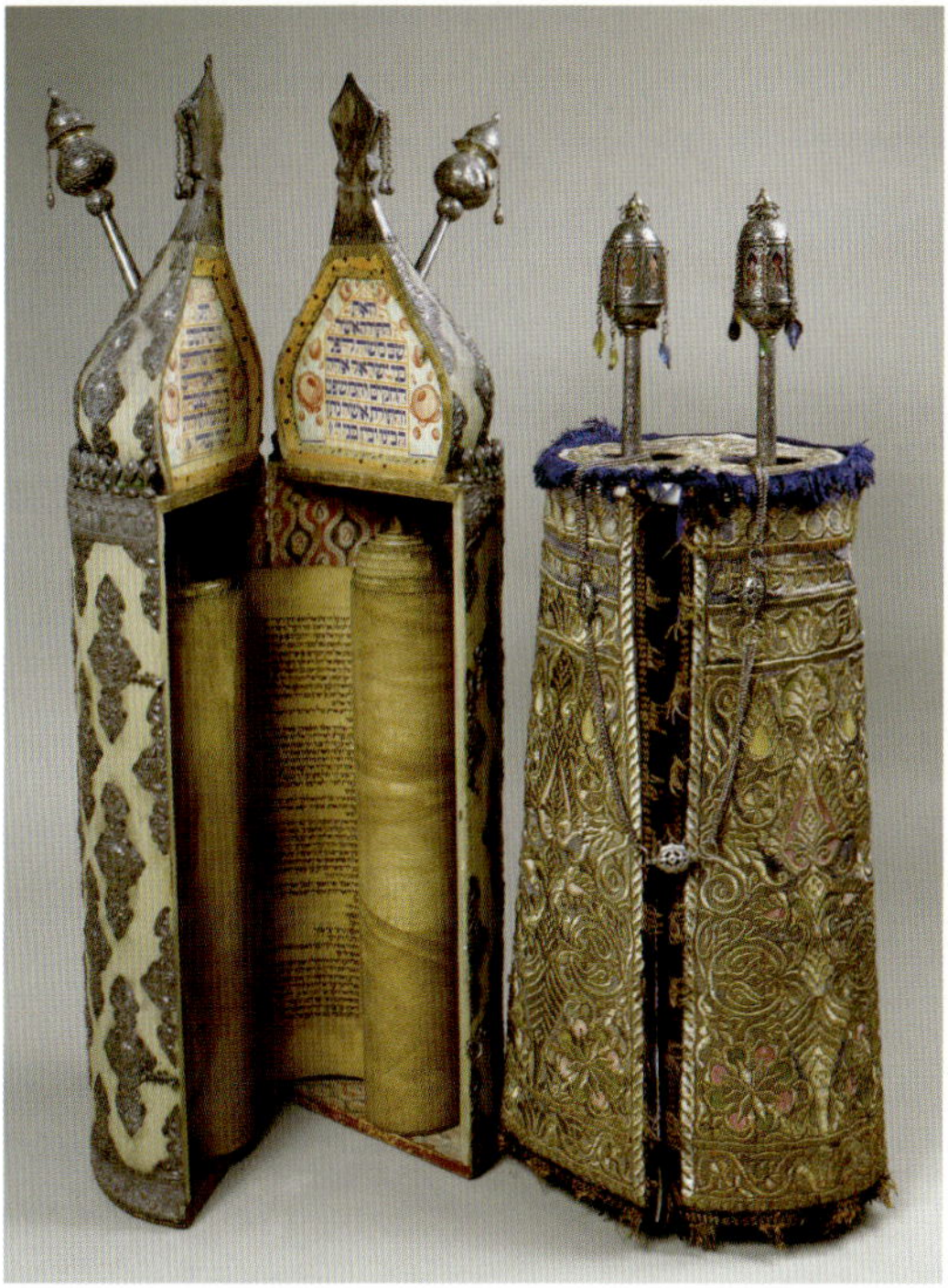

トーラーの巻物　神の啓示の書とされるトーラーは，美麗な装飾に包まれた王者の如く，シナゴーグの聖櫃（ヘイハル，アロン・コーデシュ）に安置され，朗読の際，シナゴーグは歓喜に包まれる。→付録15頁参照

プラハのスペイン・シナゴーグ

シナゴーグの基本構造

E・デ・ウィッテ「アムステルダムのシナゴーグ」(1680年頃，イスラエル博物館蔵)　コンヴェルソとして生きてきたポルトガル系ユダヤ人は，オランダに移住してユダヤ教徒を公言した。この絵は，ポルトガル系ユダヤ人の繁栄を物語る。

M・D・オッペンハイム「義勇兵の帰還」(1833～34年，ニューヨークのユダヤ博物館蔵)　ナポレオン戦争に従軍して，安息日に家路に着いたユダヤ人青年とその家族を描いたこの絵には，ドイツ市民を実証しようとした当時のユダヤ人のアイデンティティの葛藤がうかがえる。

春の過越祭と秋の仮庵祭　１週間続く歓喜の大祭で，食事に関する独特の儀礼をともなう。過越祭の直前に，年に１度の大掃除で家中から酵母の入ったものを一掃し，過越の晩餐では，酵母を入れないパン，儀礼用の皿，ブドウ酒を整え，過越のハガダー(物語)によって祭りの意義を確認する(上)。仮庵祭の期間中は，仮庵で食事し寝泊りする。仮庵作りの仕上げは内装で，「ミズラハ」と呼ばれる壁絵がユダヤの伝統を絵で知らせる。男たちは，礼拝で用いる４種類の植物の準備に余念がない(下)。→付録11・12頁参照

第7巻

ユダヤ教の歴史◈目次

付　録

ユダヤ教の歴史

序章　一神教世界の歴史と文化のなかで

ユダヤ人は、歴史上、長期にわたって世界各地に散在した集団である。その期間は、日本の歴史全部がおさまってしまうほどである。しかしそれでいて、どこにいても、ユダヤ人であるという自覚を失わなかった。それは強固な宗教の存在を抜きにしてはありえなかった。その意味で、離散ユダヤ人社会ほど、その生活と歴史が宗教によって枠づけられた人間社会はなかったといえるであろう。人々の意識がつねに神に向けられることによって生み出された文化が、そこにはある。その根底には、ヘブライ語聖書があった。古代イスラエルの預言者たちに啓示された神の言葉と信じられた経典である。そしてその聖書が、信仰者の解釈をとおして歴史のなかで繰り返し自己を啓示してきたことがユダヤ教の原動力となった。ユダヤの民がつねに神の啓示を学習し、そこから得られた教えに則って歴史を生き抜いてきた実践の記録——それこそが、ユダヤ教という営みの総体である。

本書は、次の二つの観点に基づいている。第一に、ユダヤ教を世界宗教史的枠組へ位置づける試みであるということ。ユダヤ教は、聖書を生み出した古代イスラエルの宗教を継承するという意味で、世界の一神教の源泉であるともいえる。したがって、一神教文明の世界的広がりを、古代イスラエル宗教からの大きな歴史の流れとして理解し、ユダヤ教社会がヨーロッパのキリスト教史、および中東イスラームの歴史とどうかかわって近代を迎え、今日に至っているかを俯瞰《ふかん》することを試みたい。

第二には、ユダヤ教の内容についての捉え方である。本書は、第一義的にはユダヤ教の教義史でも民族史の祖述でもない。文化とは宗教が受肉あるいは具体化したものであるというT・S・エリオットの理解に倣って、ユダヤ教とその社会を把握する試みである。ユダヤ人社会を、神の啓示法(律法)という宗教理念をとおして形成された文化の総体として捉え、こうした体系がいつどのように成立し、その体系が時代や地域を異にするなかでどのように展開してきたかを問い、世界全体の歴史的事件や思想のなかに、ユダヤ教の歴史的展開を位置づけることをめざしている。

本論に先立って、ユダヤ人、ユダヤ教、ユダヤ教徒といった用語の輪郭を説明したい。第一に、ユダヤ人とユダヤ教徒との違いは何かという問いをとおしてユダヤ人のアイデンティティを考え、第二に、ユダヤ教史のパラダイム転換について、最後に、ラビ・ユダヤ教の共同体の特徴について概観したい。

ユダヤ人とはだれか——ユダヤ・アイデンティティの所在

ユダヤ人とはだれであろうか。私たちはキリスト教の聖書をとおして、ナザレのイエスがユダヤ人社会に生まれたこと、その当時のパレスチナにおけるユダヤ人社会など、古代ユダヤ人についてはある程度知っている。他方、十九世紀の西欧近代以後においては、カール・マルクス、ジークムント・フロイト、アルバート・アインシュタインを代表とする著名なユダヤ人がにわかに陸続と輩出していることを

表1　近代西欧の著名ユダヤ人と出現の謎

1790年代以前	B・スピノザ
1790年代生	H・ハイネ
1800年代生	F・メンデルスゾーン
1810年代生	P・J・ロイター，K・マルクス，J・オッフェンバック
1830年代生	C・ピサロ
1840年代生	J・ピュリッツァー
1850年代生	S・フロイト，E・デュルケム，L・ザメンホフ，A・ドレフュス，H・ベルクソン，E・フッサール
1860年代生	G・マーラー，A・ヴァールブルク
1870年代生	R・ルクセンブルク，M・プルースト，A・シェーンベルク，B・ワルター，M・ブーバー，J・コルチャック，L・トロツキー，A・アインシュタイン
1880年代生	F・カフカ，A・モディリアニ，A・ルービンシュタイン，M・シャガール
1890年代生	O・マンデリシュターム，D・ミヨー，G・ガーシュイン，L・ヴィトゲンシュタイン，W・ベンヤミン，R・ヤコブソン，G・ショーレム，S・エイゼンシュタイン，H・マルクーゼ
1900年代生	E・フロム，T・アドルノ，J・R・オッペンハイマー，E・レヴィナス，V・フランクル，H・アレント，B・ワイルダー，C・レヴィ＝ストロース，S・ヴェイユ，I・バーリン

知っている。

ここに掲げた一覧表に登場したユダヤ人は、ほとんどが西欧社会に同化して世俗生活を送った人々であり、キリスト教へ改宗した者も多く含まれていることがわかる。すると彼らを出自からみたユダヤ人としてまとめることができるとしても、ユダヤ教徒ではないことになる。十九世紀以前には、主要な世界史に登場した著名なユダヤ人はほとんどいなかったのに、十九世紀になると、なぜ突如として西欧世界にユダヤ人が躍進したのであろうか。古代のキリスト教出現以来、近代に至るまで、ユダヤ人たちはどこで何をしていたのか。

このような問いを理解するためには、ユダヤ教の歴史を考慮しなければならない。かつて、ユダヤ人とユダヤ教徒とはほぼ同義語であった時代が長く続いた。ユダヤ人が世界中に離散していた中世である。これは、宗教がアイデンティティを決定した時代である。

中世に成立した教義によれば、ユダヤ教を構成する人々には、母親をユダヤ人として生まれた血縁上のユダヤ人と改宗によって宗教的信仰上でユダヤ人になった者との両方が含まれた。そしていずれもが、ユダヤ人の宗教民族共同体に帰属したのである。この場合、ユダヤ人社会を規定したのは、ユダヤ教の教えに則ったユダヤ法であった。これを一般にハラハーと呼ぶ。これは、ヘブライ語で「道、歩み」を意味する。ユダヤ教とは、信仰のあるなしや強弱の問題ではなく、ユダヤ人社会のもろもろの法慣習と生活様式に従った生活を送ることこそが、宗教の指標となっていた。この点は、教義によって共同体を識別するキリスト教社会との大きな違いである。

世界の各地に散在した「離散」(ディアスポラ)のユダヤ人社会は、どこにあっても、ほとんどが強固な宗教民族共同体として存続し、ユダヤ人は、基本的にこのユダヤ教の自治社会のなかでのみ生きることができた。こうして形成されたユダヤ人社会は、ヘブライ語で「ケヒラー」と呼ばれる。そして、当時、ユダヤ人は各地の支配者から、宗教共同体として自治社会を形成することを認められる場合が多かった。

ところが、十九世紀の西欧近代において、フランス革命とともに、「ユダヤ人解放」が起こった。「解放」とは、ユダヤ人が、集団ではなく一個人として近代主権国家の市民と認められる事態を指す。ここでいう解放とは、ユダヤ人が、異邦人かつ異教徒としてゲットーに閉じ込められていた境遇から、ユダヤ教を信仰する自由を手にして西欧市民社会の市民権を取得したことを意味する。これだけを考えれば、ユダヤ人にとってまことに喜ばしいことである。しかし、この解放というできごとは、大きな歴史的変動の一面にすぎず、また「解放」とともに、ユダヤ人社会の「解体」、あるいは「断片化」が始まった。ユダヤ法に基礎をおく宗教的自治社会ケヒラーが解体されるときこそ、ユダヤ人とユダヤ教徒とが分離する時代の始まりである。このとき、ユダヤ教はキリスト教と同様に、主体的信仰により教団形成をおこなう「宗教」に分類されるようになった。ユダヤ系フランス人、ドイツ系ユダヤ人などのように、国家的帰属によってハイフンで結ばれる二重の身分を与えられた。それはとりもなおさず、ユダヤ人が史上はじめて体験するアイデンティティ危機、あるいは身分の多様化という事態の到来であった。

それはいわば根無し草となる危機でもあった。私とは何なのか。どこに所属するのか。どういう身分なのか。解放されたユダヤ人が所属するところは、新しく成立した国民国家という主権国家であった。これは国民に絶対的な忠誠を要求する。そのため、ユダヤ教への忠誠と衝突する事態も起こりえた。しかし、だれもが有無をいわさず、西欧市民社会の真っただ中で、自分はどう生きるべきかの選択を迫られることになった。進んで西欧のキリスト教社会に同化する者、キリスト教へ改宗する者、ヨーロッパの学問世界で知識人に伍して学問を志す者、改革された新しいユダヤ教の組織をつくる者、解体した伝統を再興しようとする者、身分制が解体し資本主義が台頭するなかで、資本家になっていく者もあれば、階級闘争のなかに身を投ずる者もあるという状況であった。そのなかで成功して名をなした人の一部を集めたものが、先の一覧表ということになる。

こうした近代国家への新たな帰属によって生じたアイデンティティの危機は、ユダヤ人の側ばかりでなく、ホスト社会の側でも同じように起こっていた。そうした状況のなかで、ユダヤ人との関係で重大なのが、民族主義の台頭である。かつては憎悪と差別の対象とされてきたユダヤ人が、同等の市民となり、同じ国民となったという状況を想像してみよう。これに呼応して、ユダヤ人には人種あるいは民族集団という概念があてはめられていく。人種としてのユダヤ人という新たな概念は、十九世紀後半に流行したダーウィンの進化論、そこから拡大された社会進化論や人種理論、民族主義や民族自決思想といったイデオロギーが風靡《ふうび》した時代に広がっていった。ユダヤ人は人類史の進化の過程における「劣等な」段階に位置づけられ、ナチス・ドイツは、ユダヤ人と認定された者から市民的権利を剝奪し、ついには東欧全域において物理的に抹殺したのであった。

一九四八年に主権国家イスラエルが誕生することによって、ユダヤ人の概念はさらに複雑化した。宗教か人種か民族かという要素のほかに、国家が国籍賦与の条件として定める「ユダヤ人」という要素が加わったのである。しかし、イスラエル市民であるユダヤ人のほかに、海外にはその二倍近くのユダヤ人が、他の国々の国籍を有する市民として今でも生活を営んでいる。彼らは、移住や婚姻などをとおして、一人一人が個々に極めて多様な出自と経歴をもち、自分のもつ多様なるユダヤ性について、何らかの態度決定を求められるような人生を生きている。そうした世界中のユダヤ人のもつ価値観と意志に思いをはせることは、人と人との結合や帰属、あるいは身分とは何か、という近代のアイデンティティ問題の先端的事例であり、人類全体の将来を予測するうえでも極めて興味深い対象であろう。

ユダヤ教の宗教史的理解のためのパラダイム

　ユダヤ・アイデンティティの錯綜した状況からもわかるとおり、ユダヤ教は、三〇〇〇年にもおよぶ人類の歴史を経過するなかで、時代によって存在形態を異にしてきた。それゆえ、ユダヤ教史を記述するときに留意すべきは、ユダヤ教の教義や儀礼を時代ごとの変化に注目して記述するだけではすまされない問題があるということである。すなわち、宗教そのものが、歴史において、機能や意味、概念的輪郭において変化してきたのである。これを人類史における宗教のパラダイム転換として理解することが要請される。

　ユダヤ教は古代から連綿と続いてきたために、歴史の推移において異なる宗教形態を示していると考えられる。時代の変化なるものが、宗教のパラダイムを変化させることがあるが、逆に、宗教のパラダイム変換が時代を変えていく原動力にもなりうる。ユダヤ教という一宗教をとおして、人類史の諸段階における宗教文化の構造的特徴を把握することができよう。

　こうした宗教の構造分析は、人類社会の時代別の構造的特徴を考察するうえで有効な方法である。これはユダヤ教だけでなく、他宗教の理解においても、宗教のパラダイム変化や時代ごとの存在形態の違いを考慮に入れる必要を促す。こうしたパラダイム転換をイスラームやキリスト教や仏教の歴史研究に導入して比較考察するという課題は、ここでは直接の主題ではないが、ユダヤ教の研究にともなう共通の論点として考慮すべき課題である。

　本書でユダヤ教の歴史を語るとき、そこには三つの異なる宗教的パラダイム、あるいは三つのパラダイム区分が想定される。それは、おおまかに世界史における古代、中世、近現代の区分に対応する。これら三つのパラダイムを識別する諸要素となるのは、ユダヤ人社会の存在様式、宗教的権威の所在、宗教と法との関係等々であり、それらの違いが、それぞれのユダヤ人社会の宗教構造、あるいは宗教それ自体の内実に違いをもたらしている。

古代的パラダイム　古代には、世界各地で、民族や部族、あるいは都市を単位として、神殿とか聖域といった聖なる中心を基軸にした宗教生活が営まれ、普遍的構造をもつ宗教は出現していない。しかし、古代のある時期、人類の教師と呼ぶべき宗教的偉人が登場し、個人を対象とした救済が語られるようになる。個人を対象に教えが説かれるということは、いかなる社会であっても通用する普遍的意味をもつ教義たりうることを意味していた。洋の東西において、孔子、釈迦《しゃか》、イスラエルの預言者、ソクラテス、そしてナザレのイエスといった聖人の出現は、この意味でまさに画期的事件であった。この時代のユダヤ教は、一定の教義と規律のもとに形成された宗教共同体というよりは、古代イスラエル社会の宗教と呼ぶほうがふさわしいが、それは、エルサレム神殿と王権、大祭司権が社会体制の中枢をなす宗教文化であり、それに対抗する宗教的権威として、預言者、そしてのちにはラビが台頭する。

中世的パラダイム　中世とは、人類の教師の普遍的教義が大帝国に受容され、聖典や古典が編纂され、教義が普及し、人間の生きる目的に強い影響を与えるようになる時代である。ユダヤ人社会は、エルサレム神殿の崩壊、ユダヤ国家の滅亡によって、この時代を迎えることになる。世界各地へと離散する過程で、ラビを指導者とする宗教共同体が形成され、タルムード(口伝律法の学問的集成)のユダヤ法による自治社会を存立基盤とする宗教へと変貌していく。これが、ラビを指導者とするという意味でラビ・ユダヤ教(Rabbinic Judaism)、ユダヤ啓示法の規範による支配という意味で規範的ユダヤ教(normative Judaism)の時代と呼ばれてきた。書物の宗教の時代ともいえよう。七世紀のイスラームの登場とともに、世界のユダヤ人は、ヨーロッパのキリスト教社会と中東・北アフリカのイスラーム社会の両方に広がって生活を維持することになるのであり、今日のアシュケナジ系(ドイツ系)、スファラディ系(スペイン系)、さらにはミズラヒ系(東方系)という文化的区分が生じる時代でもある。しかもこの宗教的自治共同体の状態は、西欧ではフランス革命まで、東欧やイスラーム圏では二十世紀の第一次世界大戦時まで基本的には存続することになる。

近現代的パラダイム　ユダヤ人にとっての近代を考察する際には、近代がどれほど得体の知れない衝撃的な時代であるかに留意し、過去にまったく経験したことのない境遇にユダヤ人を投げ込んだということに思いをはせることが必要である。近現代は、西欧の近代主権国民国家が、かつての伝統的宗教体制に取って代わり、人々に絶対的な忠誠を要求し、人の生死を圧倒的に支配する時代の到来である。近代国家が主権をもつというのは、もはや神や天といった超越的存在の権威に服さないということの宣言である。そして自らが価値の創造者、規範の制定者として、自らの意志で憲法を制定し、宗教的権威そのものとなる。フランス革命やロシア革命をみれば明らかなように、主権国家が、伝統的な宗教を否定して、旧秩序を一掃するだけの権威を行使する時代である。日本でも、明治政府が、伝統的な神仏習合文化を否定して、神仏分離、廃仏毀釈《きしゃく》を号令しえたのは、超越的存在の規範にもはや拘束されなかったからである。近現代の宗教的信念のあり方の特徴は、近代主権国家と宗教団体との権威をめぐる葛藤が起こり、双方から忠誠を求められる個人は、二つの権威への服従という矛盾に悩み苦しむことになった点である。殉教と殉国の葛藤である。

他方、主権国家は、自らを普遍的価値に拘束させようとして、人権や自由、平等といった価値を譲渡不可能なものとして人間個人に賦与することにより、人間存在の根本を規定することになった。しかし、人間を一律に規定する啓蒙主義的理念に対してロマン主義的反動が起こり、自由主義的個人主義には有機体的世界観が対峙し、国家の生存そのものを自己目的化する教義を生み出した。ここから、全体の目標を実現するために個人は手段として犠牲になってしかるべきであるという全体主義思想が導かれた。こうして近現代という時代は、それ以前の社会のあり方とは根本的に異なる条件のなかに人間をおくことになった。この時期は、ユダヤ人がまさに世界各地で波瀾万丈の生涯を体験した時代であり、時間的には短いが、内容的にはもっとも多様かつ凄惨な歴史を生きたといえるであろう。近代については、近代化の時間差や近代社会モデルの違いに従って、西欧・東欧・中東という地域区分が記述の基礎として要請される。

以上のように、本書では、人類史の三つのパラダイムにおいてユダヤ人がまったく異なった境涯を生きたと考え、それにそくして、ユダヤ教が受肉した宗教文化を考えていくことにしたい。

ラビ・ユダヤ教の自治共同体ケヒラーの特徴

本論に先立って、今日のユダヤ教を理解するうえで不可欠な、中世的ラビ・ユダヤ教の自治共同体ケヒラーをみておこう。ケヒラーは、古代から中世へのパラダイム転換の中心となる事柄でもある。

ラビ・ユダヤ教の顕著な特徴は、ユダヤ法の自治に基づいた明確な輪郭をもつ宗教共同体を樹立したことである。二〇〇年頃、パレスチナで法伝承の集成ミシュナが編纂された。ラビたちの信念によれば、神の啓示には、文字で伝えられた成文トーラー（モーセ五書）のほかに、口承伝承の形式で連綿と伝えられた口伝トーラーがあるとされ、思惟と生活実践を包括する教えが詳細に教授されてきたという。それを編纂したものがミシュナであった。その啓示法の体系がハラハーと呼ばれ、ユダヤ人の生きる道とみなされたのである。トーラーの学習は、神の教えを実践するための不可欠の要素とされ、極めて重視されることになった。トーラーの学習のことをタルムード・トーラー、あるいは略してタルムードと呼ぶ。ミシュナ成立以後に集大成されるのが、五〇〇年頃に成立したバビロニア・タルムードである。

ユダヤ人社会がハラハーの精神を体現するためには、どういう条件を備えなければならないか。ラビたちは成文トーラーから六一三戒の戒律を導き、ミシュナの規定によってそれを詳細に規定し、それに則って生きることを定めていった。それを学習し実践するなかで、ユダヤ人自治社会であるケヒラーが形成されていった。安息日の遵守や厳格な食物規定、偶像崇拝の禁止などが実行されることによって、他民族との差異が顕著となった。そうしたケヒラーに特徴的な諸制度にまつわる諸伝承を紹介しよう。

ケヒラーの生活様式の必須条件

ユダヤ教の正義は、サンヘドリンという裁判機関によって保障されたが、タルムードは、二三人の規模のサンヘドリンを設置するにふさわしい都市には一二〇人の人口が必要であるという伝承を論じている。その議論のなかで、ユダヤの賢者は一〇の事柄が整った町以外には住むべきではないという教えが紹介されている。これは、その内容から判断して、三世紀頃のタルムードの伝承であると考えられる［バビロニア・タルムード・サンヘドリン一七b］。その条件とは、⑴鞭打ちや罰則を決定する法廷、⑵二人で集め三人で分配する慈善の基金、⑶シナゴーグ（会堂）、⑷公衆浴場、⑸公衆便所、⑹医師、⑺割礼に携わる外科医、⑻トーラーの巻物や結婚契約書などを扱う書記、⑼資格のある家畜解体人（ショヘット）、⑽子どもの教師、である。これらは、正義と慈愛の実践、祈りとトーラーの学習、穢《けが》れと清め、割礼、トーラーの巻物、適法な食物、子どもの教育など、ハラハーの実践に不可欠なものばかりであるが、子どもの教育の重要性がここからも理解できる。

この伝承にでてきた一〇という数は、ユダヤ人社会では重要な数で、ミニヤンというヘブライ語は成人男子一〇人によって形成される公共概念を意味する。ユダヤ人の母親から生まれた男児は、生後八日目に割礼を施されて、ユダヤ人の共同体の一員に迎えられ、十三歳には成人式にあたるバル・ミツヴァの儀式を経て成人し、正式な一員となる。彼は戒律を守る責任を負い、ひいては結婚し家庭を築き、ユダヤの伝統に生き、後世に伝えるのである。ミシュナは、シナゴーグにおいてこのような成人男子が一〇人に満たなければ正式な礼拝はできないと教え［ミシュナ・メギラー三・三］、また、一〇人の閑人（バトラニーム）がいなければ都市とは認められないと教える［バビロニア・タルムード・サンヘドリン四a］。閑人とは、日々の生業に煩わされずにシナゴーグでトーラーを学ぶ者のことである。

成人男子が一〇人集まるとそこに公共の概念が生まれるという発想の源泉は、創世記における神とアブラハムとの重大な問答に行き着く。ソドムとゴモラの道徳的退廃に対して、神はアブラハムにその崩壊を予告した［創世記一八章］。そのとき、アブラハムは「塵と灰にすぎない」身でありながらも神に果敢に問いただす。神が義人をも悪人とともに滅ぼすなら、それは神の義にもとるのではないか。一つの町に何人の義人がいれば、神は災いをおよぼすのを思い留まるのか、という重い問いであった。何度かのやりとりののち、神は、義人が一〇人いれば災いをくださないと答えている。

安息日の意義　ユダヤ教史の理解には、異文化としてのユダヤ人社会を体感することは欠かせないことである。宗教の教えが生活にしみ込んでいるため、想像力を働かせることが肝要なのである。そのために最適なのが、安息日、ヘブライ語でシャバットと呼ばれる聖日である。安息日は、六一三戒のなかでもっとも枢要な制度の一つであり、七日に一度、仕事を禁止して肉体を休息させ、精神を活性化させ、自分の生き方を反省する制度である。この聖日は、「ユダヤ人が安息日を守ったというより、安息日がユダヤ人を守った」といわれるほど、他集団との差異化に貢献したと考えられるが、ここでは、もっと宗教的な意味にふれる。

ユダヤ教にとって、安息日は神自身が定め休息した聖なる時間である。聖なる時間は、漫然とはやってこない。聖域に入る際に身を清めるように、主体の心構えが要求される。そのための工夫が戒律に込められている。学習しないと守れないし、意義も理解できない。

トーラー（モーセ五書）は、安息日の根本的な意義を二つあげる。一つは、この世は神の創造したもの、天地も、生き物も、人もすべて神の被造物であること。空間も時間も被造物である。そして創造の第七日に神自身が休息し聖別したと。二つには、労働の禁止とは隷属からの解放であること。神が人を隷属から自由の身にしたことへの感謝。自由とは神の教えに従って生きること。それが契約の民の自覚へと繫がる。

その際の大切な理念は、二つの根本的意義にふさわしく、聖なる日の内実を確保することである。禁止される「すべての仕事」の厳密な定義から始まって、いつもと違うはればれとした祝日をもたらす工夫の数々。労働が人間から反省の機会を奪うことを警戒するのであって、貧者を飢えさせてはならない。貧者と食を分かち合い、ともに自由を感謝するのが狙いである。家族の団欒《だんらん》を確保し、食事の喜びとともに安息日の意義が伝達される。さらに、精神活動をいっそう活性化させる工夫として、トーラーの朗読と学習、説教と祈りを集団で実行し、集会の場としてシナゴーグが発展することになった。

自由な時間がふんだんにあるので、心がけ次第で退屈にもなれば充実の一日にもなるが、肝心なのは、ユダヤ教は、七日に一度、厳重に労働を禁止し自由な時間を確保させ、人間に反省と熟慮の時間を与えた宗教であるということだ。安息日の静寂と歓喜は、魂の救済のイメージ、あるいは来世のイメージと重ねられていたことも示唆的である。

普遍主義と特殊主義——他民族の存在

ユダヤ教という宗教は、教義上どういう特性をもつであろうか。ユダヤ教が唯一神教でありながら、キリスト教やイスラームと対比して独特なのは、普遍主義と特殊主義が並存していることである。神の権威に関しては徹底的な普遍主義であり、一つの神的存在以外には究極的な権威を認めないのに、救済論においては、イスラエルの民の選民思想が顕著にみられる。選民思想は多義的であり、民族の無条件の優越性を説く民族中心主義と誤解されがちだが、ユダヤ教の選民思想は、正義と責任の枠組による思想である。すなわち、神に愛される民の試練として、自ら進んで律法のくびきを負い、六一三戒による特別の契約を交わして神の民になり、世の光としての導き手を自認した。他民族、他宗教の人々には「ノアの七戒」の遵守のみを要求し、ユダヤ教への改宗を強く要求しないのである。ノアの七戒は、タルムード時代には確立をみた概念で、七つとは、偶像崇拝の禁止、神を呪うことの禁止、流血の禁止、性的不品行の禁止、盗みの禁止、生きた動物を食らうことの禁止、正義の法廷の設置、が数えられている〔バビロニア・タルムード・サンヘドリン五六ａ〕。

こうして、ユダヤ人は、歴史的には古代から連綿と続く共同体意識をもつ民族的かつ宗教的共同体であった。これが近代に大きく転換することはすでにみたとおりである。それがいかにおこなわれてきたか、現在はまさにその延長上に位置している。

第1章 古代イスラエルの宗教からユダヤ教へ

旧約聖書は、古代イスラエルの成立と歴史を、唯一神が預言者たちに与えた預言として伝えている。その聖書の最初の編纂書とされるモーセ五書は、ユダヤ教の信仰の次元からみれば、唯一神が預言者モーセに啓示した教え、すなわち「トーラー」と信じられてきたが、この書は、古代イスラエル史のある危機的状況において過去を振り返ったときに成立したものである。その事件とは、紀元前五八六年に、エルサレムが侵略され、神殿が破壊され、支配層がバビロニアに捕囚の身となった国家滅亡である。国難に遭遇して、そうした書物を残しえた人々の精神を支えていた宗教とは何であったかという問題が、まず問われねばならない。

ユダヤ教史を通覧するとき、古代ユダヤ教はある大きな変遷を示している。その変遷の指標は、古代宗教の一般的特質に由来する。古代において、人々の宗教生活は聖なる空間としての神殿を中心とした地域共同体の祭儀であった。年間の農耕牧畜の生活儀礼と人生儀礼によって、日常生活が支えられているのが常態である。古代ユダヤ教は、こうした神殿祭儀を中心とする宗教から、神殿と土地を喪失した人々の心を支える宗教へと変化した独自の歴史をもつと考えられる。

この聖なる中心に注目すると、古代ユダヤ教史は、エルサレム神殿の存続時期に従って、部族連合時代、エルサレム第一神殿時代、バビロン捕囚時代、エルサレム第二神殿時代、そしてその崩壊後のミシュナ・タルムード時代に分かれる。この時代的推移のうえに、文化的変遷として無視しえないもう一つの要素が加わったことで、イスラエル宗教史はさらにダイナミックなものになっている。それがヘレニズム到来による文化的大変動である。

ヘレニズム以前のイスラエル社会は、エジプトとメソポタミアという二大文明の影響下にあったのに対して、アレクサンドロス大王の東方遠征以来、完全にヘレニズム文化の影響下におかれることになった。そうした一〇〇〇年におよぶ政治的・文化的変遷のなかで、神との出会いの場として恒常化されたエルサレム神殿は、イスラエルの民の存在を支えたという意味で、もっとも根本的な宗教的意義をもちつづけたと考えられる。古代ユダヤ教史は、この二つの文化的指標に注目することによって、三つの時代区分を設定できる。第一期が聖書時代の古代イスラエル時代、第二期がヘレニズム・ローマ時代、そして第三期がミシュナ・タルムード時代、いわゆるラビ・ユダヤ教成立の時代である。

1　古代イスラエルと聖書の世界

聖書時代のイスラエル史

紀元前十二世紀から前十世紀頃にかけて、東地中海のレヴァント地方に、遊牧民が侵入し次々と独立国をつくった。エドム、モアブ、アンモン、そしてイスラエル一二部族などである。聖書のヨシュア記と士師記《しし》がその時代を描いている。これは、エジプトとメソポタミアの両大国がともに衰え、権力の空白が生まれた地域で起こったできごとであった。イスラエルがどのようにカナーンの土地を取得したかをめぐって、小遊牧民による継起的な平和的侵入という説や、一時的戦闘による侵入、あるいは、都市民の山地への引上げ説などが提起されてきた。一般的には、カナーンに定住した諸集団からイスラエルの民という連合体が成立したと想定されるが、出エジプト記は、イスラエルの民が脱出前のエジプトですでに成立していたと語る。小国家群が並立したあとにメソポタミアの大国が興隆し征服を再開するにおよんで、前七世紀から前五世紀までにそれらの小国はすべて滅亡した。古代イスラエル王国もその一つであり、サムエル記と列王記がその歴史を詳しく伝えている。

ダビデによって実現されたイスラエル一二部族の連合国家は、王朝三代目で南北に分裂した。北側の北イスラエル王国は一〇部族によって構成されたが、軍事的指導者がそのカリスマ性によって権力を掌握する傾向が強くみられ、王都は政権の交代とともに移動するのを常とした。その後、北王国は前七二二年にアッシリア帝国の侵略によって滅亡し、住民は捕囚の身となった。しかも、王都サマリアに異民族が強制集住させられたことで、復帰の道は断たれ四散する運命を歩んだ。ここから失われた一〇部族の伝説が生まれた。

他方、南ユダ王国はユダとベニヤミンの二部族で構成され、ダビデ王家の世襲による支配が正統性を賦与された。アッシリアの侵略ではエルサレムが奇蹟的に侵略を免れ、これがエルサレムに対する揺るぎない信仰を植えつけた。しかし、アッシリア以上の強国、新バビロニア帝国の侵略によって前五八六年に祖国は滅亡し、エルサレム神殿は破壊され、住民は王家の人々をはじめとしてバビロン捕囚を体験した。しかしこのときは、異民族のエルサレムへの強制集住がなく、荒れたままに放置されたことから、ユダの民には祖国復帰の希望が残された。彼らは、バビロニアの地において、祖国滅亡と神殿崩壊の意味を熟考した。その結果、ある明確な信仰が形成されたと考えられる。その共同体は聖書を書き残すことによって人類史に独自の貢献をすることになる。それを可能にしたのは、彼らが、国家の滅亡を、軍事力の強弱ではなく、自分たちの信仰の問題として捉えたからであった。

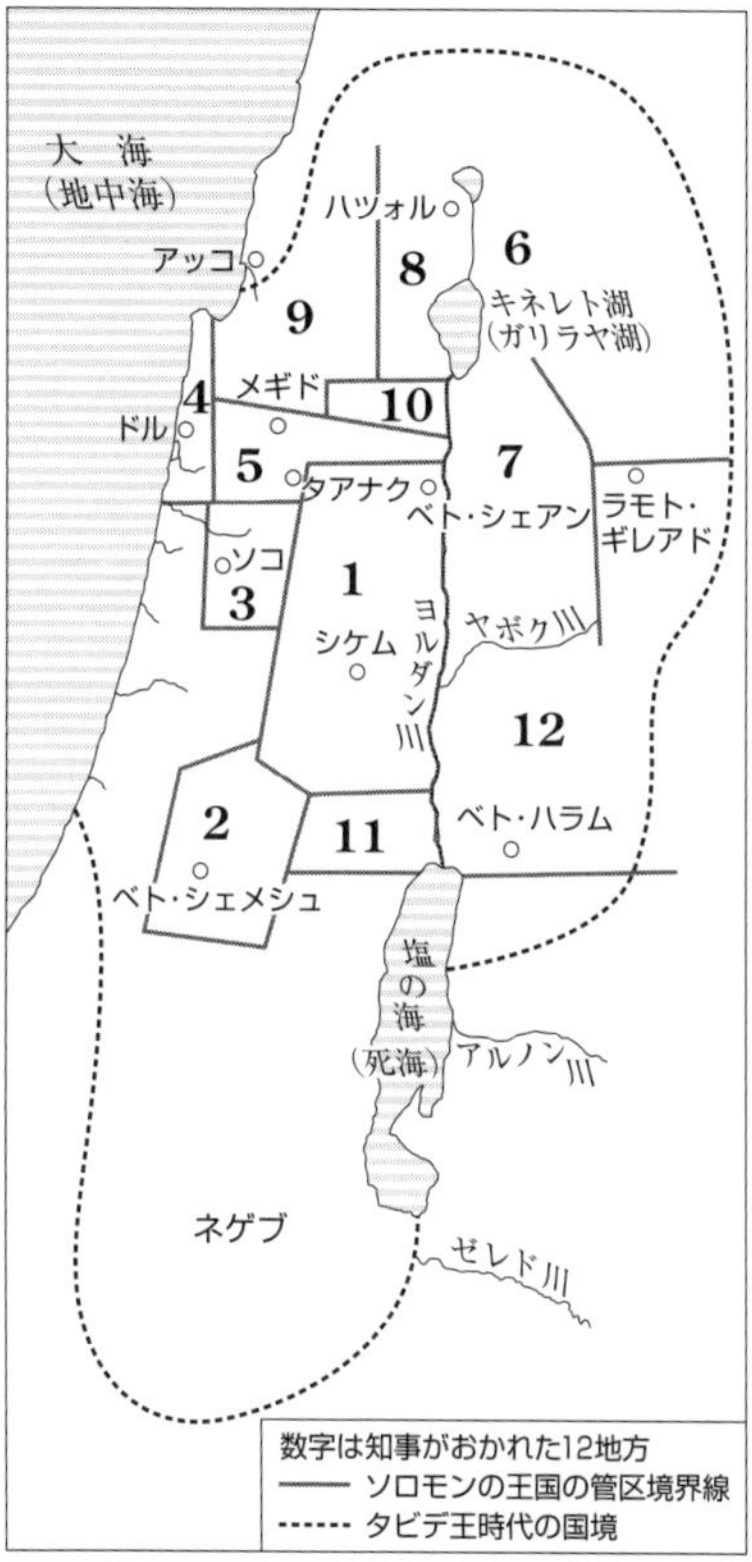

ダビデ王国の版図とソロモン王時代の12地方（列王記上4章）

預言者とトーラー

古代宗教の視点からすれば、イスラエルも周囲の諸々の集団や都市と共通の特徴を有していた。古代国家の中心都市としてエルサレムという都市をもち、そこに王権と祭司権が確立し、そこで執りおこなわれる祭儀によって、王権と社会全体の生存が維持されていたのである。そのなかでイスラエル社会には以下の三つの特徴が指摘できる。

第一に、王権と祭司権から独立して、神と直接に交流する預言者という身分が強固な伝統を形成し、一大勢力となって人々の意識を支配したことである。人々は、預言者への信仰をとおして、王権を超えた神の法の存在を認めた。まさにこれが、祖国喪失を生き抜く精神力をイスラエルの民に与えたのである。イスラエルは、何度となく強国の侵略や征服におそわれたが、代々の預言者はエリヤもアモスもホセアも、イザヤもエレミヤもエゼキエルも、その原因がイスラエルの神に対する自分たちの背信行為にあったことを警告しつづけた。こうして信仰の自覚を促し改悛を促すことによって、民族の危機は宗教的意味づけを与えられた。その結果、国家滅亡という歴史的体験は、人々に、預言が真実であったことを確信させ、超越的存在との特別な関係に立ち返らせることができた。それによって、ユダヤの民は一つの強固な宗教的・民族的共同体を形成しえたのである。

第二に、都市王権がエルサレムに確立する以前から、宗教共同体といえるものが存在し、しかも王権に対する批判的態度をともなっていたことである。これこそは、強力な神聖王権を確立したエジプトやメソポタミアの文明との著しい相違点である。神ヤハウェは、部族を超えた宗教共同体の神であり、のちに成立するダビデ王権に対して王朝の永続を約束しつつも、王を拘束し王を抑制する権威を発揮した。そして、神と王との契約を仲介する存在として、ここでも預言者が不可分にかかわっていた。

第三に、その宗教共同体における文明観あるいは人間観の特異性である。聖書思想の特徴の根幹には、古代中近東の二大文明に対する強烈な批判があり、人間の尊厳に対する信念というイスラエル独自の人間観が培われた。奴隷を解放し、奴隷もいつまでも奴隷でいることを欲してはいけないという規定、息子や娘は、他の財産とは異なり、幼くても「人間として」扱われること、人を殺すなかれの戒めなど、共同体の初期の法規定において、すでにその特徴があらわれている。正義と慈愛こそは、イスラエルの神が人々に強く要請してやまない倫理の根本であった。

トーラーの編纂とユダヤ教の成立

南ユダ王国の民がバビロン捕囚のもとにあった五〇年間に、アケメネス朝がメソポタミアからエジプトまでを征服し、諸民族に父祖の慣習と儀礼に従った生活を承認した。この画期的な統治政策によって、ユダの民(イェフディ)、すなわちユダヤ人はエルサレムに帰還して神殿再建を許されたため、彼らはキュロス王をメシアとみなすほどであった。バビロニアの地から捕囚の民が帰還し、ダビデ家のゼルバベルという総督の指揮下で、大祭司イェシュア以下、最初に着手したのがエルサレム神殿の再建であった。このときは、ハガイとザカリヤの二人の預言者が民を鼓舞した。

エルサレムが異民族の強制集住の対象とならず、廃墟のままアケメネス朝時代を迎えたことに加えて、アケメネス朝が、周辺民族の領土要求に対して、エルサレムに対するユダの民の領土権の主張を認めたことの意義は大きかった。神殿再建後数十年たって、アケメネス朝は総督ネヘミヤを派遣し、エルサレムの城壁建設を実施しエルサレムの自治を承認した。その結果、ユダの民は、エルサレムを中心とした半径二〇キロから三〇キロの範囲内で、属州ユダの自治を認められ、その平穏な時代は、アレクサンドロス大王の東方遠征後も含め、三〇〇年続くことになる。

ネヘミヤの城壁建設と前後して、ユダヤ教史上で重要な契約締結がおこなわれた。律法に精通した祭司エズラが、バビロンから「モーセのトーラー」(教え、律法)〔ネヘミヤ記八章一節〕をユダの地にもたらし、民の集会で読み聞かせた。ユダの民は、亡国と神殿崩壊の原因が自分たちの背信行為にあったことを悟り、悔い改めて神に立ち返る。彼らは、ここで契約の民を自覚し、安息日と割礼をその契約のしるしとして極めて重視することになった。この契約締結によってユダヤ教が成立したと捉える見方がある。神殿祭儀という要素のほかに、神の掟として安息日と割礼を厳守するという主体的要素が加わったからである。また、エズラ記の民の記録から、ユダの民は祭司、レビ人、平信徒の諸氏族という主要な三身分が確立しているのがわかる。

安息日と割礼の意義は何か。ユダの民が、七日に一度、労働を禁じた聖なる時間によって生活を組織化したことにより、周囲の異教徒との明確な識別が生じた。また、割礼は、アブラハムが九十九歳で神と結んだ血の契約のしるしであるが、男児は赤子イサクに倣って生後八日目に割礼を受けることによってはじめて、アブラハムの契約共同体に参入することを意味した。これはいわば入会儀礼である。この契約共同体が文化的な独自性を自覚するには、ヘレニズムとの出会いを待たねばならない。そのときはじめて、ヘレニズムに対抗してユダイズムの概念が生まれる。

預言者における神の顕現

聖書にあらわれる古代イスラエル宗教の究極的な関心事は、超自然的な実在であるヤハウェ神が、直接にこの世に顕現し、宇宙の秩序を維持し万物に生命を賦与することであった。臨在は言葉につくせない圧倒的な直接体験であるが、聖書においてさまざまな概念で言語化された。そこに神観念のあり方をみることができる。

神は二つの方法でイスラエルに自己をあらわしたと考えられる。一つは、預言者に直接に顕現すること、もう一つは、臨在する場として聖所が設営されたことである。聖所は、シナイの荒野の移動式天幕から始まって、最終的にエルサレム神殿に限定されていく。まず、預言と神の顕現から始めよう。

神は預言者に自己を顕現して召命を与える。この召命を経て、無名の人は神の預言者となりその使命に生涯を捧げる。まさに宗教的回心や悟りの体験に比するできごとである。そうした召命体験の記述には、重要な神観念が表出されるが、表現できないことの表象化であるゆえに、しばしば理解が困難であり、さまざまな解釈が生まれた。

モーセは神の山ホレブで「燃える柴」を体験した。柴は原語で「スネー」という。のちに、キリスト教はサンタ・カタリナ修道院を建ててその場所を特定した。柴が燃えているのに燃えつきることのない光景に遭遇し、宗教体験の表象とも神の名ともとれる表現が示される。「ありてある者」、原語で「エヒイェ・アシェル・エヒイェ」という表現は、この箇所にのみあらわれる。そこには、観念化されてはならない直接体験のリアリティが込められていて、事実、これは翻訳不能な表現に思える。これを七〇人訳ギリシア語聖書は、「われは実在する者（ホ・オーン）なり」と訳し解釈した。それに引き換え、YHWH（ヤハウェ）の語は、「アブラハムの神、イサクの神、ヤコブの神」と並んだ周知の名として分類されている。このヤハウェという名も、のちには、聖なる四文字テトラグラマトンとして特別視され、神殿内でのみ文字通りに発音することが許された。神殿崩壊後には、この名を発することを異端として厳重に禁じ、主に「アドナイ」（わが主）と読み替えさせるまでになった。

預言者イザヤは祭司の身分であったが、主なる神が「天の玉座に座し」、その衣の裾が神殿（ヘイハル）いっぱいに広がっているありさまを体験した。そればかりか、天の使いであるセラフィムが祭壇から燃える炭火をとってイザヤの唇に触れさせるという衝撃を体験し、穢《けが》れから清められる。

エレミヤは、ソロモン時代にアナトテに追放された祭司の家系の出で、母の胎内に宿る前から神によって聖別されたことを告げられる。彼は、アーモンドの枝を幻視する。これははたして花の咲き誇る自然の樹木のことであろうか。神殿の聖所内には、アーモンドの枝と萼《がく》を模した七枝の燭台（メノラー）が置かれ、常夜灯の灯し火はアーモンドの開花を、そして神の臨在を表象していた。アーモンドは、聖書では、生命力に満ちた神木のように扱われている。

これに対して、神殿崩壊を経験した預言者エゼキエルでは、天蓋が開かれ、天上界の神の臨在が幻視された。玉座は神殿崩壊の直前に天に戻ってしまったからである。これがメルカヴァ（御車・神輿）の玉座の神秘として後代の黙示文学の中心主題となるが、臨在体験は、エゼキエル以後、神殿崩壊を境として預言から黙示へ推移していく。預言は、神の側からの呼びかけを待たねばならないという意味で受動的であるが、神は、人と協同し対話し告知し警告したうえでなければ災難をもたらさなかった。これに対して、黙示は、人間の側の知的営為によって天上界の秘密をかぎつけるという能動性をもつが、神はもはや人間を介さずに一方的に意思を貫き、人為の介入を許さない存在となった。このように、ソロモン神殿の崩壊は、臨在の性格に重大な変化をもたらした。

預言者の召命体験には、神殿の儀礼と表象が深く刻み込まれている。至聖所における神の臨在の圧倒的威力、香を焚く炭火、七枝の燭台と灯明など、召命体験にとって神殿の存在は不可分であるとさえみえる。では、神殿、あるいはそのもとになった荒野の天幕における臨在はどう表象されてきたのだろうか。

天幕と神殿における神の臨在

神殿の原型は、シナイの荒野の天幕である。神は、はじめ、モーセに厚い雲のなかや天幕の内に臨在し語りかけた。神が臨在し人に出会うことをモエードといい、その天幕を「会見の天幕《オヘル・モエード》」と呼ぶ。臨在の衝撃的印象は、カヴォードと表現され、栄光とも臨在とも訳される。神の臨在の場は、シナイの荒野での移動式天幕に始まって、ソロモン王による神殿建設以来、エルサレムが永久《とわ》の棲家として特定された。この伝統を信ずるのがユダヤ教徒である。

神殿において神が臨在するとされた場所は、内奥の至聖所である。ここは天と直結する特別の場所であり、この世の「楽園」であり、地上の時間と空間の概念を超越した聖域と認識された。殿堂内は、花や木々の装飾で満ち、契約の板をおさめた箱が安置され、それは形状からメルカヴァ(御車)とも呼ばれた。その蓋の上に有翼の天使ケルビムがいて、楽園を守った。第二神殿時代の伝承によれば、至聖所は天地創造がおこなわれた場とされ、死の穢れが極端に忌避された。年に一度、贖罪日《しょくざい》(ヨーム・キップール)にこの世ならぬ空間に入室する大祭司は、死に直面して極めて危険な状態におかれた。恐怖のあまり気絶することもあったため、足首にロープを巻いて入室したといわれている。

この世の世界は神殿の「聖なる空間」を中心にして、聖なる秩序を形成した。中心は天に繋がる至聖所であるが、そこには平らな直径一〇メートルの岩があり、第二神殿時代には、アブラハムが息子イサクを屠《ほふ》ろうとしたモリヤの山の祭壇と同定されていた。その中心に向かって遠方から聖性の序列があった。諸国民の地→イスラエルの地→エルサレム城内、の順に聖性が高まり、神殿境内に入ると、異邦人の庭→女性の庭→イスラエル平信徒の庭→祭司の庭、へと至り、さらに聖なる殿堂の内部では聖性はいっそう高まり、ついには至聖所へと至る。この序列は、どこまで入れるかによって、身分的序列とも重なっていた。第二神殿時代は、大祭司を中心とする聖なる秩序に基づいて神権政治が展開されることになる。

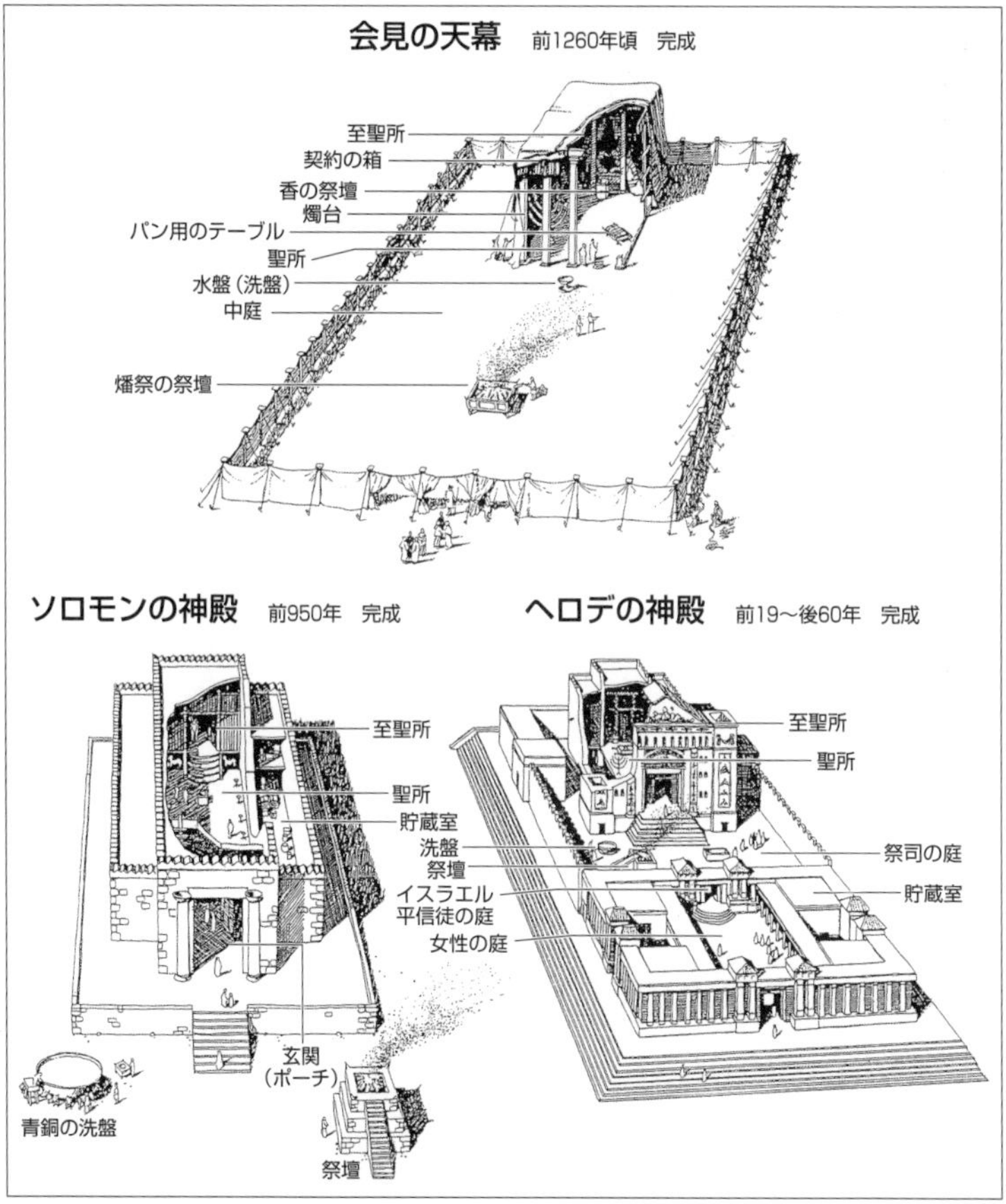

会見の天幕と神殿　神の臨在の場であった荒野の会見の天幕の機能は，エルサレム神殿に引き継がれた。至聖所のあったとされる所には，現在イスラームの岩のドームが建っている。ヘロデ大王は，それまでの第二神殿を大改造した。

コラム　一神教とトーラー

ユダヤ教においては、アブラハムとモーセがもっとも深く神を認識した模範とされる。アブラハムの場合は、創世記一二章の故郷出奔から、二二章のイサクのいけにえまで、一〇の試練をとおして信仰が深まったことが確認される。アブラハムは神の命令でメソポタミア文明の地を離れ、祖国も故郷も父の家も捨てて、未知の世界へ出立するよう命じられた。これは第一の試練である。ここでは、三つの大切なものを失う代わりに、神は子孫と財産と名声を授けようと約束した。試練はさらに続き、最後の一〇番目に、唯一残されたひとり子イサクをモリヤの山で神に捧げよとの最大の試練が訪れた。もはや夢も希望も約束されない。ただ、神への畏《おそ》れ、絶対帰依あるのみであった。アブラハムはその試練を乗り越えて神を求めた。そのとき、アブラハムに神への畏れがあることが「今わかった」と神は語る。

アブラハムにおいては、メソポタミア文明からの離脱がモチーフとなるが、モーセとイスラエルの民においては、エジプト文明からの脱出が主題となり、先行する二大文明からの離脱と解放が、イスラエル宗教の基盤であることが示される。

モーセは、シナイの荒野で預言者として選ばれた時点で最高の神認識に達しており、信仰の試練を受けるのはイスラエルの民全体である。イスラエルの民は、モーセに連れられてエジプトを脱出するが、荒野で信仰の弱さを露呈し数々の試練を受けていく。

民全体は、父祖アブラハムと同様、一〇の試練を受けた［民数記一四章］。荒野は、人を生死の限界状況に追いつめて、生きる意味を突きつけた。エジプトを脱出したイスラエルの民が、荒野に迷い込むと、さまざまな苦難がおそった。水がつきる、次いで背後からエジプト軍、行く手は海で絶体絶命に。そのときは海が割れて命拾いをするが、ついには食糧がつきてしまう。そのとき、彼らに与えられた命の糧は、毎朝降ってくるマナという食べ物だけであった。しかも、マナはその日一日分しか蓄えがきかないという設定で、この生活が四〇年続いたとされる。まさに徹底したその日暮しのなかで、人はパンのみを糧として生きるのではなく、試練のなかで与えられた神の言葉を糧として生きることを学ぶのである。

トーラーには、死に向き合ったときに露呈する人の弱さが克明に綴られる。隷属から解放され自由になったはずの人々は、荒野に迷い込み、飢餓と疫病と死の恐怖にさらされると、安逸な奴隷の状態を懐かしみ、繰り返しエジプトへ帰ろうとする。イスラエルの民がシナイ山のふもとへ到着すると、神は民の安逸を求める心に克己の精神を培うために、十戒による試練を与えた。しかし、モーセが四〇日間、山頂に留まっていると、先達《せんだつ》を失って不安に取りつかれた民は、アロンにはかって金の子牛像をつくってしまう。モーセは十戒の板を割り、その首謀者たちを剣で殺害する。

エジプト脱出後一年がたって、移動式の聖所が完成した。進軍を続けて約束の地の直前に至った。しかしここで、先遣隊の精鋭一二名中の一〇名が重大な罪を犯す。敵地の情報を偽ってイスラエルの民の恐怖をあおった。民はいっせいにエジプトへ戻る選択をして首領を立てて戻り始めた。これが、神に対する一〇回目の背信行為となった。その結果、エジプト脱出時に成年に達していた者は荒野で死に、荒野で育った次の世代が四〇年の荒野での彷徨によって罪を贖《あがな》うという定めを与えられることになった。これがモーセ五書の教訓である。

2 ヘレニズム・ローマ世界とユダヤ教

ヘレニズムとの出会い

アレクサンドロス大王の東方遠征は、レヴァント地方の文化を根本から変化させた。ユダヤ人にとってアケメネス朝は民族再建の恩人であり、その支配は各民族の文化と慣習を尊重するものであった。しかし、ギリシア人にとってアケメネス朝は、ポリスの諸神殿を破壊したバルバロイ(異邦人)であって、ヘレニズムの息吹によって啓蒙されるべき相手であった。哲学者アリストテレスは、ギリシア人がその気になれば世界制覇は容易だがそれは幸福な生ではないと考えたが、大王は政治家としておのずと違う道を進んだ。ヘレニズムは巨大な宗教文化運動であって、ユダヤ人の心を奪う魅力に満ちていた。ヘレニズムとの遭遇によって、ユダヤ人社会には四つの重要な思想と運動が生み出されていく。

第一に、ヘレニズムに対峙したことにより、ユダヤ人は、自分の思想と生活が特殊な様式なのだと自覚した。ここでいうヘレニズムは、時代区分や美術史上の様式ではなく、ギリシア至上主義という明確に意識化された思想と運動を包括する文化価値である。独立し武装する自由人の共同体がポリスを形成し、スポーツと演劇を祭儀の不可欠の要素とみなし、戦争における武勇こそ人間としての最大の徳とみなした人々の集合体である。ポリスの構造は、これらの諸条件を満たすべく、神殿と広場、議会の演台と集会所とストア(講堂)、円形劇場と競技場と競馬場、ギムナジウム(錬成場)と音楽堂が備えられ、若者はスポーツ競技とミューズの知恵の習得に励み、ホメロスを暗誦し、悲劇に興じた。それら諸々の価値は、プルタルコスが描くアレクサンドロス大王その人によってまさに体現されたのであり、大王はギリシア至上主義の権化であった。

このような魅力ある文化の到来によって、ユダヤ人社会はヘレニズム推進派と伝統維持派との価値の対立を生み、自文化の特殊性を意識して、「ヘレニスモス」に対置して「ユダイスモス」と概念化し、ユダヤ教のあり方そのものを問う自覚的な思想運動が沸騰するようになる。第一マカバイ記によれば、ヘレニズムにかぶれた若者は割礼の痕を消そうとしたという。対立が顕在化するのは、エジプトのプトレマイオス朝(前三〇四〜前三〇年)を経て、シリアのセレウコス朝(前三一二〜前六三年)支配下に入ってからであり、それが爆発するのが、ユダヤ教史上はじめての宗教迫害と殉教という事件であった。

第二がこの迫害と殉教である。セレウコス朝のアンティオコス四世エピファネス王は、その名のとおり、自らを神の化身とみて、ヘレニズム文化至上主義の政治理念を追求した。加えて、人質として長くローマで過ごし、ローマ的政治理念を吸収した。その頃、ローマ国内ではイシス宗教の密儀集団を迫害するはじめての事件が生起しており、その影響が王にもおよんでいるかもしれない。王にとっては、ユダヤ人は野蛮な風習を変えようとしない頑固な蛮族と映ったであろう。そのための啓蒙活動を実行し、第二マカバイ記によれば、ユダヤ人にゼウス神への信仰を強制し、豚肉をむりやり食べさせ、割礼を禁じた。

これに対して、己の民のしきたりと神への強い信仰は、命を賭して律法の正義を守りとおす殉教者を生むことになった。賢者エレアザルや、ユダヤ人の母と七人の子どもたちの殉教の描写は、対立する命令の狭間で神への忠誠を誓ったギリシア悲劇のヒロイン、アンティゴネを髣髴《ほうふつ》とさせる。殉教の自己犠牲は、人々を戦いへと鼓舞した。ヘレニズムは、ある意味で、殉教のできごとのみならず、それを悲劇仕立てに組んだ第二マカバイ記の著者の思惟を、たとえ伝統擁護派であっても深く捉えていたといえる。自己犠牲の事例は、このほか、戦時下で安息日がめぐってきたため、洞窟に隠れたユダヤ人集団が、敵に発見されても、武器をとらず進んで敵の剣の犠牲となった事件にも確認することができる。

第三の特徴は、文化的衝突が一挙に戦争へと発展したあとの予期せぬ展開、すなわち、領土拡大戦争と民族主義の台頭である。戦争に勝利したユダヤ人は、国家の政治的独立を最高の価値とみなし、領土拡張戦争をおこない、先々でユダヤ教への改宗を実践し、第一マカバイ記が悪行とみなしたヘレニズム王国を模倣して、同様の目標を追求するようになった。そして、ユダヤ人社会に、ある種の民族主義的な復古主義が起こったのである。

祭司ハスモン家の英雄、マカベアのユダ(マカバイオス)の活躍で、シリアとの独立戦争に勝利すると、ユダヤ人社会に復古的民族意識が高揚し、かつてのダビデ王国の再現を目論んだ。ハスモン家のシモンが大祭司に推挙され、さらに世襲化したハスモン家の大祭司がユダヤの王に即位し、まさに王権と大祭司権を兼備した独立国家ハスモン朝が誕生したのである。その後、ハスモン家歴代の王はダビデ、ソロモン時代に匹敵する領土回復戦争を推し進め、対外戦争がハスモン朝を一貫する政策となった。これはそれまでの四〇〇年近い平穏な属州時代と著しい対照をなしている。

領土拡大戦争には、もう一つ新たな要素が加わった。イドマヤやガリラヤを征服したのち、それらの地域で、ユダヤ教への改宗運動やユダヤ人の植民運動が実施されたのである。このとき、イドマヤでユダヤ教に改宗した者のなかに、ヘロデ大王の祖父がおり、また、ガリラヤにおける改宗の実施は、時期的にはナザレのイエスの祖父の代にあたっていた。また、サマリアのゲリジム山の神殿が、前一二八年に破壊されてからは、サマリア人はエルサレム神殿の権威を拒否して、ユダヤ人と最終的に決裂し独自の集団を形成する。

第四に、ハスモン朝は、たしかにイスラエル社会にかつてのような独立国家を回復させたが、彼らは

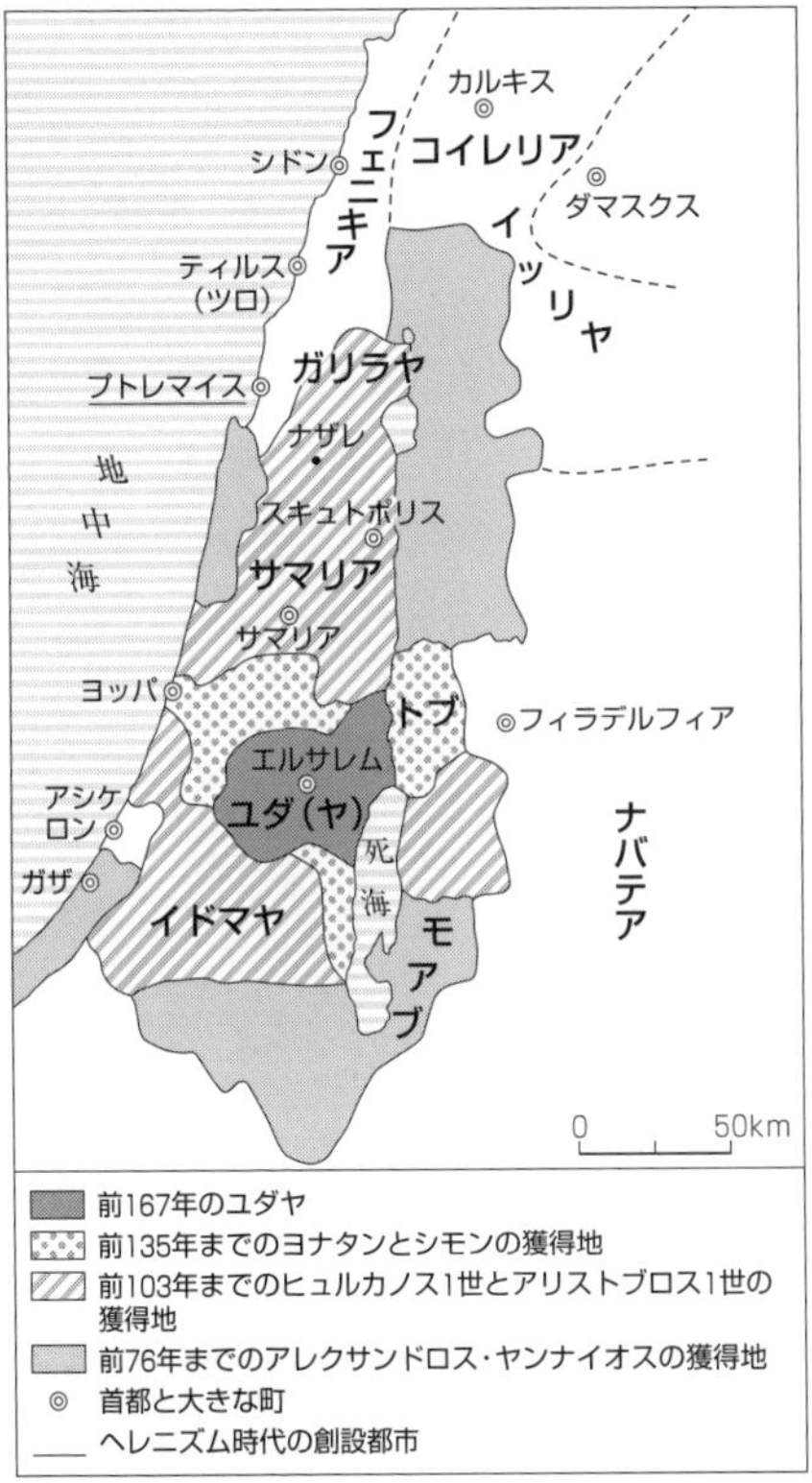

ハスモン朝の領土拡大

大祭司のツァドク家でもなくダビデ王家でもない。彼らが本来その資格のない大祭司権と王権の地位を獲得し世襲化したことは、伝統に照らしてその権威の正統性に不信をいだく者を生むことになった。これは、宗教的・国家的問題を深刻なほど先鋭化し、ユダヤ人社会内部に、パリサイ派(ファリサイ派)、サドカイ派、エッセネ派、死海教団、その他の多様な思想と運動を生み出す重大な契機となった。この秩序の乱れは、改宗者の子孫であるヘロデがローマによってユダヤの王に推挙されるにおよんで、さらなる反発を生み、混乱は混沌の度を深めていく。

正統なイスラエル社会体制の考えは、おそらく第一神殿時代に形成され、バビロン捕囚を経過して確立をみた。それは、都市エルサレムの神殿、ダビデの世襲王朝、ツァドク系大祭司の神殿奉仕という組合せであった。王権を失ったのち、つねに希求されたのは、王権と大祭司権による聖俗二人の指導者の待望であった。大祭司ツァドク家はダビデ王家と姻戚関係に入って、その権威は不動となり、エゼキエル書では、ツァドク系祭司に「神の所有物」という特別の地位が約束された。大祭司の身分は、第二神殿時代の黙示思想では、アロンの直系であるのみならず、神話的にも権威づけられ、その淵源は遠くエノクやノアやマルキツェデクに遡及し、エノクは昇天して天使より知識を授けられるほどであった。

文字と数字は天使の知恵とされ、これを管轄する知識階層の祭司団は、穢れを忌避して、聖なる空間の秩序を維持し、聖なる時間に従って祭日を守り、儀礼を執行して、天上界の神聖な生命力を地上全体に絶えず送り込むことを可能にし、世界の秩序維持と道義性の確保とを神聖な職務としたのである。したがって、ハスモン朝以前のある時期には、人為の介在を許さない固定した暦として、一年を三六四日とする太陽暦が実施されていたと考えられる。一週間七日が全部で五二週あり、一三週ごとに四季が推移するが、曜日と日付は一定になり、安息日と他の祭日が重なることはまったくない。しかし、おそらくハスモン朝から、神殿祭儀は太陰暦に基づいて太陽年と調整する太陰太陽暦、いわゆる日本の旧暦と同様の方式が採用された。これに対して、ヨルベ書は、暦が人為的に調整されることを、信仰と秩序の乱れの根本原因として批判した。

ユダヤ人社会内部の諸集団

一世紀のユダヤ人歴史家で祭司身分のフラウィウス・ヨセフスによれば、ハスモン朝の時代に三つのユダヤ哲学派が出現した。パリサイ派、サドカイ派、エッセネ派である。

パリサイ派は、もっとも正しく聖典を解釈する集団であり、祭司階層の人々さえもその教えを学んだとされ、民衆に広く支持された党派であった。新約聖書では、イエスの敵対者として非難されたが、のちにユダヤ教を支えたラビ体制の先駆とみなされ、父祖伝来の口伝の教えに権威を認め、神殿外のシナゴーグで民衆にトーラーの教えを普及させたと考えられている。彼らは、一般の平信徒を神の贖罪と救済にかかわらせる方向へ神殿改革を積極的におこなった。それまでは、祭司とレビ人のみが神殿儀礼にかかわるのみで、一般のユダヤ人はたんなる享受者にすぎなかったが、祭司団の二四グループに対応した地域別の立会団が組織されて神殿に同行し、その担当の週には地元で集会がもたれ、天地創造物語の朗読もおこなわれた。また、一般のユダヤ人にも、十分の一税を厳格に取り分け、死の穢れを忌避する

カファルナウムのシナゴーグ　古代のシナゴーグでも保存状態の良いものの一つ。バシリカ式平面図に基づいて建てられ，円柱による三つの柱廊式玄関を備える。エルサレムに面した正面には豪華な装飾がみられる。

厳格な規定を遵守するよう求めた。これも、戒律を遵守することによって、神殿の聖性を守り、ユダヤの民の聖性を守ることをめざしたためである。彼らは、義人の魂は死後も残り、復活によって再生すると説いた。

これに対して、サドカイ派は、神殿祭司を中核とする貴族階層で、大祭司を頂点とする祭司階級の神権政治をユダヤ教本来の社会体制と考えた。エルサレムの神殿貴族に支持者が多く、ヘロデ時代にはボエトス派の名でも知られた。ただし、現実の歴史ではハスモン朝とヘロデ朝では大祭司の出自が異なっており、保守的貴族層とはいえ、時代による違いは想定すべきであろう。サドカイの名は、ダビデ時代の神殿祭司ツァドクに由来し、ヘブライ語ではツァドゥキームと呼ばれた。父祖伝来の口伝の法伝承の価値を否定し、死者の復活も死後の応報も認めず、天使や悪魔の存在も認めなかったとされるが、パリサイ派が台頭するにつれ、神殿儀礼の伝統さえ、パリサイ派の教えによって変更をよぎなくされた。古代イスラエル宗教の重点は神殿儀礼からトーラーの学習と実践へ推移するが、七〇年の神殿崩壊以後も神殿祭司層の権威は容易には衰えなかった。

パリサイ派とサドカイ派がユダヤ人議会サンヘドリンの主要な党派であったのに対して、エッセネ派は、パレスチナ各地の町や村に散在して生活し、生活規則の独自性は際立っていた。朝、沐浴して太陽に向かって祈ることや、厳格な沐浴の励行、入会者への三年におよぶ厳しい入会規則と段階的な儀礼的受容、徹底した禁欲、財産の共有による教団経営などが知られている。一九四七年に死海北岸のクムランで、死海写本と紀元前後の遺跡が発見され、写本中の教団「ヤハド」の生活規則とされる「宗規要覧」の入会規定の内容が、ヨセフスの描く入会規定の重要な部分に酷似することから、クムランに教団を構えた集団は、エッセネ派、もしくはその分派とする見解がもっとも有力視されてきた。しかし、死海写本のなかには、自らの集団をツァドク派の人々と呼ぶものがあり、写本の出自をサドカイ派とする説も近年唱えられている。

ローマ帝国の支配とユダヤ教

ハスモン朝の約一〇〇年間に、ユダヤ国家は、領土をかつてのダビデ王国に匹敵する広さに拡大するが、その後継者争いにローマが介入し、前六四年にセレウコス朝を滅亡させたのち、前六三年に、ポンペイウスを総督とするローマ軍がエルサレムを征服して、ユダヤ王国を支配下においた。ローマはユダヤ統治に腐心したが、ユダヤ人側の敵意や反乱に当惑することになった。エジプトとの抗争、東方のパルティア、南方のナバテアとの対立、国内の支配権争いなどのために、その後の二〇年間内外で多難を極めたローマは、ついにヘロデをユダヤ人の「王《バシレウス》」として支配を託した(前四〇年)。それはすでに、

コラム　死海写本と「クムラン宗団」

国連でパレスチナ分割案が討議されていた一九四七年、死海北岸の洞窟から出土した「死海写本」は、近年、多くの写本の公開によって研究が促進され、古代ユダヤ教の歴史に新たな光を投げかけている。発見された数百種類の写本は、紀元前三世紀から後七〇年までのあいだに書かれたと考えられ、内容的には三つに大別される。第一は、ヘブライ語聖書の写本類で、聖書本文の校訂に新たな知見を提供する。これらは、ラビ・ユダヤ教が伝える聖書伝承であるマソラ本文とも違い、ギリシア正教が伝える七〇人訳ギリシア語聖書の伝承とも異なり、独自の由来をもつとされる。有名な詩編第一五一編もある。第二は、旧約聖書の外典・偽典に属する文書で、キリスト教だけに保存されてきた書籍のヘブライ語やアラム語の原典が含まれている。第三は、その他の多様な書籍類で、独自の神学教義や聖典註釈も含まれる。光の子と闇の子による終末戦争によって光が勝利する黙示録的物語もある。これほど膨大かつ広範な文書をだれがどこで書いたのか。クムランの遺構と周囲の洞窟から発見された文書とのあいだにはどんな関係が想定できるのか。

今日の通説は、この文書のかなりの部分がエッセネ派あるいはその分派によって、クムランの場所で書かれ、のちに周囲の洞窟に秘匿されたとする。理由は、第一に、エッセネ派の居住地として大プリニウスが記録するエリコとエン・ゲディとの中間の場所が、クムランに符合すること。第二に、死海写本の「宗規要覧」（セレフ）の内容が、ヨセフスの伝えるエッセネ派の教団規則や生活と酷似すること。第三に、エッセネ派の活動時期がハスモン家のヨナタンから神殿崩壊期までであり、遺跡の出土層と一致することなどである。これに則って、クムラン遺跡は宗団の拠点であり、そこで種々の文書が執筆されたという理解のもとで、国

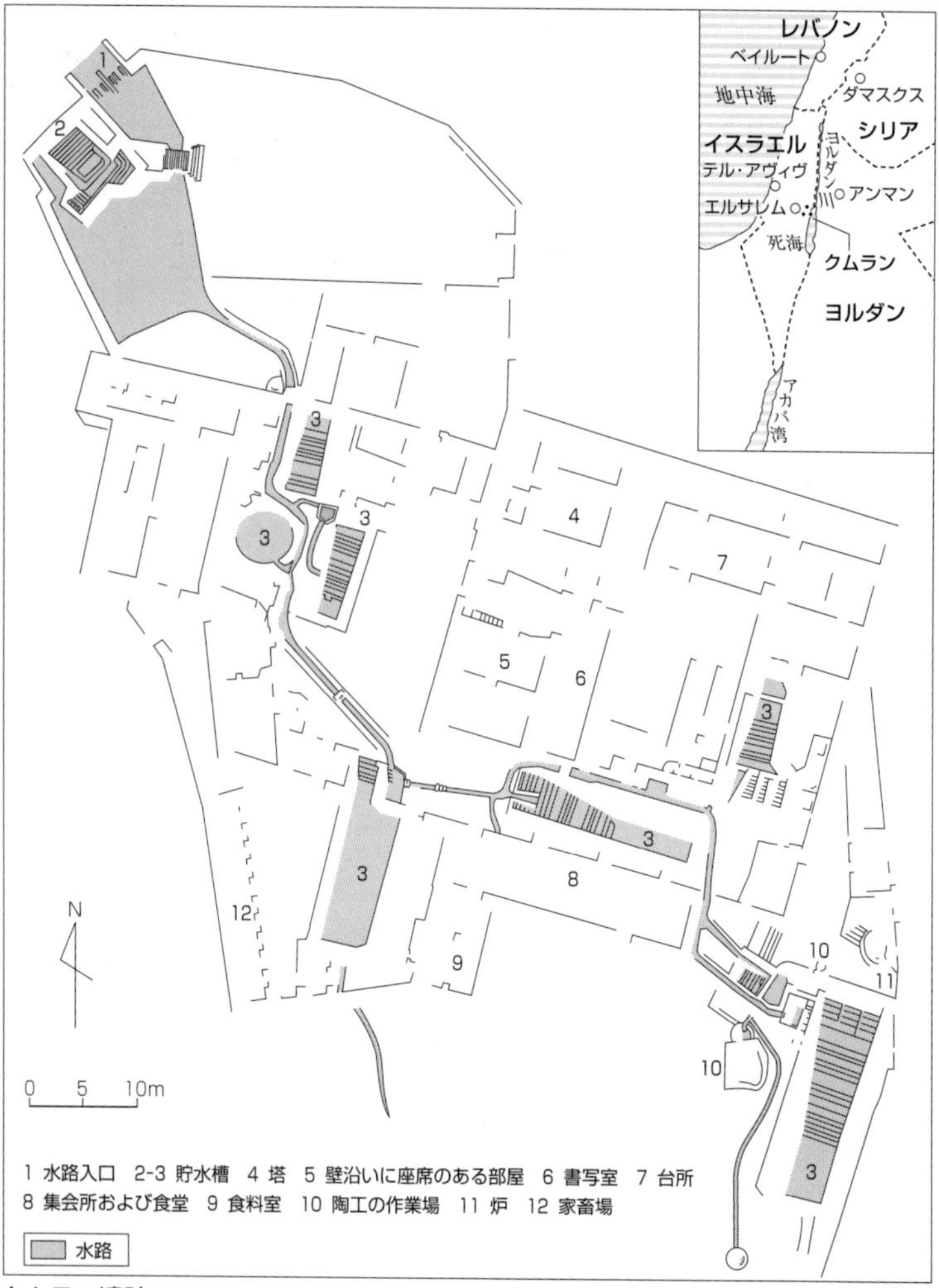
レバノン
ベイルート
地中海
ダマスクス
シリア
イスラエル
ヨルダン川
テル・アヴィヴ
アンマン
エルサレム
死海
クムラン
ヨルダン
アカバ湾
N
0 5 10m
1 水路入口 2-3 貯水槽 4 塔 5 壁沿いに座席のある部屋 6 書写室 7 台所
8 集会所および食堂 9 食料室 10 陶工の作業場 11 炉 12 家畜場
水路
クムラン遺跡

立遺跡公園の展示解説がなされている。冬の降水を貯蔵する水槽の規模の大きさは、そうした穢《けが》れと清めを厳格に識別することが求められた宗派にこそふさわしいかもしれない。

他方、写本の著者が「ツァドク系祭司」(ブネイ・ツァドク)を自称していることから、ハスモン家に追われた正統な大祭司家という想定もある。ツァドク系祭司は、大祭司の正統な世襲の家系であり、大祭司職から放逐されたのちもあくまで正統性を主張して譲らなかったことを証拠立てるかもしれない。

さらに、発見された聖書テクストには何種類もの異なる版があり、筆法の違いや時代の広がりから考えて、五〇〇以上の異なる筆跡のすべてがここで書き継がれたのではなく、エルサレムなどで書かれた書物がクムラン洞窟に運ばれたと想定する説がある。第一次ユダヤ戦争を目前にして、エルサレムの神殿書庫や公文書館などから、財宝ともども疎開させた聖典類の一部とみる。この説は、クムランのみならず、その南方五〇キロのマサダ要塞で、戦争時にエルサレムを逃れてきた人々が持参したと思われる書籍が発見され、その特徴が死海写本と類似することや、クムランとマサダの中間地エン・ゲディの断崖絶壁の洞窟から、第二次ユダヤ戦争(五〇頁参照)当時の自筆書簡や法律文書が発見されたことなどを総合的に判断したものである。

当時、聖なる文字を管轄したのはエルサレムの神殿祭司であり、彼らの主な仕事は、神殿での儀礼司式とともに、書物を書き残すことにあった。とりわけ、外典・偽典や黙示文学のヘブライ語やアラム語の写本が死海写本のなかに含まれているという事実は、のちにラビたちによって正典から排除された書物が、祭司階級の人々の作になるものであることを想定させる。いずれにせよ、これらの写本類は、キリスト教出現を含む激動のユダヤ史の百数十年に相当するゆえに興味のつきない研究対象である。

カエサルの死後である。ハスモン家のアンティゴノスを倒して、前三七年に王朝を樹立するが、ハスモン時代の独立を経験したユダヤ人は、改宗者でローマの傀儡《かいらい》へロデの王権を歓迎せず、その圧制に対立した。

ローマとの安定した平和を築いたヘロデは、改宗者の子孫であることから、自らをソロモンになぞらえ、平和と繁栄をもたらしたことを自負した。他方、ユダヤ人が自分に敵対することを予期して、ハスモン家のマリアンメを娶り、また、ヘロディオン、マサダ、死海対岸のマカリオスに堅固な要塞をつくり、危急の逃避行のルートを確保した。地中海の港湾都市「海のカエサリア」と水道橋の建設などを手がけ、ヘブロンのマクペラの洞窟を再建強化してから、最後にエルサレム神殿の大改造に乗り出した。完成が死後におよぶ大土木工事で、ソロモンの栄華に比肩する偉業が達成されたといってよい。しかし、王家の後継者をめぐって、猜疑心にさいなまれ、次々と後継ぎを殺害し、またユダヤの反乱を恐れて、ハスモン家を根絶するほどであった。改宗者の子は大祭司になれないため、自分の意のかかったボエトス家などを大祭司に任命して宗教的権威を裏から操る方向を選んだ。

ヘロデ大王は前四年に逝去し、ローマは、彼の死後、息子のアルケラウスを「民族統治者《エトナルケース》」へ格下げし、さらにはローマの直接統治へ向かい、統治形態は厳しさを増していった。ユダヤ人の宗教感情に鈍感な騎士階級出身の総督たちは、皇帝像や鷲の彫像をエルサレム神殿に持ち込もうとしたり、神殿の神聖な財宝を略奪したり、ユダヤ教の戒律に反する暴挙を繰り返した。ユダヤ人側はこうした圧力に対抗して、父祖伝来のしきたりを認めさせようと強くローマに要求し、両者の宗教的対立、政治的対立は高じていく。こうした政治的背景は、世の終りの到来を人々に印象づけ、メシアを自称する預言者の出現や黙示録的世界戦争を予言する者まで出現している。ナザレのイエスはちょうどこのような情勢のなかで出現したものであった。

ナザレのイエスと初期キリスト教

イスラエルの北部地方ガリラヤ、その小都市ナザレ出身の若者が、神の支配の到来を告知し、悔い改めを促し病人を癒す奇蹟によって、短期間に大衆を魅了した。過越祭《すぎこし》にエルサレムへ巡礼し、騒擾《そうじょう》と冒《ぼう》瀆《とく》の罪で磔刑《たっけい》死するが、その復活を信ずる弟子たちによってイエスをキリストと信ずるメシア運動が広がった。このキリスト教の出現は、ローマの直接統治に対する反抗と世の終りの切迫という政治的・宗教的脈絡のなかで生じた。

ナザレのイエスは、当時の文化的状況において、二つの異なる文脈において把握されたと考えられる。一つは、当時のローマ的自由の理念の浸透という枠組である。ヘレニズム化して三〇〇年が経過し、ポリス、キウィタス(自由都市)の自由人の「自由」を崇高な宗教的理念とする思想は、ユダヤ人社会にも深く浸透した。イスラエルの神は世界の支配者たるべき存在として君臨する。その理念は、聖書的なメシア観からも導かれる理念であり、病気を癒す奇蹟の男イエスに、政治的救済をもたらすメシア像が重ねられた。イエス受難の舞台となった過越祭は、隷属からの政治的解放を祝す祭礼であり、そのときに処刑されたことはメシアの期待がはずれたことにほかならない。イエスの復活という衝撃は、しかしこ

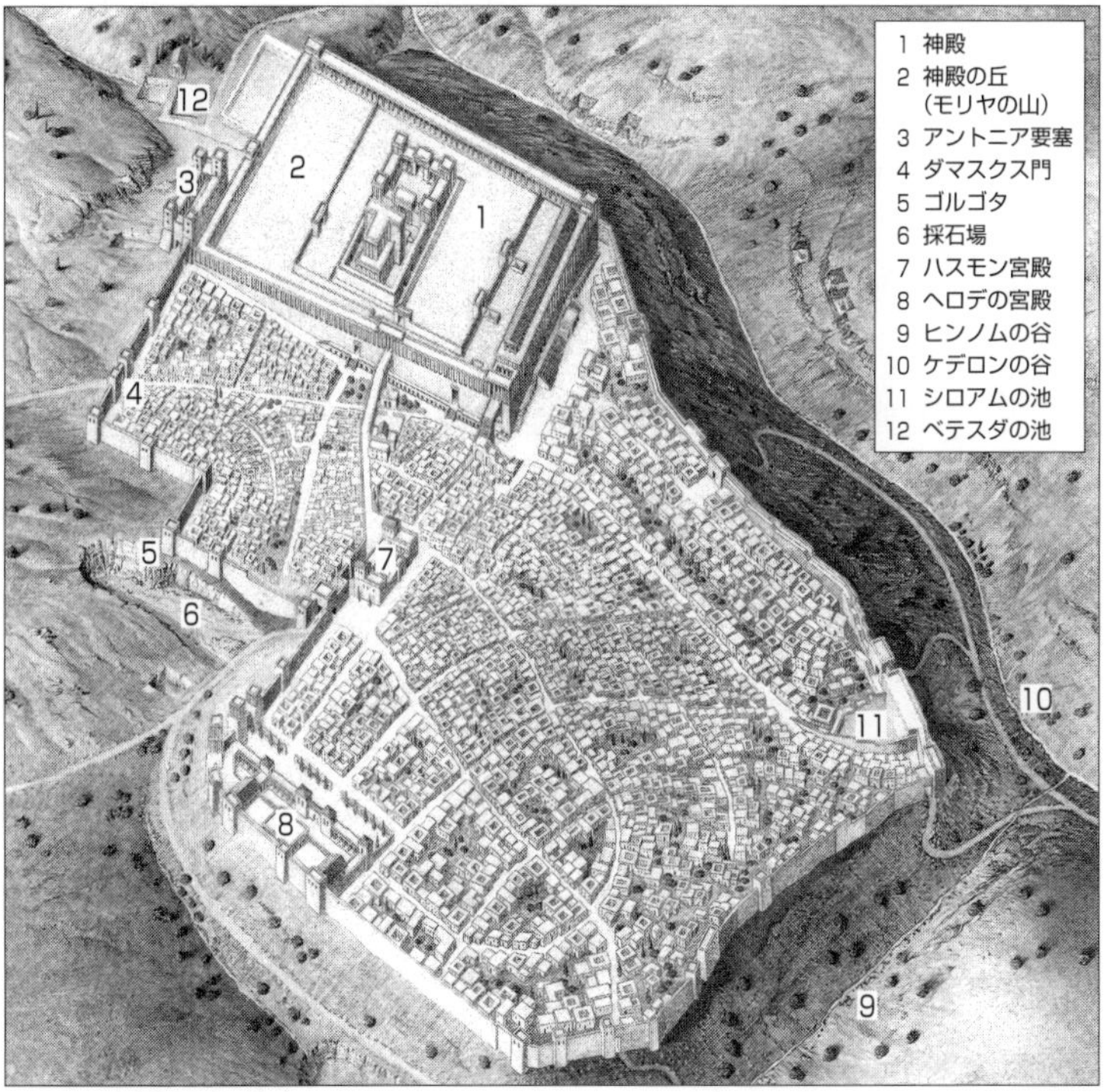

イエスが活躍した頃のエルサレム予想図　当時のエルサレムは，のちにローマ帝国が再建したものより南寄りで，ダビデの町も含まれていた。神殿の丘は現在とほぼ同位置。

の脈絡においてこそ意味をもつものである。

もう一つの脈絡は、預言者と賢者に連なる預言者以上の者としてのイエス像である。シナゴーグで説教をし、律法学者とトーラー論争を闘わす姿は、イエスのめざすものが、神の支配のもとで生まれる宗教的自由の理念であることを予想させる。イエスの挑発的な律法解釈やトーラーの精神に肉薄する発言や大胆な慈愛の教説は、知恵の教師としての系譜から生まれるものである。しかし、ミシュナやタルムードに伝えられる賢者の思想や活動に照らしてイエスを捉えようとすると、後世のラビ・ユダヤ教が伝える賢者イメージにおさまりきらないものがある。

イエスの活動と教説は、当時のユダヤ教に強烈な衝撃を与えた。のちにユダヤ教から離れ、異邦人キリスト教へと発展する要因ともなった事柄を三点取り上げよう。

⑴イエスの死の神学と復活　イエスは伝統的なメシアとしては期待はずれであったが、その刑死と復活の信仰は、過越の神殿贖罪儀礼の再解釈によって、新しい救済の神学を生んだ。過越の仔羊としての犠牲死によって、すべての人間の罪を贖《あがな》ったという解釈である。信徒はいけにえの血と肉であるブドウ酒とパンを享受することによって、復活の命を摂取することができた。それが、聖餐式として、新たな宗教の中心儀礼を形成することになる。

⑵隣人愛　イエスの生き方には、パレスチナという荒野で、トーラーの教えそのままにその日暮しを徹底しえた人物の、神にすべてを委ねえた安心の境地が認められる。これをユダヤ教のなかの、何か特定の宗派的伝統に帰することはできそうにない。制度化された戒律の枠にはめることのできない精神

の自由と発想の独自性がうかがえる。おそらくは、そうしたなかから生まれた画期的な教義が、隣人愛の教えではないか。三つの共観福音書に、トーラーのもっとも大切な教えの逸話が伝えられている。そこには、神への愛と隣人愛が併置されてでている。それは、あたかも当時の常識であるかのようにみえるが、ユダヤ教に残された伝承に、この二つの愛を同等のものとして並置する伝承はほとんど知られていない。意図されていたか否かにかかわらず、この並置は、ユダヤ教のトーラーの拘束力を相対化させるに足る威力を秘めていた。

(3)ユダヤ人と異邦人——キリスト教への入会規定をめぐって

キリスト教は、ユダヤ教ナザレ派という一宗派の形態としては、第二神殿崩壊後に消滅した。ユダヤ教はトーラーのくびきがあってこそ、活力を生むものであることは、その後のラビ・ユダヤ教の発展によって知られる。ナザレ派はいち早くこの難問に遭遇したといえよう。これは、異邦人の入会規定をめぐって先鋭化した。キリスト教がユダヤ教の枠内に留まる場合には、異邦人はユダヤ教に改宗しなければ信者になれないが、入会規定を緩和すると、今度はユダヤ人キリスト教徒にとって由々しき問題が生ずる。異邦人がユダヤ教の食物規定に抵触するため共同の食事さえできなくなる。したがって、キリスト教がイエス・キリストの信仰を教義の核とするならば、ユダヤ人キリスト教徒さえもがユダヤ教の枠から離脱する覚悟が求められる。それはパウロが追求したことで、新たな宗教の樹立にほかならなかった。

3 エルサレム第二神殿崩壊からラビ・ユダヤ教の成立へ

神殿崩壊と賢者の時代の開始

六六年、カエサリアでギリシア人住民がユダヤ人の宗教感情を害したことから騒乱が起こり、ユダヤ人は政治的・宗教的自由を求めて、ローマとの全面戦争に突入した。これが七〇年のエルサレム神殿破壊へと発展する第一次ユダヤ戦争であった。ローマ軍を迎え撃つべく司令官としてガリラヤに派遣されたのは、祭司マタティア家のヨセフ、のちのフラウィウス・ヨセフスであった。しかし彼らはヨタパタで大敗北を喫し、戦士は捕虜になることを拒否して集団で自死を決行、最後に残ったヨセフスはローマ側に降伏し、以後、総督の側近としてユダヤ人の歴史記録を残していく。ただし、ヨセフスは例外で、ユダヤ側はしばしば虜囚を拒んで集団自死を選んだ。それは、ヨタパタに続いて、ガリラヤのアルベラやゴラン高原のガムラ、そして最後には死海沿岸のマサダでも起こっている。いずれも峻険な岩山の上に建てられた都市であった。神殿は崩壊したが戦争は終わらず、強硬派シカリ党がマサダ要塞に籠もってローマ軍に抵抗し、七三年、一〇〇〇名近いユダヤ人兵士とその家族の集団自死をもって終了した。ヨセフスは、そのときの指導者エレアザルの演説を記録に残した。また、執刀者を決めた際のくじ引きに使われた陶器の破片と思われるものがマサダで発見されている。ローマ総督ティトゥスは、ローマの凱旋門に、エルサレム神殿の戦勝品として七枝の燭台を描いた。

ティトゥスの凱旋門の内壁に浮彫りされた七枝の燭台

ラビ文献の伝承によれば、神殿崩壊直前、穏健派のヨハナン・ベン・ザッカイは棺に伏してエルサレム城外に抜け出すことに成功し、ローマ総督に請うてヤブネ（ヤムニア）のブドウ園を下賜された。そこは、一群のラビたちが口伝の法伝承を収集する場となり、神殿供犠の中断に対する緊急の法令もここで決定された。賢者たちはここをラビの最高法院サンヘドリンの再出発点とみなし、のちにヨハナンをラバン（われらの師というアラム語の尊称）の称号で呼ぶことになった。この称号で呼ばれるのは、彼以外ではヒレル家の子孫だけであった。この称号は全ユダヤの世俗的代表者であるナスィに賦与されたと考えられるが、ヨハナンは全ユダヤを代表するものではなかった。のちに、九五年頃から、ヒレル家のラバン・ガマリエルがヤブネに加わり、ローマからパトリアルク（「族長」に由来するラテン語で、ユダヤの民の首長としての称号）の称号を得てサンヘドリンに君臨したと考えられる。

この一時的な小康状態で、ヤブネの学塾には賢者たちが集って共同体の再建が着手された。ラビ・エリエゼル、ラビ・ヨシュア、そしてその弟子の世代のラビ・アキバとラビ・イシュマエルなど、第二、第三世代のラビたちの活躍の場となる。ただし、この時期に、祭司層は一大勢力を保っていたはずであり、ラビ文献だけではその時代の全貌は十分把握できない。

その後、トラヤヌス帝治下の一一五〜一一七年に、アレクサンドリアなどの離散の地で反乱が続き、さらにハドリアヌス帝治下の一三二年には、バル・コフバ（星の王子）の指揮のもと、メシアニズムに鼓舞されたユダヤ人が、再度ローマ帝国と戦闘を交え、王権の復興と神殿の再建をめざした。一時はエルサレムを奪回し、神殿供犠の再開の期待が高まり、コインが鋳造され、「イスラエルのナスィ、シモン」の銘と神殿の図柄が描かれた。しかし、一三五年に、ベータルにおける英雄的な戦闘の果てに、ローマ軍の攻撃で大敗を喫し、ユダヤ人は以後、エルサレムから徹底的に追放され、エルサレムはローマ式都市アエリア・カピトリーナへと大改造された。これがバル・コフバの反乱、あるいは第二次ユダヤ戦争である。戦後、属州名がユダヤからパレスチナに変更され、ユダヤ人の記憶が消されたのは、この戦争の激しさに起因するといわれる。

第二次ユダヤ戦争からミシュナ欽定編纂へ

この反乱はユダヤ指導層に壊滅的打撃を与え、戦後にユダヤ教の禁止令が出され、違反者には極刑が科された。ラビ・アキバは、バル・コフバをメシアと認めて弟子を引き連れて反乱に加わったため、多くの弟子が戦死し、本人も禁令違反で礫刑となった。そのとき、アキバはシュマアの祈りの「主は唯一」(エハッド)を唱えつつ息絶えたと伝えられる。ラビたちの壮烈な死は、のちに「ローマ帝国に殺された一〇人の賢者の物語」というアガダー(説話)として殉教物語化された。

ミシュナが編纂されるについては、これ以後が重要となる。多くの賢者を失ったあと、残された若年層の学生たちが立ち上がった。アキバの若き弟子たちは、ローマの厳しい追跡を逃れ、平穏が戻り、サンヘドリンが北部のカルメル山麓に移った頃から、ガリラヤ地方を拠点として活動を開始した。ラビ・メイル、ラビ・シモン、ラビ・ユダなど、ミシュナにもっともよく登場するラビたちは、みなこの第四世代に属する。

そしてまさにその時期に、パレスチナのユダヤ人社会再建を託されたのが、第五世代のラビ・ユダ・ハナスィである。彼はローマ皇帝との友好関係を築き、パトリアルクの称号、およびカルメル山麓の都市ベイト・シェアリームを賦与された。これで自治を再建する政治的基盤を確保し、共同体再興の中心的大事業であるミシュナの欽定編纂に着手、二〇〇年頃、これを達成する。ハナスィの活動拠点は、ナザレの近郊でガリラヤの中心都市ツィポリ(鳥の意。別名セフォリス)であった。そこはローマ軍支配の拠点であり、ローマ文化が濃厚な都市でもあった。まさにその都市の一角にハナスィの学塾があり、ミシュナが編纂された。父親のラバン・シモン・ベン・ガマリエルに学びつつ、先のアキバの弟子たち全員に学び、アキバに由来するミシュナ法規分類の原型をラビ・メイルから習得したはずである。こうして、ミシュナの編纂は、世俗的な権威と学者としての宗教的権威を一手におさめたこの人物にしてはじめて成し遂げられた事業であった。

ラビ・ユダ・ハナスィの登場によってユダヤ教の新たな方向づけが確定した。ミシュナの教えに則った共同体の形成と展開である。ミシュナの成立は一時代を画する事件となり、ミシュナに登場するラビたちは、口伝の法を教えた者としてタンナイームと呼ばれ、ミシュナ以後にミシュナを学習する賢者たちは、法を解説する者としてアモライームと呼ばれる。

アモライーム時代とタルムード編纂

ラビ・ユダ・ハナスィを保護したセヴェルス朝時代が終わる三世紀半ばから、ローマの平和にかげりがみえ始めた。北方ゲルマンと東方ササン朝の脅威のもとで、軍人皇帝が五〇年で二六人も入れ替わるほどの混乱期を迎えた。軍の徴用、重税、賦役が重なって国土は荒廃し、大土地所有制が広がった。この時期の指導者ラビ・ヨハナンは、ガリラヤ湖西岸のティベリアに学塾を構えたが、学問的名声と人望ゆえに世界各地から彼を慕う弟子が集まった。彼は弟子たちに、困窮者への慈愛を説き、祖国に留まるよう教えさとしたが、国土の荒廃からパレスチナを離れる者が続出した。

ローマ帝国が四世紀にキリスト教を公認し、コンスタンティヌス帝の母ヘレナが聖地巡礼をおこなうにおよんで、パレスチナはキリスト教の聖地と化し、エルサレムやベツレヘム、ナザレに大教会が設立され、各地にキリスト教徒の居住地が増大した。キリスト教国教化ののちにもユダヤ教は許容されたが、布教の禁止、シナゴーグの新築と再建の禁止、ユダヤ人の公職からの追放、エルサレム居住の禁止などの制限が強化された。ラビたちはこれに対抗すべく、カエサリアのラビ・アッバフを中心に、キリスト教徒との接し方を教授し、抑圧に抗する希望を与え、同胞を鼓舞した。確実に圧迫が増大するなかで、三五九年には、ナスィのヒレル二世がユダヤ暦の閏《うるう》月算定法の秘密を公表して難に備え、四世紀末頃には、蓄積された学問の保存のためにエルサレム・タルムードが編纂された。ビザンツ（東ローマ）帝国は、四二五年、パトリアルク制を廃止し、ナスィ家へのユダヤ人の献金を国庫へ吸収した。こうした試練のなか、ユダヤ人社会は、シナゴーグという公共の場における祈りの意義を強調し、新たな典礼詩ピユー

ベイト・アルファのシナゴーグの床絵　堂内の中央通路にモザイクの床絵がある。上から順に，律法の聖櫃と燭台（メノラー），十二宮とヘリオス神，アブラハムのイサク奉献。

トの創作や聖典の学習と説教によって公共生活の充実に努めた。

バビロニアのユダヤ人社会は、紀元前六世紀のバビロン捕囚以来、長く地域に根づいていた。ダビデ家の直系とされる子孫が、ユダヤ人社会の代表者「捕囚民の長《レシュ・ガルータ》」として承認されてきた。パレスチナでヒレル家がナスィ(パトリアルク)を承認されたのは七〇年の神殿崩壊以後と考えられるので、バビロニアのレシュ・ガルータ制はそれよりはるかに昔からの伝統をもっていた。ナスィ家も捕囚民の長も、ともにダビデ家の末裔《まつえい》とされるが、ナスィ家は母方が、後者は父方がダビデ王家に由来するとされる。バビロニアでは、三世紀の前半にパルティアからササン朝に支配が代わったが、レシュ・ガルータ制は継承された。ユダヤ人社会内部にあっては、パレスチナが聖地としての権威においてバビロニアを凌駕したため、形式上は聖地の権威に服し、四二五年以降は自立するが、ササン朝による宗教的抑圧は強化されていった。

共同体内部では、パレスチナと同じように、口伝トーラーであるミシュナの権威が浸透し、それを教授し伝承する学塾イェシヴァが学問の中心として栄えた。とくに、スーラとプンベディータの二大学塾は互いに競って優れた賢者を輩出した。ササン朝のユダヤ教に対する厳しい法令が強化されるなかで、六〇年も学塾の長の地位にあったラヴ・アシは、ミシュナ全体を二度までも教授する実績を基礎にして、それまでの学問を集大成し、バビロニア・タルムードを編纂した。パレスチナでタルムードが編纂された約一〇〇年後の五〇〇年頃とされている。バビロニア・タルムードは、その完成度においてパレスチナ版を凌駕し、バビロニア社会がイスラーム時代にさらなる繁栄を続けることによって、ヘブライ語聖書と並ぶもっとも権威のある経典になり、ユダヤ人特有の思考方法と宗教法規の源泉となっていく。

ラビ・ユダヤ教とユダヤ的宗教共同体の成立

七〇年のエルサレム第二神殿崩壊はユダヤ教史を二分するほどの衝撃を与えた。神殿時代のユダヤ人社会は、命がけで政治的独立と精神的自由を守り抜くという強い覚悟によって、過酷かつ悲惨な戦争も辞さなかった。これに対してラビたちは、過激なメシア待望が国家と神殿の崩壊を導いたことを反省し、トーラーに依拠した宗教的自由の実現によってユダヤ人社会を蘇生させようとした。その方向転換とは、従来の神殿、都市、王権、大祭司といった空間的聖性と身分的秩序を基盤とした宗教性を喪失する代わりに、モーセの律法と安息日の時間的聖性を基盤とした法の宗教、書物の宗教への変貌であった。

ラビ・ユダヤ教の啓示観の特徴は、ミシュナの「アヴォート(父祖)篇」冒頭の法伝承の系譜に顕著にみられる。この篇は、法伝承に携わった歴代のラビの系譜とその教えが網羅されたもので、さしずめ「論語」のユダヤ版である。冒頭はこう始まる。「モーセがシナイでトーラーを受け、それをヨシュアに伝えた。ヨシュアはそれを長老に伝え、長老はそれを預言者に伝え、預言者はそれを大会堂の人々へ伝えた。彼らは三つのことを語った。裁判では慎重であれ。多くの弟子を起こせ。トーラーに垣根を設けよ」と。ここまでは、アケメネス朝時代とヘレニズム初期までに相当する。

続いて「義人シモンは大会堂の残りの者の一人であった」という文がくる。「残りの者」とは、イスラエル宗教に特徴的な概念で、国難で国家が全滅し政治的・文化的断絶が起こったときなどに、伝統を守りとおした少数者の生残りを指す。義人シモンは大祭司身分ながらそれは伏せられ、前二八〇年とも前二〇〇年頃の人物とも想定されている。「彼は言った。世界は三つの事柄のうえに立脚する。トーラーと勤めと慈愛の行いである」と。

義人シモンののちおよそ六世代を経て、ヘロデ大王の治世の後半に、バビロニア出身のヒレルがエルサレムを舞台にして伝統を刷新するほどの活躍をした。彼は聖書解釈の七つの原則を確立して、伝承によらない理性的な解釈方法を提示し、また、日々の行動規範においても、黄金律「自分がしてほしくないことを他人にしてはならない」との格言や、人間の存在を見つめた警句、「もし私が私のために存在しているのでないとするならば、だれが私のために存在するのか。私が私自身のために存在するのであれば、私とはなにものであるのか。いまでないならば、いつのときがあろうか」を残している。彼の代に弟子が急増して、学問の同僚シャンマイとのあいだに、神の教えをめぐって熾烈な論争が展開された。しかし、こうした論争が天のための論争として肯定され奨励されたことが、ユダヤ教の学問における大きな特徴となっていく。ヒレルはその偉大な功績から、その子孫が代々サンヘドリンの長であるナスィ職を世襲したとされ、その家系はミシュナ編纂者であるラビ・ユダ・ハナスィに至っておおいに開花する。

こうしてアヴォート篇には、義人シモンから始まり、ラビ・ユダ・ハナスィの子弟の代まで、タンナイーム（ミシュナの法を教えた賢者たちの総称）の総勢七〇名が列挙され、これはサンヘドリンの構成員と同数になる。彼らは、ヘレニズム・ローマ時代にトーラーの法伝承を伝えた正統な継承者として位置づけられる。

第二神殿時代のヘレニズム以降、祭司層が学問の中枢として黙示文学の担い手であったとすれば、この伝承ではそれがすっかり抜け落ちている。系図で祭司を無視しただけではなかった。ラビたちは、ことごとく祭司的ユダヤ教に属する制度や思想を排除していった。祭司たちの理想モデルであった創世記のエノク、天に昇って天使の知恵である文字と数を修得し、楽園にいて地上のすべての人間の悪行を記録するとされたエノクが神によって罰せられ、また、従来もっとも重要な契約更新祭であったはずの七週祭（シャブオート、ペンテコステ）を完全に無視した。ラビたちは、一〇〇〇年におよぶ祭司的ユダヤ教の巨大な世界観に立ち向かっていたということが了解される。

ラビ・ユダヤ教のトーラー観の基本は、モーセが神から受け取ったトーラーには成文のトーラーと口伝のトーラーがあったという信念である。成文トーラーには神の六一三の戒律（ミツヴァ）が含まれていて、それらは、「するな」という禁止命令と、「せよ」という当為命令に分類される。禁止命令は日々これを実践する必要があるから、太陽年の一年に相当する三六五戒が数えられ、当為命令は人間の体を動かすことになるから、当時知られた人体の骨肉の数に相当して二四八戒が数えられた。

口伝トーラーは、口伝であるからその質と量ははかりしれないことになる。ではその無尽蔵の教えはどのように学ぶことができるのか。それは師のラビから弟子への師資相承《ししそうじょう》によった。弟子は、日常茶飯における立居振舞いのすべてを師のラビから学び、師によって免許皆伝を受け叙任される。ではラビたちは結局だれから教えを受けていることになるか。師資相承の伝承経路を逆にたどれば、最後には「神の僕《しもべ》」モーセに戻る。モーセから教えを受けたのはだれだったか。ヨシュアである。彼は「モーセの僕」として、荒野の四〇年間、モーセのもとを離れず、その教えのすべて、その言動のすべてを修得した者である。そして、モーセは自らの死を前にしてヨシュアの頭に手を置いたので、ヨシュアは知恵の霊に満たされたとされている〔申命記三四・九〕。こうして、ラビの模範はモーセであり、モーセは預言者や神の僕であるとともに、何よりも、「われらのラビ、モーセ」（モシェ・ラッベーヌー）と呼ばれるに至った。

　ラビの弟子たちは、ラビに仕えて学び実践するなかで、ふさわしい資質を積んでいくものと理解された。その精神は、「英雄とは、心の悪しき衝動（イェツェル）を征服する者のことである」という格言のなかに息づいている。人格の最高の段階は、預言と神の聖霊であり、そこに至る階梯があった。パレスチナで二〇〇年頃に活動したタンナイーム第五世代のラビ・ピンハス・ベン・ヤイールの伝承によれば、人間はトーラーの学習と実践から死人の復活に至るまで、一二の段階をたどる。トーラーの学習→注意深さ→積極さ→純粋さ→節制→清浄さ→神聖さ→柔和さ→罪の恐れ→敬虔さ→聖霊→死人の復活、である。これは、宗教的人格形成の諸段階とも言い換えられよう。人格の資質だけを取り出せば、最初と最後を除いて一〇の段階が示されている。この考えによれば、人間はトーラーの掟を学び実践した褒美として復活するのではない。トーラーの学習と実践は、人間の精神的資質を高めていき、最後には聖霊を受ける預言者の域にまで達すると語っているのだ。

第2章　一神教のなかのユダヤ教

世界がヨーロッパのキリスト教と中東のイスラームによって大きく二分される時代において、ユダヤ人社会の宗教文化はどのような展開をみせたであろうか。この時代の最大の特徴は、世界的規模の一神教支配であり、ユダヤ人はその両方の文化圏に住んでいた。

七世紀のアラビア半島にイスラームが興り、セム的唯一神教によって部族の枠を超えたアラブの統一を達成した。その一世紀後には、東はアラビア半島からイラン、中央アジアまで、西は、中東から北アフリカを経てスペインまでを征服した。これほどの広大な領土を短期間で達成したこと自体、極めてまれなうえに、イスラームという唯一神教の宗教的情熱によって鼓舞されたことで世界に大きな衝撃が走ったが、一神教の歴史において画期的なことは、イスラームの脅威に対抗して、西ヨーロッパがキリスト教共同体として統合されたことである。

カール・マルテル、小ピピン、カール大帝（シャルルマーニュ）の親子三代の王国は、ローマ教皇と強い絆を結ぶにおよんで堅固なキリスト教帝国を樹立した。国家一〇〇年の偉業である。これが今日までヨーロッパにおけるキリスト教発展の直接の土台となった。ヨーロッパ・キリスト教共同体は西のカトリック・フランク王国と東のギリシア正教・ビザンツ（東ローマ）帝国が覇を競いつつ、イスラームの進出に共同防御体制を整えたと表現できよう。

ここに世界は、地中海周辺から西アジアの全域が完全に一神教化し、その信仰と規範が生活様式を規定して、一神教の思想が、広範囲の人々に制度として普及するに至った。ユダヤ教が生み出した強固な宗教共同体の構造、すなわち、一神教の契約思想と七日周期の聖なる礼拝制度は、キリスト教とイスラームによって受容され、地中海をはさんで、世界は一神教文化によって覆いつくされる時代が到来した。それとともに、国際関係は、世界をイスラームのオリエントとキリスト教のオクシデントに二分する東西一神教の対抗関係として把握され、この世界観の枠組が近代に至るまで維持されることになる。

両地域にまたがって住んでいたユダヤ人の境遇にも変化が訪れた。とりわけ、スペインとライン地方に移住したユダヤ人社会が両文化の影響を受けることにより、二つの独自のユダヤ文化圏が形成されていく。スペインはヘブライ語でスファラドと呼ばれたため、その地のユダヤ人はスファラディと呼ばれ、中世に独自の文化を築いて黄金時代をもたらす。また、ライン地方を中心とした中欧はアシュケナズと呼ばれており、そこで発展したユダヤ人社会はアシュケナジと呼ばれて、ドイツから東欧にかけて独自の文化圏を形成する。

中世・近世のユダヤ教史は離散ユダヤ人の迫害史であるという見方があるが、これを学問の歴史としてみることも可能である。ある地域のユダヤ人社会が栄えるとき、そこには必ずタルムードの学問が栄え、重要な賢者が活動している。古代パレスチナで成立したミシュナは、バビロニアで発展し、十世紀にそこが衰退に向かうと、地中海をはさんで、北アフリカ、スペイン、ライン地方へ学問の中心が移動した。トーラーの学問は、拡大を続けるユダヤ人共同体に精神的一体性を賦与した。したがって、タルムードの学問が栄えた場所と時代を追っていくと、ヘブライズムとしてのラビ・ユダヤ教の展開が追跡できる。ここでは主として学問的系譜の視点から、中世のユダヤ人社会の展開を追っていく。

この観点には副産物がある。イスラーム圏とキリスト教圏でユダヤの学問に顕著な違いが見出せるのである。それは、ホスト社会の正統な学問との交流のあり方という点においてのみならず、学問の重点や方法論にも違いが生じている。アシュケナジの社会では、聖書とタルムードのテクスト解釈の分野で発展が著しいのに対して、スファラディの社会では、ユダヤ法ハラハーの法典編纂と哲学的思索の分野が秀でている。

1　キリスト教とイスラームの世界支配

イスラームの支配理論とユダヤ人の地位

イスラームが世界を席巻した八世紀当時、世界のユダヤ人人口の九割がイスラーム圏内に生活したといわれ、イスラームの支配は、ユダヤ人にとって祝福となったと考えられる。イスラーム出現直前の時代には、ビザンツ帝国とササン朝が宗教的理由からユダヤ人を圧迫したとされる。これに対して、イスラーム共同体は、その領域内のキリスト教徒やユダヤ教徒たちを「啓典の民」「庇護民」として遇し、各

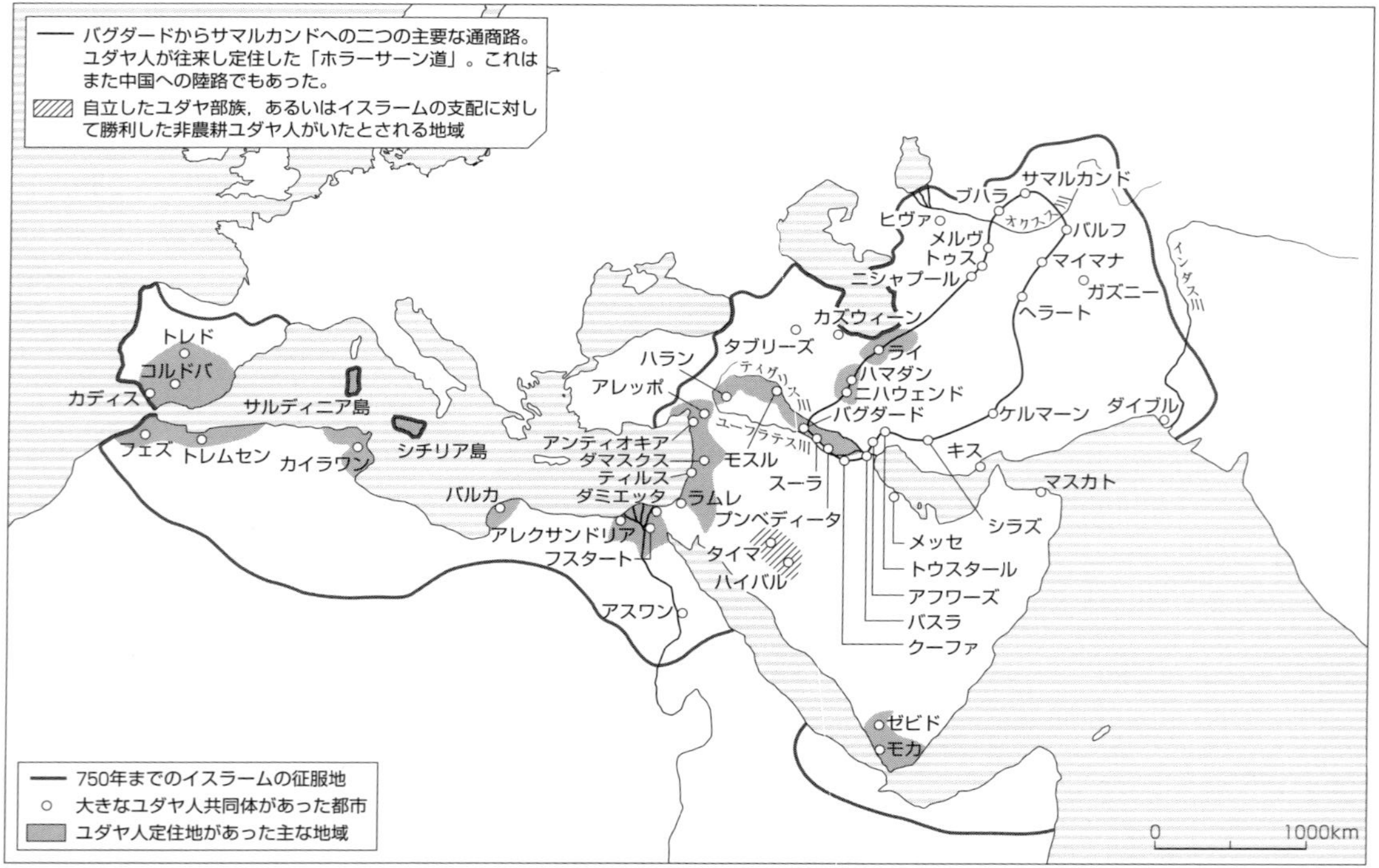

750年頃のユダヤとイスラーム

宗教共同体に法的自治を与え、その存在を法的に認知した。ウマイヤ朝カリフのウマルが定めたこの決定は、近代に至るまでイスラーム支配地域で効力をもった。二級市民であり課税義務を負うとはいえ、ユダヤ教徒は相応の法的な自治を認められた共同体となり、領土内を縦横に移動する自由を得て、盛んな交易を展開するに至る。イスラーム社会はユダヤ人に対して典型的な二面性を示し、ユダヤ人に対する蔑視はあったが日常生活での友好関係があり、宮廷の高位高官への道も開かれた。ウンマ（宗教共同体）として認知されたことは、キリスト教圏のユダヤ人社会との決定的な違いを生んだといえよう。

ユダヤ教もイスラームも、生活様式としての実践をともなわない信仰というのはありえない。イスラームは、宗教構造がユダヤ教に酷似しているため、アッラーの僕《しもべ》としてのムスリム（イスラーム教徒）のおこなうべきシャリーア（イスラーム法）は、ユダヤ教のハラハーと同様に、倫理を包含する法体系と結びついていた。法の分類も、神に対する掟イバーダートと、人間同士の関係に関する規定ムアーマラートに大別される。前者には、浄め、懺悔、礼拝、喜捨《ザカート》、断食、巡礼、葬制などが数えられ、後者には、婚姻、離婚、親子関係、相続、契約、売買、誓約、証言、ワクフ（寄進）、訴訟などが含まれている。これらは、ミシュナの法分類に匹敵するものである。

また、短期間で広範囲の領土を征服して、非アラブ民族を広範にかかえたことから、クルアーン（コーラン）の規定のうち、アラブ的生活慣習に依拠したかなりの部分は実行できなくなった。その反面で、スーフィズム（神秘主義）による内面の精神的あり方へ重点を移行することによって、イスラーム的信仰に質的な変化が生じ、それがイスラームの拡大を確保するとともに、アラブ・イスラーム的な精神性とは異なる傾向を生んでいったと考えられる。

キリスト教の支配理論とユダヤ人の地位

キリスト教世界は、古代ユダヤ法体系とは異なる法体系をもつ文化であり、キリスト教が伝播しても、ユダヤ教の戒律がそのまま移植されることはなかった。キリスト教徒の世界では、自己の内なる悪とか、この世の富や名声の誘惑を断つことが戒律の対象であり、キリストの道を歩む修道生活が発展する。修道士が、「キリストの闘士《アスレータ・クリスティ》」と呼ばれることには、人間の資質が、蛮勇とか男らしさとしての武勇から、精神的な徳目へと意味を変えていく変化の跡がみてとれる。常の祈り、また正統と異端の識別という神学的思惟の哲学的訓練が重視された。

同じキリスト教でも、正教とカトリックでは基本的神学と信仰的実践に違いがあり、戒律の関心の方向が異なるため、文化の型に違いが生じている。正教は、神学の目標を人間の「神化」(テオーシス)におき、またギリシア的観想を重視するのに対して、カトリックは、原罪に陥っている罪深い人間の贖罪《しょくざい》をめざした。その違いは、修道のあり方に反映した。正教では、砂漠にひとり隠遁して瞑想と祈りによって神への道をめざした静寂神秘主義が主流であったが、カトリックでは、聖ベネディクト(五四八頃没)による修道院の「戒律」制定以来、集団による祈りと規則正しい生活のなかで、服従と謙遜、清貧と純潔による「主キリストへの奉仕」という人間の理想を追求することが定まった。また、修道院においては、自己の内なる悪との闘いとともに、思考における戒律、すなわち、論理学と修辞学、正統と異端の識別の学が、神学の基礎として体系的に学習されている。これはキリスト教という宗教が、教義によって正統と異端とを識別しようとしたことと完全に符合する。

東方正教会では、西欧とは異なり、ビザンツ帝国時代に、皇帝がキリストの代理人として宗教的にも筆頭となる制度が施行されて、国家と教会の関係は、皇帝を頂点とした一元的なヒエラルヒーを形成した。ユダヤ人の身分は、六世紀にユスティニアヌス帝編纂のローマ法大全に則って定められ、布教の禁止、キリスト教徒の下僕を雇うことの禁止などが徹底された。

西欧におけるユダヤ人の地位は、カトリック教会が繁栄の頂点に達する十二・十三世紀を境にして、その前後で事情が異なっていた。ユダヤ人への迫害が十字軍を境に顕在化するのである。カトリック教会は原則としてアウグスティヌスの政治理論によって国家と教会の関係を規定した。それによれば、神は人類に二つの剣を与えた。この世の支配と霊魂の支配である。霊魂の支配とは死後の魂の行方を決定する永遠の裁きである。前者は王に、後者、すなわち天国への鍵は、ローマ教皇に与えられた。「教会の外に救いなし」とされ、世俗社会と教区制は一つに結ばれる。カトリックを受容した国家では、これが基本的に社会構造を規定した。こうして中世の国家と教会の関係は、今日の主権国家とはまったく様相を異にした。国家と教会はそれぞれ二つの独立した組織だが、お互いの構成員は同一である。同じ社会のすべての人が、この二つの組織に同時に所属した。教会と国家は、同じ社会を管轄しつつも、別個の法規、立法権、法廷、行政管轄によって民を支配したのである。

そのなかでユダヤ人の地位は例外であった。カトリック教会の構成員ではなく、国家の構成員でもない。ユダヤ人は、封建的領主関係に必須のキリスト教的誓約がおこなえず、国家法の保護の外にあった。そしてまた、宗教的にはキリスト教徒ではないから、ユダヤ人は救いの外にいた。そのため、ユダヤ人共同体は、理論的には、異邦人かつ異教徒であり、極めて不安定な地位におかれたが、現実には、国王などその地域の世俗権力がユダヤ人をどう処遇したかによって、境遇がおおいに違った。十字軍以前の西ヨーロッパでは、ユダヤ人迫害はほとんどみられなかったから、その国民がカトリックだからといって、おしなべてユダヤ人を憎悪したと単純に考えるべきではない。また、十字軍時代の史料によれば、一時的な迫害があっても、秩序が回復されるとユダヤ人はもとの居住地に戻ってきたことが確認される。その土地の人々との信頼関係はそう単純には失われなかった証左でもある。

2 バビロニアのユダヤ人社会

イスラーム時代のバビロニア

イスラームの征服者カリフは、同じ唯一神を信奉するキリスト教徒とユダヤ教徒を広大な国家運営の協力者とし、それぞれの共同体に法的自治を与え、ウンマとして認知した。ダビデ家の末裔《まつえい》として、かねてよりバビロニアのユダヤ人社会の世俗的代表であったレシュ・ガルータに対しては、国家全域のユダヤ人社会の代表者としての権威が賦与された。いわばムスリム社会におけるカリフの地位に準じた扱いといえる。これによって、イスラーム社会全域のユダヤ人が、一つの代表のもとで一体化された。

他方、古代末期からユダヤ人社会の法的権威を担ったのはラビたちであり、口伝トーラーの学識と知恵に依拠していた。三世紀以来、バビロニアの二都市、スーラとプンベディータに設立された学塾イェシヴァの塾長が、口伝トーラーの権威の頂点となる体制であった。レシュ・ガルータは二つの学塾の権威を引き続き承認し、塾長はガオンの称号で呼ばれた。それゆえ、二つの学塾の存続した時代をゲオニーム(ガオンの複数形)時代と呼ぶ。六世紀のバビロニア・タルムード編纂以後から、一〇三八年のハイ・ガオンの死去までがその期間であり、ウマイヤ朝とアッバース朝におよそ重なる。

レシュ・ガルータが高い権威を与えられた結果、ゲオニームとのあいだに法的権威をめぐる競合関係も生じ、どの権威による法判断に従うかでユダヤ人社会が多様化する傾向がうかがえる。とはいえ、そこにはタルムードの権威に対するゆるぎない信念が共有されていた。しかし、口伝トーラーの権威を否定し、成文トーラーのみを真正の啓示と認める異端の主張が出現した。七六七年、レシュ・ガルータの後継者争いに端を発して、後継候補の一人で異端を疑われたアナンが独自にレシュ・ガルータを名乗ったため、国家反逆罪で死刑宣告されたが、ユダヤ教とは違いイスラームに近い宗教であると主張し、それが認められて釈放された。それ以後、この学派は、聖典に通暁する者としてカライ派と称して、ラビ・ユダヤ教とは一線を画す宗派を興した。

アッバース朝では、八二五年以降、新たな宗派の設立が容易になり、ユダヤ人社会でも法的に複数の学派を許容する体制に向かった。これは、タルムード時代のユダヤ法体制にはみられない特徴だが、ムスリム社会が複数の法学派の存在を許容する社会であることの影響がおよんだものと認められる。カライ派は、パレスチナを中心に一時は勢力を拡大し、「シオンの服喪者」を自称し、十世紀前半にはエルサレム巡礼を呼びかけた。ラビ・ユダヤ教側は、当初破門の宣告で応じたが、効果は薄かったため、論争と説得に方向転換し、歴代のラビが哲学書で論駁《ろんばく》し、大きな成果をあげた。サアディア・ガオンもその一人である。

サアディア・ガオンとバビロニアの黄昏

歴代のガオンのなかで一人、エジプト出身の傑出した人物がいた。サアディア・ガオン（八八二〜九四二）である。カライ派を論駁する書物を著し、ヘブライ語の文法書を書き、ヘブライ語聖典のアラビア語訳『タフスィール』（解説・意味）を著し、哲学書『宗教的信仰と知的確信』（キターブ・アルアマーナート・ワル・イーティカダート）を執筆した。律法の最高位の者が、哲学者であり言語学者であるというのは、新しいユダヤ知識人の誕生を意味していた。このことは、アッバース朝が国家的規模でギリシア文化を受容し一大ルネサンスが起こったことにより、国家全域にわたって生活環境から学問や思考方法に至るまで新しい精神が浸透したことと、無関係ではなかった。

彼はスーラの塾長ガオンとして厳格な裁判をおこない、謙虚で人望厚い人物であったが、権威の衝突も経験した。レシュ・ガルータがくだした法判断がハラハーに則らず不当であったためにサアディアは承認を拒否した。このため、レシュ・ガルータと争うことになり、互いが相手を破門し、サアディアは難を避けてバグダードへ逃れた。この時期に先述の哲学書のほか、「サアディアの祈禱書《スィドゥール》」を著し、各地の礼拝を統一して、その内容を正しく方向づけた。その後、ガオンに復帰したのち、九四二年に没し、スーラのイェシヴァはほどなく閉鎖された。プンベディータのイェシヴァだけはその後一〇〇年近くもちこたえ、シェリラ・ガオンやハイ・ガオンを輩出した。

遠隔地のユダヤ人社会は、バビロニアへ法的判断を委ねることがあったとはいえ、独自に判断をおこなう地域的自立の傾向もあった。十世紀以来、アッバース朝の衰退と北アフリカのファーティマ朝の出現は、ユダヤ人社会におけるバビロニアの権威を弱体化させ、各地の自立的傾向をさらに進めた。バビロニアがシーア派のブワイフ朝に占領されたため、多くのユダヤ人が北アフリカのカイラワンやイエメンに移住した。

ゲオニーム時代の新たな潮流

イスラーム以前のユダヤ人社会の学問と比較したとき、ゲオニーム時代の学問には新たな三つの傾向があらわれていた。一つは、単独の律法典の編纂である。タルムードは厳密な意味での法典ではなく、ミシュナをめぐる註釈と議論の集大成である。そこには、法規の根拠をめぐる議論から、登場人物の逸話まで、あらゆる分野の情報が含まれていた。タルムードはヘブライ語とアラム語のみで書かれ難解であるため、何が許され、何が禁じられ、何が義務とされるか、これらを具体的にわかりやすくまとめた行為規範集が要請された。そうした要請に対応する律法典として、『ハラホート・グドロート』(大法規集)が生まれている。

第二には、言語学に立脚した聖書註解と哲学書である。単語の字義通りの意味(プシャット)と、説教や釈義のための解釈(ドラッシュ)とを厳密に区別する学問の誕生である。かつて、三世紀から六世紀にかけて、パレスチナの賢者たちのあいだでは、ミドラシュ・アガダー(非法規的註解)という聖書註釈が高度に発展した。聖典の字句に拘泥《こうでい》せず、さまざまな釈義や暗示を縦横に展開する傾向が強く、『ミドラシュ・ラッバー』をはじめとして、多くの註釈書がつくられた。しかし、アラビア語がこれまでの言語地図を一挙に塗り替えてからは、アラビア言語学に依拠して、ヘブライ語の文法学、正確な意味に依拠した聖書の哲学的理解など、新しい学問的要請が起こり、もはや従来の註解では対応できなくなった。サアディアの聖書アラビア語訳は「タフスィール」と呼ばれ、知的に純化された理性的な聖典として、擬人的な神の描写などが巧みに訳し替えられている。

第三は、律法問題の回答書レスポンサである。ゲオニームがウンマたるユダヤ共同体の法的権威を確保するために、イスラーム国家内部のすべてのユダヤ人社会から寄せられたハラハー上の難問に適切に回答することが求められた。実際には、ヨーロッパなどイスラーム国家を超えた遠隔地からも打診があったことは、その権威に対する信頼の証左である。寄せられた問いには、ブドウの栽培ができない地域で、安息日の聖別式に用いるべきブドウ酒の代わりに、透明な焼酎(ヘブライ語でヤイン・サルーフと呼ぶ)で代用できるかという問いもあった。こうした往復書簡は、質問と回答という意味のヘブライ語で「シユエロート・ウテシュヴォート」とも呼ぶ。レスポンサが独立の法学ジャンルとして記録保存されるのは、後世、十二世紀のアシュケナジ社会、十三世紀のスファラディ社会からである。

3　アシュケナジ系のユダヤ人社会

タルムード学の発展

ヨーロッパにおいても、イスラーム地域と同様に、ユダヤ人の経済力に対する評価は高かった。国王が国力増強のために特許状を与えてユダヤ大商人を招聘《しょうへい》することはしばしばみられたことである。そうした王の保護で、彼らは独自のユダヤ法のもとで生活した。彼らは王権にとって財政的に有用だったため、国王が国民感情に抗して保護したのである。フランク王国草創期のカール大帝(在位七六八〜八一四)とルートヴィヒ敬虔王(在位八一四〜八四〇)の時代はその典型であった。両王は、商業の発展によって国力増強をめざし、法的自治の承認や免税、生命財産の保全など、破格の条件でユダヤ商人を迎え入れた。こうして、アシュケナジのユダヤ人は、ライン川沿いに北上し、フランスを縦断し、プラハを中心にボヘミア、オーストリア方面へも進出していった。

バビロニアの学塾の権威が十一世紀に衰退すると、ハラハーに対する最終的権威がユダヤ人社会から失われた。そうした危機の時代にあって、十一・十二世紀のライン地方のマインツやヴォルムスでユダヤ人の教育全般に責任ある学問体系が構築された。その最初の功労者は、ラビ・ゲルショム・ベン・ユダ(九六〇頃〜一〇二八)で、その貢献の高さから、後世、「捕囚民の光明《メイール・ハゴーラー》」と賞賛された。彼は、南仏ナルボンヌの学塾でタルムードをおさめたのち、故郷マインツへ帰って学塾を創設した。兄弟のマキルもヘブライ語研究に優れ、難解な語句の辞典をつくった。マインツのラビの死去にともない、ゲルショムがその後任となるにおよんで、学塾はアシュケナジ社会の学問の中心となった。ゲルショムは、ユダヤ人社会の諸規則(タッカノート)を制定したとされ、その名が冠された代表的規則には、アシュケナジ系ユダヤ人に一夫一婦制を定めたこと、個人宛郵便物の開封を禁止したことがあげられる。その基礎のうえに一大学問体系を構築するのが、ラシこと、ラビ・シュロモ・イツハキ(一〇四〇～一一〇五)である。

ラシは、父親と母方の叔父からトーラーを学び、ヴォルムスでラビ・ゲルショムの弟子のラビ・ヤコブに学んだ。ラシの精神とものの見方と理解の仕方はラビ・ヤコブのおかげであるとされた。師匠の死後、学塾で後進を指導し、その後、マインツへ移り、今はなきラビ・ゲルショムの学塾に学びかつ教え、二十八歳でトロワに帰った。就学中に妻帯し、苦学しつつ二児をもうける。トロワでは、昼はブドウの栽培とワイン造り、夜は律法研究に励んだ。故郷へ戻ってほどなくして、学生が集まり、その範囲は、ドイツ・フランスばかりでなく、遠くポーランドにもおよんだ。そして、ここにヘブライ語聖書とバビロニア・タルムードに対する註解という事業が開始された。

ヘブライ語聖書に対する彼の註解には、二つの特徴があった。聖書の字義的な意味を簡潔に示していること、そして、先哲の教訓的註解(ミドラシュ)からの的確な引用、とりわけ、慰めの言葉をちりばめて、倫理的な高潔さをたたえていることである。ミドラシュは、聖句の字義を離れて、教訓的、寓話的、あるいは説教風に自在に敷衍《ふえん》する解釈で、ラシの時代には、すでに先哲の伝承を編纂した写本が多く出回っていた。『ミドラシュ・ラッバー』『ミドラシュ・タンフーマ』『ペスィクタ・ラッバティ』『ヤルクート・シモニ』などである。ラシなどの後世の賢者には、新たなミドラシュの創作は求められないが、先哲の教えから命の泉を汲み上げる課題が残されていた。ラシの註解はこれをみごとに成し遂げ、彼の註解をとおして古代の賢者の知恵にふれる場合が多い。

ラシの聖書註解は、のちのイブン・エズラやナフマニデスの優れた註解を生み出す原動力となった。他方、タルムード註解は、アシュケナジ社会において独自に継承された学問領域と考えられ、ラシに至ってその頂点に達した。アシュケナジの社会では、タルムードの学問は、弟子が師匠との生きたやりとりのなかでその弁証法的議論を実践し、師匠の学問に挑戦する気概と自由さを育むものであった。ラシの学塾で展開されたタルムード学は、彼の孫の代に体系化され、「トーサフォート」(追加)という名でラシの学問に追加された。

トーサフォートの学問体系

一〇九六年の第一次十字軍遠征は、ノルマンディ地方のルーアンや、ライン地方のヴォルムス、マインツ、シュパイアーなどのユダヤ人居住地で、激しい殺戮《さつりく》行為をおこない、アシュケナジ系ユダヤ人社会に精神的・物質的な打撃を与えた。とはいえ、この地域のユダヤ人は、一一〇〇〜一三〇〇年のあいだに、タルムード研究の一ジャンルを形成するまでに発展した。それがトーサフォート文学である。その中心となるのが、ラシの孫、ラビ・シュムエル・ベン・メイル(ハラシュバム)とラビ・ヤコブ・タム(ラベーヌー・タム)である。

彼らは、タルムード本文をラシの註解に従って正確に読んで理解することを第一の基礎とし、そのうえで、内容に関する弁証法的議論を闘わすという学問方法を確立した。そこには、ミシュナに対してアモライーム（ミシュナ以後のユダヤ賢者の呼称）がゲマラ（ミシュナの学習）を生み出していくのと同じような様式が見出される。アシュケナジのユダヤ人社会は、ユダヤ人憎悪が広まっていくなかで、タルムードの学問に精通しトーラーの精神性を体現する賢者をユダヤ教本来の精神的模範として標榜したのである。

その精神性の高さにおいて、この時代のアシュケナジ社会で特筆されるのは、「アシュケナズの敬虔主義」（ハシドゥート・アシュケナズ）と呼ばれる宗教運動であった。その代表者で、敬虔《ハシード》なる者と呼ばれたラビ・ユダ・ベン・シュムエル（一一五〇～一二一七）は、説教集『敬虔なる者の書』（セフェル・ハシディーム）を著し、魂の純粋さと神への献身を称揚した。その敬虔なる態度は、堅固な信仰を守って迫害に打ち勝つ殉教精神を育み、十字軍時代の迫害に耐え抜く精神力を培った。また、のちの道徳文学に多大な影響を与えた。

そうしたアシュケナジ社会の栄光の時代を締めくくる賢者が、ローテンブルクのラビ・メイル（一二一五～九三）と、その弟子でのちにスペインのトレドへ移住したラビ・アシェル・ベン・イェヒエルであった。二人は、タルムード学の高さ、律法典の知識、そして新たな質問に対する権威あるレスポンサの執筆において、後世に名を留めている。彼らは中世前期におけるハラハー学者の最後の傑出したラビであった。

ユダヤ人の法的地位の変化と迫害

西欧の中世社会の成熟にともなって、ユダヤ人社会の身分に変化が起こり、ユダヤ人は経済的に厳しい境遇におかれた。それゆえ、ユダヤ法の規定を譲歩しても生活の糧の取得を優先させるという事態が生じている。そのプロセスには二つの要因が働いた。第一は、各国の王が、ユダヤ人共同体を王室の私有財産とみなすようになっていったこと。第二には、種々のギルドへの加入が禁じられ、一一七九年の第三回ラテラノ公会議以降、キリスト教徒が金貸しを禁止されたため、ユダヤ人の職業が金銭貸借業に限定されていったことである。

キリスト殺し、頑固に回心を拒む者、救われず永遠にさまよう者等々、ユダヤ人イメージのステレオタイプが形成され、救いの共同体であるキリスト教のエクレシア(キリスト者の集会)に対して、ユダヤ教共同体は敗北者としてのシナゴーガ(ユダヤ教徒の集会)であるという神学的な対比が普及した。「血の中傷《ブラッドライベル》」(儀式殺人)に起因した暴動事件が実際に起こるのは、西欧では十二・十三世紀である。これは、キリスト教徒の幼児の血を過越《すぎこし》の種なしパンに入れたという悪意に満ちた虚偽の噂のことだが、イギリスでは、ロンドン、ノリッジ、グロスタ、ウィンチェスタ、フランスでは、パリ、ドイツでは、ボッパルト、バンベルク、フランクフルト、ミュンヘン、プラハ、スペインのサラゴサなどの諸都市で発生した。イギリスでは、十二世紀のヘンリ二世とトマス・ベケットの対立抗争以来、国家権力と教会権力とは全体に平穏を保ちつつも、境界線上ではつねに戦闘状態にあり、ユダヤ人は、王の気が変わればいつ追放されても仕方がない危うい立場におかれていった。ユダヤ人が追放されるのは、イギリスでは一二九〇

儀式殺人のおこなわれた都市と時代　数字は事件が起きた世紀。

年、フランスでは一三九四年である。

国力をつけた西欧諸国が、教皇の呼びかけに答えて、エルサレム解放に向けて八度にわたり十字軍を派遣したが、騎士団は東欧へも向かい、司教座のカテドラルを拡大する。十字軍に続いて、一三四八年から翌年にかけて黒死病（ペスト）の流行があり、アシュケナジ系のユダヤ人社会では死亡率が低かったことから、毒を撒《ま》いたという嫌疑がユダヤ人にかけられ、各地で虐殺の暴動が多発し、ユダヤ人は生存を脅かされ追放処分を受けた。ユダヤ人社会の物質的・精神的損失ははかりがたく、その後の世代はユダヤの学問の衰退を嘆き、自らを「孤児の世代」と呼んだ。一方、神聖ローマ帝国内の領主や都市は、ユダヤ人が去ったことによる経済的打撃にみまわれ、各地でユダヤ人の再定住を促す動向を生んだが、ユダヤ人の身分は、皇帝の私有財産もしくは、帝国自由都市の所有奴隷のような地位のままであり、定住の条件はさらに厳しくなった。そのため、ユダヤ人の東欧への移民を促し、帝国の東部や南部、さらに国境を越えてポーランドへと向かわせることになった。

西欧では経済力を蓄えた都市民が自由な活動を広げるとともに、宗教文化にも新たな流れが展開した。キリスト教神学の発達である。十二世紀には大学が次々と創設され、十三世紀には、托鉢修道会が新たな宗教的情熱を吸収して成長した。その一つドミニコ会は、トマス・アクィナスを輩出するなど、学問に長じた修道会に成長し、南仏で発生したキリスト教の異端思想の取締りに活躍した。やがてその矛先はユダヤ教に向けられ、十三世紀の後半には、パリやバルセロナでユダヤ教との教義論争を展開し、スペインに転じては、異端審問に豪腕をふるい、ついにはユダヤ人を国外追放へ陥れるに至る。

4　スファラディ系のユダヤ人社会

ムスリム・スペインのユダヤ人

イスラーム社会が十二世紀に西欧に先駆けてルネサンスを達成したことは、周知の事柄である。その舞台となったスペインは、同時代に、ユダヤ人社会の黄金時代をも生み出していた。スペインのイスラーム教徒とユダヤ教徒は、言語的にも宗教文化的にも親近性があったため、哲学と科学全般にわたって学問が共有され、その結果、ユダヤ教徒からも優れた哲学者、詩人、科学者が輩出した。古代ギリシアの学問を吸収したイスラーム文化の学問の枠をラテン語へと翻訳する国家的プロジェクトは、トレドやコルドバのユダヤ人によって実行され、文明の仲介者としてのユダヤ人の貢献が評価されるのも、この時代のことである。

ユダヤ教の宗教生活においては、ユダヤ法の法典編纂がおこなわれ、ユダヤ的生活規範の法制化が発展した。哲学的な理性主義が浸透したことで、熱烈な宗教的信念の面が弱まったとして、ユダヤ教の信仰を貫いて殉教することを誇ったアシュケナジ社会のユダヤ人から、その棄教や改宗を批判されることにもなった。

ムスリム・スペイン社会へのユダヤ人の進出は、後ウマイヤ朝(七五六～一〇三一年)の統一王朝時代に盛んになり、その後半から黄金時代を現出する。首都のコルドバやトレド、セビリャにはユダヤ人街が発達した。この社会では、これまでにない新しいタイプの指導者が出現した。王や支配者から信任を得て王宮の重臣として活躍する者が、世俗的にユダヤ人社会を代表するという仕組である。また、律法の権威として世界に名をはせた学塾が消滅し、代わって、法の知恵に優れたラビ個人へ信頼が寄せられるようになった。また、哲学や詩などの学問に秀でた新たなタイプの知識人が出現したのである。

統一王朝時代の傑出した新しいタイプの政治家には、ハスダイ・イブン・シャプルート(九一五～九七〇)がいた。彼は、アブデル・ラハマン三世の宰相として活躍した。この王自体も功績が大きく、アッバース朝の衰退に乗じてカリフを名乗り、北アフリカ領有問題ではファーティマ朝と対立し、北のキリスト教国の南下を阻止した。ハスダイは、最初、宮廷医として王に仕え、言語的才覚から外交官として頭角をあらわし、北のキリスト教国との外交折衝にことごとく成功し、国家財政と外交を任されるまでになった。彼はユダヤ教国ハザールの最後の王に書簡を送ったことでも知られる。のちには、ユダヤ人社会の首長に任命され、ユダヤ人社会の発展に貢献した。その内容をみると、コルドバの学塾への援助と学生への奨学金給付、バビロニアへの寄付金の送付、図書館の設立、ヘブライ語学習の奨励など、学問の発展に対する思いの強さがうかがえる。

十一世紀、後ウマイヤ朝崩壊後の小国分立時代にあって、同様の活躍をしたのはシュムエル・イブン・ナグディーラ(九九三～一〇五五)である。かつての首都コルドバに生まれたが、王朝崩壊期の戦乱でマラガへ逃れ香料の店を構え、それが縁でグラナダの宰相に見出され、知恵と才覚によってついに国王の信任を得て宰相に登りつめる。王は彼をユダヤ人社会の首長に任命したため、「ナギード」の称号で呼ばれた。下等民の分不相応な出世として人々の妬みと憎悪にさらされ、息子の代に民衆の怒りで多くのユダヤ人が殺害され、一家もバレンシアへ逃れた。

スペインのユダヤ系知識人

中世の黄金時代と評されながら、この時代の著名なユダヤ人で生涯を同じ一つの町で過ごした人はほとんどいないといわれる。放浪の詩人や哲学者は、個人的性癖によるだけではなく、当時の政治的不安定さを示唆する。事実、小国分立時代に、あいついでモロッコに勃興した二つのイスラーム王朝がスペインに進出して、厳しいイスラーム化政策を展開したとき、やむなく各地を転々とするユダヤ人の姿があった。ムラービト朝(一〇五六~一一四七年)とムワッヒド朝(一一三〇~一二六九年)である。とくに、後者はアッラー一体論者で、全国民をムスリムに改宗することを掲げて侵略を進めたため、多くのユダヤ人が北のキリスト教国へ逃れていった。そのなかには、コルドバ生まれのマイモニデスがいた。

そうした歴史状況において、スペイン時代のさまざまなユダヤ知識人に共通した特徴がみられる。言語的素養があること、文才があり詩作に秀でていること、哲学に造詣が深く信仰の何たるかを理解していること、諸科学に通じていること、そして、先の二人は、これに加えて、政治や外交に優れた判断力をもち、その才能を見出されたということであろう。そうした傑出した文人を三人あげておこう。

一人は、シュロモー・イブン・ガビロール(一〇二一頃~五六頃)。幼くして両親を失い、サラゴサで孤児となり、以後流転の生涯を送り、孤独と苦難の道を歩んだが、数多くの優れた詩を残し、哲学と律法に精通していた。十九世紀に主要な作品が編集され、フランツ・ローゼンツヴァイクによる翻訳がある。二人目は、ユダ・ハレヴィ(一〇七五〜一一四一)。トレドに生まれ、キリスト教徒に征服されて南へ逃れ、コルドバで当時アフリカから逃れてきたアルファスィにトーラーを学ぶ。多くの世俗詩と宗教詩を書き、ハザール王のユダヤ教受容を描いた思想書『クザリ』を著した。三人目は、アブラハム・イブン・エズラ(一〇八九〜一一六四)。トレド生まれ。ハレヴィと親交があり、その娘を娶る。ラシと並ぶ聖書註解で有名だが、詩人としても優れ、ヘブライ語文法、天文学、医学もおさめた。しかし、定住の地を得られず、生涯貧困にして、晩年の二五年間は、諸国を彷徨《ほうこう》し、旅に死んだ。その旅路は、北アフリカからエジプト、パレスチナ、バグダード、さらにインドからイタリアへ戻りさらに北上するほどであった。

中東のユダヤ系知識人

ファーティマ朝(九〇九〜一一七一年)は、アッバース朝衰退にともなってエジプトを征服し、フスタートの北に新都カイロを建設した。さらにレヴァント地方とアラビア半島へ進出し、通商の要衝を確保し、メッカ、メディナ、エルサレムの三つの聖域を支配下においた。インド洋から地中海への国際貿易は、ムスリム商人とともにユダヤ商人を活気づかせた。ユダヤ商人は、イスラーム圏を含むユダヤ人商業網とその秀でた言語能力を駆使して、陸路と海路の両方で東西貿易を展開した。西からは、男女の奴隷、装飾絹織物、毛皮や刀剣類を、東からは天幕、シナモンなどの香料、絹などが運ばれた。フランク王国から地中海へ出て、海路でエジプトへ向かい、スエズをラクダで運び、紅海からは海路、アラビア半島沿岸アデンからインドへと向かい、またかなたから戻ってくる。途中、コンスタンティノープル(クシュタ)で商いをすることもあった。こうした国際貿易における実力が、ユダヤ人を世界の隅々まで拡大させ、また宗教的憎悪が無視できない地域においても、特権を与えてまで進出が歓迎されたのである。イエメンはその中継地アデンを中心に栄えたが、この地域にバビロニアやペルシア(イラン)のユダヤ人が移住し、タルムードの学問を伝え、豊かな伝統を築いていく。

聖地では、ガリラヤ湖畔の古都ティベリアで、ヘブライ語聖書タナッハの伝承を吟味し保存したマソラ学者の二大学派が覇を競った。ベン・アシェル家とベン・ナフタリ家である。彼らが伝えた権威ある校訂写本には、九三〇年作のアレッポ写本、十一世紀初頭とされるレニングラード写本があり、これらは死海写本発見まで、現存する最古の聖書写本であった。また、エルサレムは、十世紀には、カライ派の聖地復帰運動でユダヤ人人口が増加し、カライ派支持者も増加した。ラビたちにとっては、カライ派の存在はユダヤ人社会の分裂をもたらす異端であったが、富裕の商人層にとっては、ラビ派とカライ派の家族がそれを承知で姻戚関係を形成するのは珍しくなかった。のちに、マイモニデスがカイロで遭遇するのがこの状況である。

北アフリカでは、最初のイスラーム都市カイラワンが、イスラーム聖者廟への巡礼と商業で繁栄した。この地域へはユダヤ人も早くから移住し、学塾も設立された。そして、このカイラワンの学塾に、フェズ出身のイツハク・アルファスィ(一〇一三〜一一〇三)が学びにきて、二人のラビの薫陶を受け、のちに故郷で学塾を創設し、学問の伝統を継承した。アルファスィは、弟子たちがタルムードの学習に難儀しているのをみて、理解の助けとなる著作『ヒルホート・リフ』(リフの法規)を著す。リフとは彼の通称である。この書は、順番はタルムードにそのまま倣うが、難解な議論や論争は削除して、律法判断の結論を明示している。また、神殿祭儀や穢《けが》れの規則など、現時点で実行されない規則は削除し、理解を助ける説明を補足した。こうして、この書物は、その優れた内容と明快な判断ゆえに、「タルムード・カタン」(小タルムード)の名を賜った。これは、今日の通常のタルムード・テクストに必ず独立して掲載されている。

アルファスィは、七十五歳までフェズに住んだのち、イスラーム国家の内乱に巻き込まれスペインへ逃れる。コルドバに滞在後、ラビと不和となり、バレンシアで晩年を過ごしている。彼がモロッコを去ってほどなく、北アフリカのユダヤ人社会は、イスラームの原理主義的運動による強制改宗と迫害に遭って国外へ退去したため、終止符が打たれた。ちなみに、アルファスィはラシとほぼ同時代で、二七歳年長である。

モシェ・ベン・マイモンの思想

中世哲学史では、ラテン語名のマイモニデスとして知られる哲学者モシェ・ベン・マイモンは、ユダヤ教の世界では、ラムバムと呼ばれる。これはヘブライ語名であるラビ・モシェ・ベン・マイモンの頭文字を繋いだ表記である。

マイモニデスがユダヤ教史で占めている重要な意義を理解するには、当時のユダヤ世界全体がおかれ

コラム　一三をめぐるユダヤ教の信仰箇条

ユダヤ教には、数に特別の意味を込める伝統がある。安息日の七、十戒の一〇、あるいはカバラーで神性の流出をあらわす一〇のセフィロートなどはその一例であるが、一三という数にもいくつかの意味がある。マイモニデスにまつわるものも含めて、三つほど紹介しよう。

第一には、ユダヤ教における一三の信仰箇条である。中世イスラーム圏のユダヤ人社会では、哲学が風靡《ふうび》したことにより、ユダヤ教の信念体系にも信仰箇条が要請された時代であった。これは、マイモニデスが、すべてのユダヤ人に共有されるべきユダヤ教の信仰として「一三原則」をまとめたものである。

一に、神は創造主として存在する。二に、神は唯一である。三に、神はなにものにも依存せず、姿も形ももたない。四に、神は不滅である。五に、神は人が信ずべき唯一の存在であり、人が祈るべき唯一の存在である。六に、預言書は神聖であるがゆえに、これを信ずることを要する。七に、モーセはすべての預言者のうちでもっとも偉大である。八に、トーラーはシナイでモーセに授けられた。九に、トーラーは永遠に妥当する。一〇に、神はすべてのことを知っている。一一に、人は、この世ときたる世において、その行いにふさわしい神の裁きを受ける。一二に、メシアはいつか必ずやってくる。一三に、死人の復活は必ず起こる。

こうした信仰箇条にまとめることは、信仰を硬直化させるとして反対意見も根強く残るが、この一三箇条は、日々の祈禱書《スィドゥール》に掲載されていて、礼拝の最後に節をつけて歌われるほどであるから、一般信徒のあいだに広く浸透していると考えられる。

二つ目は、神の属性（尺度）を示すために用いられた一三である。これは「シュロシュ・エスレ・ミッドート」(一三の尺度)と呼ばれ、悔い改めの祈りに組み込まれている。ユダヤ教で最大の悔い改めの行事は贖罪《しょくざい》日ヨーム・キップールであるが、この日までの四〇日間、特別の「悔い改めの祈り」が夜明け前に祈られる。これをスリーホートの祈りと呼ぶ。これに合わせて、シナゴーグでは角笛が吹かれる。角笛の吹かれる箇所で必ず唱えられているのが、この「一三の尺度」である。

これらの属性はトーラーの言葉に由来する。イスラエルの民が契約を結んだとき、金の子牛をつくって罪を犯したため、モーセは再びシナイ山に登って、四〇日四〇夜、断食して民の罪の赦しを請うた。その際、語られた言葉に基づいている。祈りの箇所を訳出すると、以下のようになる。

主は彼〔モーセ〕の顔の前を通り過ぎたので、彼はこう呼ばわった。主よ、主よ、憐れみ深く①、人を探し求め②、怒りをこらえ③、大いなる慈しみ④と真実⑤の神。数千代に慈しみを守り⑥、咎《とが》⑦と悪行⑧と罪を担い⑨、清めて⑩ください。そしてわれらの咎⑪とわれらの罪を赦し⑫、われらを跡嗣ぎとして⑬ください。〔Ex34:7,9の抜粋〕

もう一つは、この一三の尺度も含めて、ユダヤ教のイロハを教える一三の数え歌である。これは中世の頃につくられ、過越《すぎこし》の晩餐のあとの余興の一つとなって今日まで歌い継がれている。一は唯一神、二は二枚の契約の板、三は三人の父祖、四は父祖の妻たちの四人、五はモーセ五書、六はミシュナの全六巻、七は一週間の日数、八は生後八日目の割礼、九は出産までの九カ月、一〇は十戒、一一はヨセフの夢にでた一一本の麦穂、一二はイスラエル一二部族、そして一三は神の属性である。

これらはいずれも頭で覚えるというより、口ずさんで記憶するよう工夫されている。

た状況に目を向ける必要がある。十一・十二世紀は、地中海をはさんで宗教的情熱が一挙に高揚し、ヨーロッパでは十字軍が、北アフリカでは、アッラー一体論者のムワッヒド朝が各地を制圧し、スペインへも進出して、ユダヤ人に改宗か追放を迫った。ユダヤ教の学問の中心がすべて失われるかもしれない危機に直面するなかで、マイモニデスはその双肩にユダヤ教の未来を担うことになるのである。

彼は、当時の学問と文化の中心コルドバでラビの家系に生まれ、早くから図抜けた才能を示したが、少年の頃、一一四八年にムワッヒド朝がコルドバを攻めたため、一家は北のキリスト教圏へ逃れ、以後放浪生活に入り、その一〇年後には、モロッコのフェズに移った。この地では、イスラーム教徒に強制改宗させられたユダヤ教徒もあくまでユダヤ教徒であるという論を展開したため、支配者の怒りにふれ、一家はパレスチナへ逃れたが、そこは十字軍支配下であったため、短期間滞在したあと、アレクサンドリアへ向かった。ここで、カイロの旧市街フスタートのユダヤ人がカライ派の影響下にあることを知り、そこへの移住を決意する。一家を支えた弟の急死で大家族を支えるべく医師として開業すると、その名声が高まり、カイロの宮廷医となった。時は、サラーフ・アッディーン（サラディン）の時代であった。マイモニデスはエジプトのユダヤ人社会の首長にも任命され、ケヒラー（ユダヤ共同体）のために労を惜しまず活動した。

彷徨のなかで、マイモニデスが執筆の中心においた事柄は何であったか。イスラーム社会の学問を考えると、知識は三つに分類され、第一には、イルムと呼ばれる論理学や哲学があり、第二に、法学的知識としてのフィク、第三に、ガザーリーの体系によって確立された神秘学としてのマアリファで、このうち、もっとも重視されたのは法学である。マイモニデスはこうしたイスラームの学問世界に通じていたはずであるから、ユダヤ法学の体系化は、もっとも精通した重要な学問分野であったと考えられる。

ユダヤ法学の分野の著作では、口伝トーラーの基礎であるミシュナを註解した『セフェル・ハマオール』(光明の書)がスペイン時代に書き始められ、カイロで完成している。原典はアラビア語だが、生前に自らの監修で、著名な翻訳家ラビ・シュムエル・イブン・ティボンによりヘブライ語に翻訳された。そのなかには、認識論を説いた「ラムバムの八章」と、ユダヤ教の信仰箇条としての「一三原則」が含まれている。これまで、ミシュナのみを単独で網羅的に註解する試みはなされておらず、ここにすでに体系化の布石がある。続いて彼は、『セフェル・ミツヴォート』(戒律の書)を著して、トーラーの六一三戒を確定した。従来は、戒律の数について合意されていながらもそこに何を含めるかは確定されていなかった。これらの戒律は、ラビによる解釈を含めずに、トーラーのテクストそのものから導き出されている。こうして、ユダヤ教徒がはたすべきハラハー実践のための法体系は、モーセ五書とミシュナを網羅し、信仰論や認識論に基礎づけられた。そして、この土台の上に、壮大な体系としての『ミシュネー・トーラー』が構築されることになる。

法学の集大成の著作『ミシュネー・トーラー』は、一一七八年、一〇年の歳月をかけて完成された。「第二のトーラー」という大胆な書名は、序文の「はじめに成文律法を学び、しかるのち本書を学べば、他にはどんな書物も必要としないであろう」という言葉でその意図を知ることができる。かつてのアルファスィの著作のような、タルムード本文の理解を助ける補助としてではなく、モーセの律法に次ぐ第二の律法典であることをめざしている。したがって、この書は、当時すでに実行されなくなった口伝律法の規定も含めて、口伝律法全体が網羅されている。その意味で、この書はまさに啓示法ハラハーの集大成であった。タルムードがおこなった律法論議の類はいっさいなく、出典箇所の記載もなく、その配列もミシュナやタルムードに準拠せず、まったく斬新な分類法が採用された。戒律の体系は、哲学的認識論に立脚した分類方法による一四の章に割り振って配列し直され、その最初に、知識の書と命名された章がおかれた。この章には、モーセの宗教の本質をなす戒律で、神の唯一性や偶像崇拝の禁止など、人が何より知らねばならない枢要なハラハーが集められている。各章の名称は、順に、知識、愛、時間、女性、聖別、誓い、種子、礼拝、犠牲、清浄、損害、売買、判決、裁判人である。

著作の締めくくりは、哲学の分野における傑作『モレ・ネヴヒーム』、すなわち「迷える者たちの導き」である。原著はアラビア語で、題は「ダラーラト・アルハイリーン」。一一九〇年に出され、そのヘブライ語訳が、一二〇四年、彼の死の直前に出版される。そのあとにラテン語訳がでて、トマス・アクィナス(一二二五〜七四)をはじめとして、中世キリスト教思想界に影響をおよぼしていく。本書の内容は、合理主義哲学者による聖書解釈である。三部構成で、第一部が聖書中の神概念をめぐる類義語・多義語の説明と定義、第二部が神の存在証明、第三部がカバラーの基礎となる二つの伝承、すなわち、天地創造の秘義とエゼキエルの見た天の御車(メルカヴァ)の秘義に関する解釈である。カライ派の影響力の強いカイロで、その誤謬《ごびゅう》に触発されて執筆されたことから考えて、カライ派のモデルとなるイスラームのムータジラ派との対決があったと推測される。聖書に頻出する擬人的表現をいかに正しく理解すべきか、という神認識の根本問題が問われている。

マイモニデスの哲学的な神認識は、二通りの認識を概念化する。第一は、神そのものの認識で、これは預言者モーセや父祖アブラハムなど限られた預言者にしてはじめて達成できた神認識である。第二は、神を人間に関わりをもつその機能によって認識するタイプで、人間に褒美や罰を与え、慈愛をそそぎあるいは激しく怒る擬人的な神の認識である。ユダヤ教は二番目の神認識も許容し、罰を恐れてあるいは褒美がほしくて戒律を守ることを許している。しかし、第一のタイプに勝る神認識はないとみなされた。

こうした言説は、早くから伝統的なユダヤ教学者によって疑惑の目で見られ、死後には、マイモニデスの立場をめぐって論争がおこなわれ、またマイモニデスの著作が閲覧を制限されることも起こった。伝統に対する清冽な批判を蔵するその著作と思索は、新たな時代の思想を切り開く力を秘めており、後世、マイモニデス・ルネサンスともいえる思想的再生が何度となく生起する。「モシェ（預言者モーセ）からモシェ（マイモニデス）まで、モシェのような人物は一人もあらわれなかった」との格言は、マイモニデスの存在が聖書の預言者モーセに比肩されるほどであることを物語っている。

キリスト教スペインのユダヤ人社会とカバラーの発展

北スペインから南仏にかけてのキリスト教諸王国は、レコンキスタ（国土回復運動）の長い歴史の前半（第一次レコンキスタ。一二一二〜六〇年）には、ユダヤ人に対して寛容政策を実施したため、ユダヤ人は外交、財政、農業などの分野で活躍の場を見出し、三つの一神教が共存した史上まれな時代と謳われることにもなった。

カスティリャの賢人王アルフォンソはスペイン語を公用語にした最初の王とされるが、その宮廷では、ユダヤ人が翻訳家や天文学者として活躍し、月のクレーター三つにその人名が残され、二人のユダヤ人によって天文表が作成されている。また、同じくカスティリャの残虐王ペドロの宮廷で蔵相として権勢を誇ったのが、シュムエル・アブラフィア（一三二〇頃〜六一）である。未来への確信以外は手に入れたとされたが、王の寵愛を失うと投獄されセビリャで刑死した。トレドにあった彼の豪邸はエル・グレコの家となった。真向かいには豪華なシナゴーグがあり、トランシト・シナゴーグと呼ばれた。

十二世紀の後半、キリスト教圏のユダヤ人社会から、今日、ユダヤ神秘主義と称される一群の思想が生まれた。スペインのイスラーム文化の影響を受けたユダヤ神秘家は出現していないとされるので、神秘主義とキリスト教思想との関連が想定できるかもしれない。その流れの一つはライン地方のアシュケナズの敬虔者たちであり、他の一つが南仏のプロヴァンスから北スペインにかけてのスファラディ系ユダヤ人社会で発展したカバラー思想である。

カバラーの特徴を備えた最初の著作『バヒールの書』（セーフェル・ハバヒール）が出現したのは十二世紀末である。曇りなきもの、純粋なるものを意味するバヒールを書名とする匿名の本書には、カバラー全体を特徴づける象徴体系がそろっていた。博士論文で本書を扱ったショーレムは、この書の意義を「中世ラビ・ユダヤ教の心臓部における神話学の新たな炸裂」と評した。

本書にはカバラー象徴体系の五つの特徴がみられる。第一は、人格的一神教のなかで、神的霊界プレ

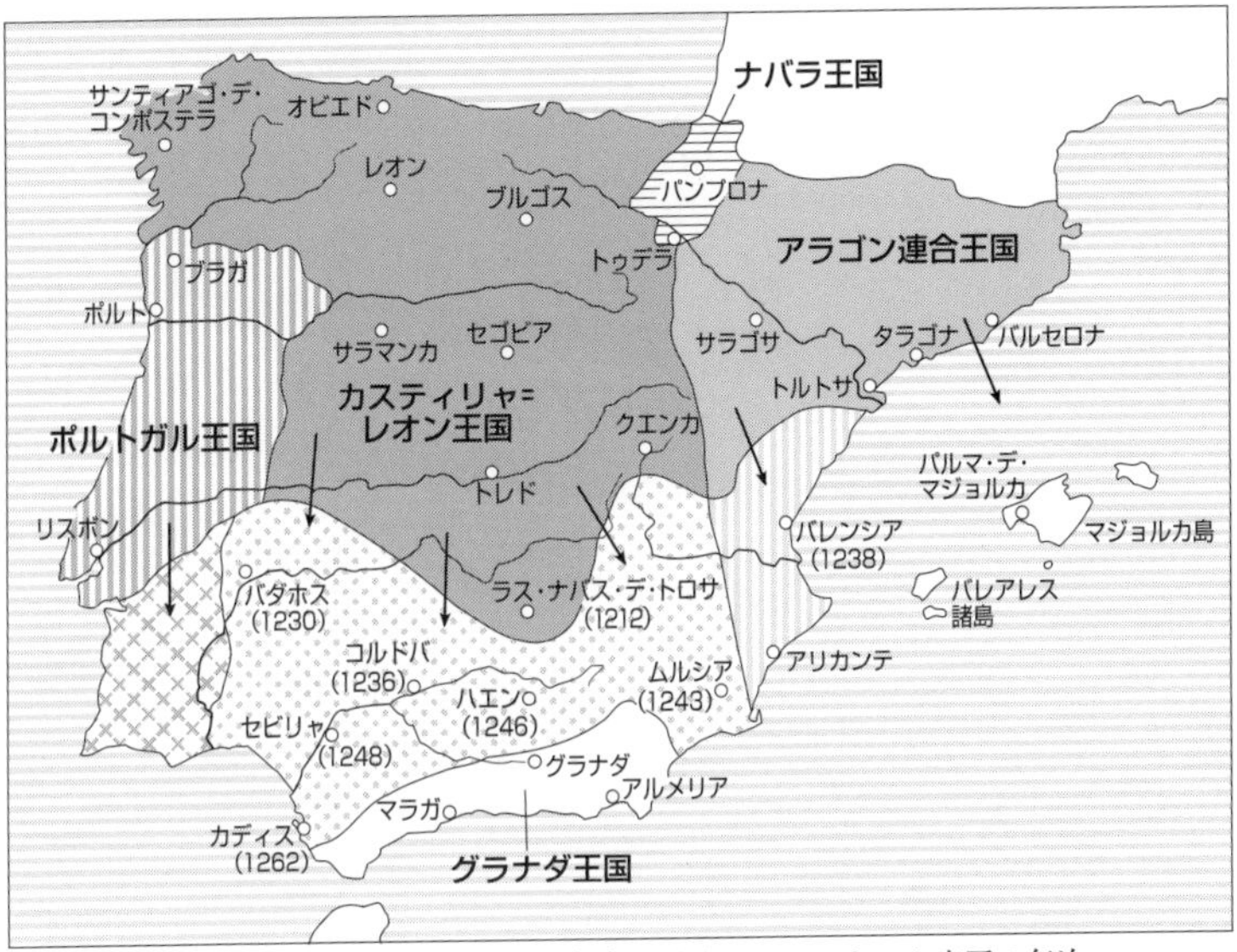

13世紀のレコンキスタ運動とイベリア半島　数字はレコンキスタ完了の年次。

ローマが一〇の神的諸力の流出によって動的に説明される神秘体系を発展させたことである。これが一〇の属性をもつセフィロート体系(セフィラーは数えることの意、あるいは球体を意味するギリシア語スファイラの転用。セフィロートはその複数形)であり、アブラハム・アブラフィアの預言的神秘主義を除き、スペインのカバラー全体を支配する観念となる。第二は、神的属性の一〇番目に女性的原理が振り分けられ、真如の世界に性的な象徴主義が導入されたこと。第三に、悪の起源が説かれ、悪は罪を罰する正義の実現として神の世界で産出されたとする。第四は、一〇の諸力は始原のアダムの肉体の各部位として擬人的に把握され、古代ユダヤの「巨人の身の丈」(シウール・コマー)伝承を復活させたこと。第五に、人間の儀礼的・倫理的行為が天界に影響するというテウルギー（超自然力誘発）の観念を導入したことである。

ゾーハルまでの一〇〇年の歩み

『バヒールの書』の出現から、ゾーハルが執筆されるまでの一〇〇年は、カバラー思想の成熟期にあたるが、この間の発展の特徴はカバラー自体の発展のみではなく、神秘的知識と律法的知恵とが一人の人物のなかで融合する現象がみられる点であり、のちにツファト（サフェド）のカバラーでさらに成熟するのをみることができる。

バヒールの出現後、ポスキエルのラビ・アブラハムを長とするプロヴァンスの学塾で、神秘学が強化され、彼の息子、盲目のラビ・イツハクは、十三世紀の初頭、神を無限なるものと捉える「エイン・ソフ」の概念をはじめて生み出した。続いて、ヘローナに神秘家の学派が設立され、十三世紀の前半には、ナフマニデスの指導のもとで、隆盛を誇った。

モーゼス・ナフマニデス（一一九五～一二七〇）は、ヘブライ語では、モシェ・ベン・ナフマン、略称でラムバンという。ヘローナに生まれた彼は、トーラー研究のほか、当時の一般科学、医学、文法学も修得し、晩年まで故郷でトーラーを後進に教授した。著名な「モーセ五書註解」は、それまでのユダヤ教の聖書註解を総合しつつ、神秘的註解の概念によって聖書釈義にカバラーの解釈を導入することに成功した。人間の老病死を扱った「人間の法」（トーラト・アダム）を著して、病気と見舞い、安息日の治療、死と埋葬、服喪など、ユダヤ教における「メメント・モリ」（死を覚えよ）の実践への関心が認められる。

一二六三年、バルセロナの王宮で公開討論が実施されたとき、ユダヤ教側の代表となったのち、王命により著書を焼かれ、二年間の国外追放を命じられ、パレスチナへ渡った。当時、エルサレムはモンゴルの襲撃で破壊された直後であり、共同体の再建に尽力し、シナゴーグを建てて避難民を呼び戻して祈りを再開した。生前、聖地から故郷の息子に宛てて書かれた書簡は心を打つ。アッコで没した。エルサレム旧市街にはナフマニデスのシナゴーグが今に残る。

十三世紀の後半には、アブラハム・アブラフィアにより、セフィロートを用いない預言的神秘主義が発展した。彼の著作は長く影響力をもち、また彼自身、強烈なメシア待望があり教皇との会見を試みるほどであった。その弟子のヨセフ・ジカティーリャは、のちにモシェ・デ・レオン(一二五〇〜一三〇五)と親交を結び、アブラフィアの教えを捨ててゾーハルの神秘体系を選び、セフィロート文学の古典とされる『シャアレー・オーラー』(光の門)を著した。

そして最後に、それまでの一〇〇年にわたる神秘学派のあらゆる要素を吸収した一大体系として結実したのが『ゾーハルの書』である。ゾーハルは光輝、太陽のまばゆい輝きなどを指す言葉である。書物の体裁は、二世紀後半のガリラヤ地方で、神秘家の元祖とされたラビ・シモン・ベン(バル)・ヨハイがトーラー註解を語るという偽書であり、今日ではモシェ・デ・レオンの作とみなされている。唯一なる創造神はエイン・ソフ、すなわち無限なるものであり、人間のいかなる認識をも超越しており、その神の属性を捉えるべく人間に残された手がかりは、神が人間に残した痕跡としての啓示の言葉である。しかも、これは認識を超えたものの意志に関してあらゆる情報が込められたかにみえる象徴物である。しかし、神そのものの属性については何も語っていない。そこから、一〇の属性をもつセフィロート体系が導入され、先の五つの特徴が十全に展開された壮大な思想がトーラー釈義の形式によって提示されることになった。

カバラーの発展は、しかしこの段階までは、一部の知識人サークルの神智学的思索に限定され、ユダヤ教徒全体に影響を与えるまでには至っていない。それが実現されるのは、ユダヤ人のスペイン追放とツファトにおけるカバラーの再生を待たねばならない。

一方、ユダヤ教の律法典編纂の事業は、イスラーム圏からキリスト教圏へと引き継がれ、新たな段階を迎えた。マイモニデスの編纂した法典とは異なる方針によって、新たな律法典の編纂が着手されたからである。それは、四つの列を意味する『アルバアー・トゥリーム』という著作で、編者はトレドのラビ・ヤコブ・ベン・アシェル(一二七〇〜一三四三)である。父のアシェル(ラビ・アシェル・ベン・イェヒエルで、通称ロシュ。一二五〇〜一三二七)はアシュケナズ出身で、スペインに移住しトレドのイェシヴァで長となった人である。スペインや北アフリカの慣習とともにアシュケナズの慣習も含む律法典である。

四列という名は、トーラーに由来し、大祭司の胸当てに宝石を四列に嵌め込むという教え[出エジプト記二八・一七]に倣って、口伝トーラーを四つに配列したものである。第一列の「オーラハ・ハイーム」は、生きる道の意で、祭日や祈りなどユダヤ教徒の日常生活の方法を定める。第二列「ヨーレ・デーアー」は、知識の教示の意で、食物、偶像、金融、教育に関する知識、その禁止と許可が示される。第三列「エベン・ハエゼル」は助けの石の意で、助け(エゼル)とは女性のことで、女性や家族法に関する定めが集められる。第四列「ホシェン・ミシュパト」は、「裁きの胸当て」〔出エジプト記二八・一五〕の意で、裁判、訴訟、民事法、刑事法に相当する。この配列は、ラビ・ヨセフ・カロ（一〇二頁参照）にも踏襲され、『シュルハン・アルーフ』をとおしてユダヤ法典の範例となっていく。

異端審問からユダヤ人追放へ

十三世紀、イスラーム勢力が衰え、カトリック勢力が強大化するにつれ、キリスト教圏では不寛容が台頭した。ドミニコ会の主導で、反ユダヤ的宣伝が広まり、バルセロナでユダヤ教との公開論争がおこなわれた。このときの討論者が、ユダヤ側はナフマニデス、キリスト教側はユダヤ教から改宗したドミニコ会司祭のパブロ・クリスチアーニであった。第四回ラテラノ公会議を経て、一三九一年に、セビリャで最初の反ユダヤ暴動が発生し、スペイン中に拡大し、暴動と強制改宗によって新キリスト教徒（コンベルソ〈コンヴェルソ〉、蔑称としてマラーノ）が誕生するに至った。ラグアルディアの儀式殺人の流言が生まれたのが十五世紀である。コンベルソ問題は、トレドで一四四九年に、キリスト教徒の血の純潔条項「リムピエサ・デ・サングレ」を定める勅令をもたらし、コンベルソは公職を追放されるに至った。一四七八年に、異端審問が導入され、暴動、不当逮捕、鞭打ち、追放、強制改宗、焚刑《ふんけい》の時代が到来した。そして、一四九二年、イスラーム最後のグラナダ王国が陥落し、レコンキスタが完成し、ユダヤ教徒の追放令が施行されるのである。

スペインにとっての一四九二年は、スペイン全土統一の年であり、コロンブスによるアメリカ大陸

割礼を受ける幼児
1512年ヴェネツィアにはじめてゲットー(ユダヤ人居住区)がつくられ，その後各地に広まった。ゲットー内ではユダヤ教の諸伝統が保持された。

「発見」の年であるが、それは同時に、スペインのユダヤ人にとって、そして世界のユダヤ人にとっての大事件の年でもあった。ユダヤ人追放勅令である。

スペインのイスラーム勢力は、十五世紀にはわずかにアンダルシア地方のグラナダ王国を残すのみとなり、キリスト教圏では、当時の二大国、アラゴンのフェルナンド二世とカスティリャのイサベル女王とのあいだで婚姻が成立、ここにスペインが統一され、レコンキスタの完成が目前となった。フェルナンドは、ユダヤ人の富豪でポルトガル王アルフォンソ五世の蔵相も務めたことのあるイツハク・アバルバネル(一四三七～一五〇八)を、戦費調達のため蔵相に招き、一四九二年、ついにグラナダを征服した。王と女王はグラナダの王宮に凱旋入場すると、三月末には早くも国内のユダヤ教徒の追放令を布告し、四カ月後の七月末に実施されることに定まった。スペイン王国の領土内に住むユダヤ教徒は、老いも若きもすべて永久に追放されるという内容であった。ユダヤ人社会は七〇〇年続いたスペインとの離別をよぎなくされた。この夫妻は同年、追放令と相前後してコロンブスに渡航許可令を布告し、アメリカ大陸の「発見」、大航海時代の幕開けともなった。

追放令によって、国内のユダヤ教徒のおよそ五〇万人が追放され、北アフリカや、イタリア、バルカン半島など、地中海周辺に逃れ、とりわけ当時、帝国の拡大で新たな人材を求めていたオスマン帝国が恰好の受け皿を提供した。また、隣国ポルトガルへ逃れた者も多かった。アバルバネルの場合は、追放勅令を阻止しようとしてはたせず、自らも五十五歳でイタリアへ亡命し、その後は、ナポリ王に仕え、艱難《かんなん》を経てヴェネツィアに至り、ポルトガルとの条約締結に努めた。聖書註解とユダヤ思想の著作は、十六・十七世紀のメシアニズム運動に影響をおよぼすことになる。追放を望まなかった者はキリスト教へ改宗した。彼らコンベルソは、追放勅令発布後も王宮の要職に就く者が途絶えることはなかった。フェルナンドの宰相であったドン・イツハクは、宮廷仲間とともに、王を洗礼親として洗礼を受けた。また父親が異端審問で焚刑に処された者さえも任官が許された。

追放令は隣国ポルトガルでも一四九六年十二月に公布され、ユダヤ人とムーア人は翌年の十二月より以前に国外退去するよう命じられた。国王はユダヤ人に脱出を思い留まらせるため、四〇年後には法令を撤回する約束をしたため、改宗して残留する人々が多かった。その後、ユダヤ人家庭で、母親の教育と感化が家庭内でひそかにユダヤ教を存続させる事態を可能にしたため、ポルトガルのコンヴェルソは、キリスト教徒になりきった集団と、ひそかにユダヤ教を守った集団とに分かれた。彼らは国外に脱出する機会を模索し、オランダ、イギリス、ブラジルなどをめざした。エルヴァスという村に住む人々などは、二十世紀に至るまで、ポルトガルの山岳地でひそかにユダヤ教を守りつづけた。

第3章 世界秩序の変遷のなかで

一四五三年から九二年までの四〇年間は、史上まれにみる変動期であり、世界を揺るがした四〇年と呼ぶにふさわしい。それは、オスマン帝国によるビザンツ（東ローマ）帝国の滅亡から始まって、スペイン統一とレコンキスタ（国土回復運動）の完成、ユダヤ教徒追放、アメリカ大陸「発見」へと続く期間である。そのとき世界はルネサンスから宗教改革へ、そして地中海中心の時代から、大西洋時代、大航海時代の幕開けとなり、一神教世界は均衡が破られて、新たな世界秩序の再編が開始された。

この新たな時代に、ユダヤ人社会とユダヤ教はどう対応し、どのような方向づけをおこなったのだろうか。この時代の顕著な特徴は、第一に、アシュケナジとスファラディの両社会において、東方への大規模な追放と移民が進み完了したことである。そして第二には、学問と思想における変化が明確に意識された時代である。ユダヤ法の分野では、中世のハラハー学者を『シュルハン・アルーフ』（準備された食卓）出版（一五六五年）の前後で分けて、それ以前の学者を「前期の人々」（リショニーム）、それ以後の者を「後期の人々」（アハロニーム）と呼んで、違いが意識されるとともに、学問の衰退が強く自覚された。思想においては、エリートの神智学として発展したカバラーが、メシア待望論と結合して大衆に深く浸透する。こうしてユダヤ教の近世には、世界の傾向と同様に、ある種の学問の断絶と新たな思想潮流の出現がみられた。そしてそこには、宗教改革期の印刷術の発明が貢献したのである。

1 中東・オスマン帝国における展開

スペイン追放後のユダヤ人

スペインから追放されたユダヤ人は、イタリアを経由して北アフリカなどの地中海の各地へ逃れた人々もいれば、隣国ポルトガルに逃れた人々もいた。そのなかで、最大の受け皿になったのは、ビザンツ帝国を滅ぼしてまもないオスマン帝国である。征服によって領土を拡大した帝国は、新しい首都を定めて、行政担当者や都市居住者を必要としていた。追放ユダヤ人は、行政官、医師、貿易商、商人、高度技能をもつ職人として歓迎されていくのである。ユダヤ人が新たに生活の地を見出した都市の代表的なものは、サロニカ、イスタンブル（コンスタンティノープル、クシュタ）、イズミル（スミルナ）、アドリアノープル、パレスチナのツファト（サフェド）などであった。とくに、宗教的な発展において特筆されるのは、ツファトである。

ツファトは当時、パレスチナのガリラヤ地方の中心都市であった。二〇〇〇メートル級の山々に囲まれた山岳地の都市で、当時は、オスマン帝国の地方行政府があって、小規模ながら栄えていた。この地域は、ゾーハルの著者と信じられた二世紀後半のラビ・シモン・ベン（バル）・ヨハイゆかりの地域だっ

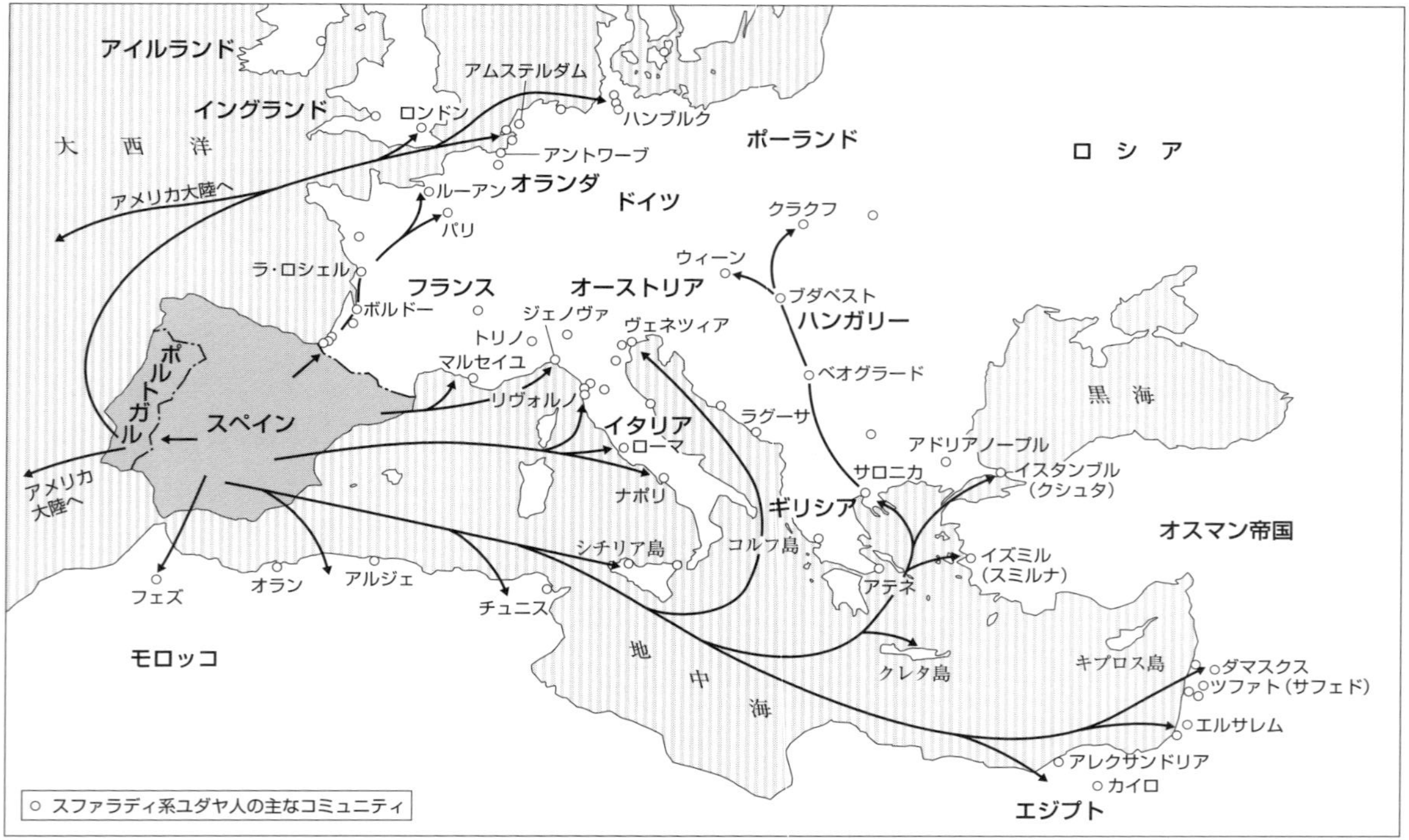

スペイン追放（1492年）後のスファラディ系ユダヤ人の移住先

たことから、スペインを追放された律法学者や神秘家がここに参集するようになり、新たな神秘思想の覚醒をもたらすのである。高原の澄みわたった青空と清冽な空気もまた、天との接近を感じさせたかもしれない。

十六世紀のツファトは、ユダヤ教史上、二つの大きな変革をもたらした。第一に、この地ではじめて律法学者と神秘家とが一つに融合したこと、第二に、新たなカバラー理論がカバラーとメシア待望論を結びつけて、カバラーの大衆運動化の素地を築いたことである。

ツファトに集った第一世代は、スペインを追放された結果、聖地に戻れたという逆説的事実をメシア到来の予兆とみなした。繁栄を誇ったスペインのユダヤ人が永久追放されるに至ったのは神罰なのか、神の試練なのか。この問いに対する新たな希望が生まれたのである。メシア時代の裁きに備えるために、日常生活は改悛と苦行と禁欲的行為によって支配され、彼らの共同体は荘重な雰囲気に包まれた。従来禁じられてきたゾーハルの学習も公然とおこなわれるようになり、ゾーハルが解禁されたこと自体が、メシア時代の到来を証言するものと理解された。宗教史的にも画期的なことは、この時期のユダヤ賢者には、メシア待望の精神的高揚のなかで、しばしば神の世界からの神秘的啓示が体験されたことである。これは、預言の終了後、久しく認められなかった現象である。そして、第二世代に至って、二人の傑出した指導者が生まれた。ラビ・ヨセフ・カロとラビ・イツハク・ルリアである。

ヨセフ・カロとイツハク・ルリア

ラビ・ユダヤ教で後世もっとも影響力をもつことになる律法典『シュルハン・アルーフ』をツファトで執筆したのは、ラビ・ヨセフ・カロ(一四八八～一五七五)である。彼は、天の意志を告知する仲介の天使マッギード(告知者の意味)から告知を受けている。彼はまた、自己の魂の遍歴を『マッギード・メーシャリーム』という自伝に記したが、こうした自伝はそれまで極めてまれであった。この言葉は、イザヤ書の「公平を告知する者」[四五・一九]に由来する。

カロは、スペイン追放の四年前にトレドで生まれ、追放後、オスマン帝国へ逃れ、ブルガリアからサロニカへ、そして最後にツファトへ移った。迫害と捕囚で学問が衰退したことに発奮し、彼は『四列』(アルバアー・トゥリーム)を分類の基本として、律法体系を構築することを企てた。その際、彼は、本来タルムード学者なら過去すべての見解を吟味したうえで自立した論証を提示すべきところを、歴代の三人の偉大な法典編纂者たちの判断を比較し、多数派の見解を拘束力あるハラハーと定め、それに出典と註釈を追加するという方法をとった。その三人とは、イツハク・アルファスィ、マイモニデス、ラビ・アシェル・ベン・イェヒエルであった。ヨセフの家という意味の『ベイト・ヨセフ』を書名にしたこの本は、印刷術の助けもあり、各地のユダヤ人社会の必需品ともなった。しかし彼はのちに、学習者の便宜のための縮刷版の必要を認め、出典や対立見解を省略し、ハラハーの簡潔な提示を意図した要約本を作成した。これが『シュルハン・アルーフ』で、出版されるやまたたくまに普及し、大著『ベイト・ヨセフ』を凌駕した。ただし、この書はアシュケナジ系ユダヤ人社会の知見や慣習に十分配慮していなかったため、当時のもう一つの中心地ポーランドで受容されない恐れがあった。その危機は、ラビ・モシェ・イッサーレスが、ポーランドのユダヤ人の教えと慣習を、食卓を覆う「卓上布《マッパー》」として註記することで回避された。

カロとともにツファトのカバラー全盛期をもたらしたのは、イツハク・ルリア(一五三四〜七二)である。三十六歳でツファトにきて、そのわずか二年後には夭逝した。にもかかわらず、彼の教えは、その後のユダヤ思想全体に圧倒的な影響をおよぼしてきた。その理由は、それまでの、ゾーハルを中心とする神智学的なカバラーの伝統が、瞑想による神の玉座の凝視のような、個人的救済をめざすことを主眼としていたのに対して、ルリアは、スペイン追放をはじめとして、地上におけるユダヤ人全体の苦難と救済という壮大な宇宙論的コンテクストにおいて、カバラー思想を再生させたからである。とりわけ、彼の教説がユダヤの伝統である戒律主義、ハラハーに則った生活様式と矛盾せず、むしろそこに神秘的意味を賦与したことが最大の貢献であった。

ルリアは祈りにおける精神集中を重視した。とりわけ、夜半に戸外でひとり静寂のなかで深い瞑想にひたって祈りに沈潜することを実践し、また弟子たちに奨励した。ルリアはまた、己の内部から湧き出る知恵について語った。しかし彼は著作を残さなかった。その教義は、弟子のラビ・ハイム・ヴィタルが書き残したものによって推定されるにすぎない。彼が生前に偉大な師匠に師事したという記録はなく、しかも四十歳前に夭逝している。ここに、彼の思想の独自性と神聖性が際立っていた。ルリアは、生前、弟子たちから、預言者エリヤの啓示を受ける聖人とみなされており、その生前の奇蹟物語が『アリー頌』（アリーはルリアのヘブライ語名の略称）として編纂されることになる。一個人を対象にこの種の伝記的著作が著されることは、ユダヤ教では大変まれなことであった。

ルリアのカバラーは、ユダヤ教史上の革命とみなされるが、その秘密は、彼の革命的な世界創造論にあった。この理論が、創造論と終末論を結合させたのである。ルリアは真如の世界に三概念による理論体系を導入した。いわゆる、神の自己収縮（ツィムツーム）、器の破裂（シュヴィラー）、器の修復（ティクーン）の理論である。

無限なる神性エイン・ソフは、すべてに遍満し、被造物が創造される時空間は存在しなかった。そこで、神性は自身へと自己収縮し、創造のための空間を造る。ここに神の意志である光が照射され、神性が段階的に流出して、巨大な原人アダム・カドモンが形成されていくが、この創造の光を盛る器は耐えかねて破裂し、光は天上界へ戻ってしまう。しかし破片に取り残された光の火花は、破片とともに落下して、別の世界、悪の世界を生み出す。そこへ絶えず、神の光線が照射されて、囚われの火花を救出し、創造の完成をめざそうとする。囚われの火花は、ユダヤ人の体内にも入った。ここにユダヤ人は、自らの魂を浄化することで、火花を天の世界へ回復させる責務が課せられたのである。

この体系の結果、ユダヤ人が日常おこなうハラハーの実践、とりわけ祈りへの沈潜は、ティクーンとして宇宙論的意味が賦与された。ハラハーの実行は、神のセフィロートの世界における神性の流出に直接影響することによって、メシアの世の到来を左右するものとされたのである。過去を振り返れば、神の天地創造から始まって、シナイの啓示、捕囚、離散というユダヤ人社会の歴史は、シュヴィラーとティクーンの葛藤の歴史として新たな意味が与えられる。ユダヤ人一人一人は、過去を学び未来を思い描くことで、民族と世界全体、そして神の世界の命運を左右するほどに高められる。

こうして、ルリアの実践的戒律は、ユダヤ教の祈禱書《スィドゥール》を変革させ、祈りと改悛による魂の純化を促し、ユダヤ人の生活を改善するいっそうの規律を定めることになった。こうして、印刷術によって改訂された祈禱書が各地に普及し、また、ツファトに集った弟子たちによって、その思想は世界各地のユダヤ人社会にもたらされたのである。

2　東欧における展開

ポーランドのアシュケナジ系社会

ユダヤ教史において東欧地域が登場するのは、十五・十六世紀の近世であり、十九世紀には世界最大のユダヤ人社会を擁する地域として、また重要な宗教運動の源泉地として極めて重要になる。ユダヤ人の人口は、一五〇〇年に、ポーランドで一万八〇〇〇人、ウクライナで六〇〇〇人だったのが、一六四八年には、五〇万人にも達した。

アシュケナジ系ユダヤ人が本格的に移住を開始した頃の東欧とはどんな地域だったのか。西欧がいち早く、教皇と皇帝による西欧キリスト教統一体制を形成しえたのに対して、東欧地域では、統一的な国家形成が遅れ、十五・十六世紀になってはじめて、世界史に大きくかかわるようになった。東欧でもポ

ウィーンを追放されるユダヤ人　1666年ウィーンで出版されたと思われる風刺画。ユダヤ人がウィーンを追放され，その運命を嘆いて，シャブタイ派のメシア運動の指導者である預言者ナータンのもとへ行進する様子が描かれている。

ーランドがカトリック国となり、支配領域が広がるなかで、東方正教会の影響も、ロシア、ウクライナを中心に国家の形成とともに活発化していた。さらに、バルカン地域には、オスマン帝国が深く食い込んでいた。こうして、この地域は、民族ごとに宗教が異なり、戦争によって国境は変化しつづけ、異民族支配の状況は民族の混在をいっそう深めていった。

アシュケナジ系ユダヤ人社会は、十字軍と黒死病（ペスト）を契機とした厳しい迫害を逃れて、十五・十六世紀には、神聖ローマ帝国の東部や南部へ移動し、さらには国境を越えて、ポーランド・リトアニア王国へも移住を広げていった。ユダヤ人はポーランド貴族の繁栄にともなって一六〇〇年頃には繁栄の頂点を築き、広範囲の自治が委ねられた。一五七〇年代から、ポーランドの四つの主要な地域とリトアニアとを合わせて、五つのユダヤ人評議会が政府の公認を得た。この繁栄は、一六四八年のカザークの大反乱によって中断されるが、自治組織自体は、ポーランド議会セイムによって一七六四年に解散されるまで存続する。

ポーランド・ユダヤ人社会の特徴は早くから全国的な統一自治組

織が形成されたことである。ポーランド王室は、ユダヤ人の商業活動を優遇するとともに、ユダヤ人への課税を一括して徴集する便宜のためもあって、自治組織の統一を求めた。王室は、一五〇三年には、全土の主席ラビとしてラビ・ヤコブ・ポラックを任命し、正義と公平と人道に関する裁判権限を賦与している。貴族が勢力を強め、ユダヤ商人を支援するようになると、彼らは貴族の領内へ移住した。ユダヤ人が諸外国との通商に長けていること、支払いが滞らないこと、領主への政治的圧力をかけないことが、貴族層にとっての最大の魅力であった。ユダヤ人は、貴族の領地内の都市で中央広場を中心に定住地域を形成し、こうしたユダヤ人が過半数を占める小都市がシュテットルへと発展する(一六七頁参照)。また貴族は、ユダヤ商人から借金をする際に、荘園を担保として貸し与え、ユダヤ人は王国専売のアルコールと塩を農民に販売し、宿屋を経営し、仲買人や小売商として余剰農作物を買い取って荘園経済を取り仕切った。ユダヤ人は、商業のみならず、防衛活動や軍事訓練などで荘園や都市の防衛責任の一端を担う存在であったため、各地のシナゴーグは、要塞としての機能を担うことになった。

ユダヤ自治組織は、ポーランドの地域区分に従ってケヒラー(ユダヤ共同体)を組織し、各地の諸シュテットルがその傘下で枝分れする体制がつくられた。大ポーランドでは、一五一九年からポズナン(ポズナニ)を中心に自治を組織し、小ポーランドでは、クラクフがもっとも重要な都市となり、その後は、ベラルーシやウクライナへも進出した。リトアニアでは一五六七年に、二名の代表者が徴税を担当する体制がつくられ、一六二三年以降では、ブレスト・リトフスクやピンスクなどの主要都市のケヒラーが中心であったが、十七世紀後半には、ヴィルナ(現ヴィリニュス)など二都市が加わった。このような少数のケヒラーが支配する自治体制は、ボヘミアやモラヴィアなど、神聖ローマ帝国の東南部でも実行された。

ケヒラーの自治組織の構成は、小ポーランドの評議会を例にとれば、四人の代表者、五人の長老、一四人の委員、三人の下級裁判人、三人の二級裁判人、三人の上級裁判人、三人の会計士、五人の監査、五人の孤児担当者、ほかにアルコール飲料税担当者などから成っていた。彼らは、域内の規則の制定や慈善基金の徴収と配分、浴場や肉屋の監督など、ユダヤ教のハラハー規定の履行を監督した。有力な富豪は国王や貴族の経済顧問として宮廷に進出することにもなった。また、農産物の輸出はユダヤ商人に委ねられていたことにより、ドイツへの食糧供給においてはドイツのユダヤ商人の進出を促し、ドイツ領邦の宮廷ユダヤ人への足がかりを与えることになる。このように、ユダヤ人社会の繁栄は、ポーランド貴族の繁栄に支えられていた。

ポーランド貴族の支配とカザークの大反乱

ポーランド貴族層は、一五六九年のルブリン統合でリトアニアとのあいだで領土再配分がおこなわれ、新たにウクライナ方面に新領土を取得し、異民族地域であるウクライナへの本格的な進出を開始した。ウクライナ、南部ベラルーシ、ポドリア、ヴォリーニャである。このとき、ユダヤ人は、ポーランド貴族の支配領地の管理を託されて、いわば荘園領主の現地組織として、ウクライナのロシア正教の農民たちを支配管理するようになった。ここでは、従来の担保制ではなく、いわゆるアレンダ(特権の貸与)制

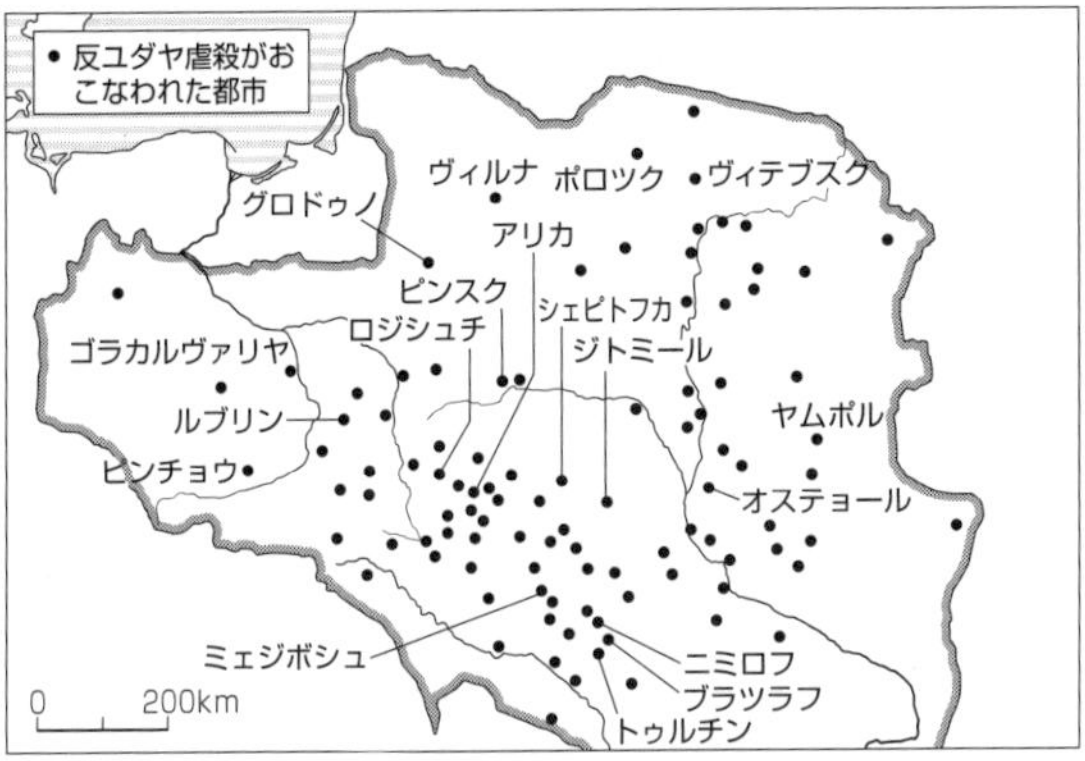

1648～56年にカザークの大反乱による虐殺がおこなわれた都市

と呼ばれる荘園借地契約制度が採用された。これは、貴族などの大土地所有者から一定の荘園や農場を定率で一定期間借用し、その期間に農園経営によって得た収入を受け取る契約制度である。この契約で、ユダヤ人は町や村や農場全体を単独で経営することになり、農耕地、牧草地、脱穀場、製粉所、森林、湖水、養魚池、宿屋、穀物や蜂蜜やアルコールの販売、これらすべての経営権がユダヤ人に委ねられた。こうして、支配と被支配の間隙を衝《つ》いてユダヤ人独自の共同体が入り込み、国家的統一の遅れと多民族混交のなかで、「社会階層に組み込まれた役割」を担ったのである。その繁栄はしかし、相当の対価を支払うことにもなった。ポーランド貴族の支配と搾取への敵意と憎悪は、必然的にユダヤ人に向けられることになったからである。東欧で儀式殺人のいわれなき中傷が広がるのも、十七・十八世紀である。こうした憎悪が、一六四八年にカザークの大反乱として現実のものとなった。

この大反乱は、首領の名をとってボフダン・フミエルニツキの乱と呼ばれる。彼はウクライナでは英雄、ユダヤ人にとっては極悪非道の者とみられた。ポーランド各地のユダヤ人社会はカザークの襲撃によって集落を破壊され、多数が虐殺された。後世、襲撃を受けた小都市には、シナゴーグに面した広場に神聖な墓がよくみられたという。婚礼のさなかにこの襲撃で殺害された清浄無垢な花嫁花婿を葬った墓である。婚礼があるたびに、ラビたちには墓からため息が聞こえるので、式後にシナゴーグから出てくると、ここへきて踊りをして地下の二人を慰める習慣があった。

この襲撃をきっかけに、東欧から西欧やバルカン地域へ移民が開始された。また、クリミアのタタールの捕虜となった東欧ユダヤ人が、イスタンブルの奴隷市場でユダヤ人に買い戻されたため、オスマン朝のユダヤ人との一体感が高まった。しかしその反面、離散の地における成功のはかなさと不安定な身分を深く思い知らされた。その後、高い出生率やポーランド貴族との協力関係の回復により、人口統計上は七五万人に回復したが、襲撃のショックと敵意のなかで生活不安は確実に増した。その後は、「儀式殺人」などの反ユダヤ的な誹謗中傷がロシア正教の聖職者らによって喧伝され、敵意はステレオタイプ化した。

ポーランド社会自体もいわば無政府的状況に陥り、その後十八世紀に、隣国ロシアとスウェーデンから侵攻され、さらにハイダマク(ウクライナのカザークや農民の独立武装集団)が東部ポーランドへの侵入を繰り返すなかで荒廃した。一七六八年には、ついにポーランド貴族の分派間で衝突が激化し、しかも同年には、ハイダマクによる最悪の暴動が勃発し、ウマン市の城塞は襲撃され、二万人が死亡し、ユダヤ人だけでも数千人が殺害された。一八一一年、ハシディズムの指導者の一人、ブラツラフのラビ・ナフマンは、ウマンで殉教したあまたのユダヤ人の魂に呼ばれて、その地を終焉地《しゅうえんち》にしたともいわれ、今日までその霊廟は巡礼地として維持されている。弱体化したポーランドは、一七七二年のポーランド分割で独立を失い、ポーランドのユダヤ人はロシア、プロイセン、オーストリアの三帝国に分割支配されていく。

こうした状態のなかで、東欧各地のユダヤ人社会は、基本的にはユダヤ自治社会への帰属意識で統合された存在であって、当該地域の民族への帰属意識をもちえなかった。祖国や故郷といえば、彼らの父祖の墓がある場所であり、それが破壊されれば、もはや記憶のなかにしか残っていない。ポーランド系、ロシア系、ウクライナ系、リトアニア系、ハンガリー系、ガリツィア系などの呼称で呼ばれた場合でも、

ポーランドのシナゴーグ（17〜18世紀）　上二つはルツクの要塞シナゴーグで，外敵による攻撃をユダヤ人自身が撃退しうる設備を備えていた。下はザブルドウの木造シナゴーグで，何度も改築されたのち，第二次世界大戦中ナチスによって破壊された。

その地域のユダヤ人社会が示すおおよその特徴によって呼び分けられる程度の違いしかない。それゆえ、民族的統一国家形成の遅れは、東欧ユダヤ人の帰属意識を長らく伝統的なユダヤ人社会に繋ぎとめて近代に至ってもなおその影響を強く残したと考えられる。

タルムード学の継承と印刷術の普及

アシュケナジ系社会におけるタルムード学は、十一世紀から十三世紀にかけてのライン地方から始まって、十六世紀には、ポーランド、北イタリア、ボヘミアへと引き継がれた。

強力な自治組織を整えたポーランドのユダヤ人社会では、クラクフ、ポズナン、ルブリン、リヴォフなどのイェシヴァ（学塾）で学問が開花した。傑出した指導者であったラビ・ヤコブ・ポラック（一五三〇没）は、各地のユダヤ人社会が勝手に社会規定や慣習を決めていく状況を憂いて、ユダヤの民は一つであり法も一つであると、ラシとトーサフォートによるイェシヴァの学問伝統へ回帰することをめざして、タルムード研究を復活させた。彼は、クラクフのイェシヴァにピルプルと呼ばれる弁証法的方法による新方式のタルムード研究を導入した。これは、学生が自力で思考することを養い、複数の法テクストを比較し、テクストの精神を識別する読解力を培うことをめざした。ポラックも弟子のシャローム・シャクナも、タルムード本来の学の方法とは、学生が自力で法の判断力を育成することであると考えていたため、学習の妨げになるとして自らは書物を残さなかった。こうして、その学塾には遠隔の地からも学生が引き寄せられた。のちにヨセフ・カロのユダヤ法典『シュルハン・アルーフ』にアシュケナジ系の慣習法や解釈を補充する重要な仕事をしたラビ・モシェ・イッサーレスも、そのときの学生であり、彼はのちにクラクフのイェシヴァを担っていく。学問の中心としてタルムード研究が興隆し、女性にも学問が広がり、『ツェーナー・ウ・ルエーナー』(「女性たちよ、外へ出て〈世界を〉見なさい」の意)という女性のためのイディッシュ語によるトーラー註解書が普及するに至った。

北イタリアでは、リヴォルノやヴェネツィアで商業が発展し、富裕なユダヤ人社会が形成され、イェシヴァの学問も栄え、この地の印刷術はユダヤ教にもいち早く採用された。一五〇〇〜五〇年にかけて、カトリック世界でもユダヤ教研究が盛んになり、教皇が研究を奨励し、また印刷業者ダニエル・ボンベルグにユダヤ教の著作類の印刷を命じてさえいる。そして、この時期に出版された聖書とタルムードの体裁や様式は、ユダヤ教の世界ではその後の同種の印刷の基本となって今日まで踏襲されている。

ユダヤ教の註釈つき聖書、いわゆる「ラビ聖書」(ミクラオート・グドロート)は、ヴェネツィアで一五二五年に出版された。各頁の中央縦二列にヘブライ語原典とそのアラム語訳のタルグム・オンケロスを配し、その両側にラシとイブン・エズラの註解がおかれた。また、バビロニア・タルムード全巻の印刷は、一五二〇年から二三年にかけて、ヴェネツィアのボンベルグ印刷所で製作された。そのレイアウトは、中世アシュケナジ社会の学問的成果を取り入れたものであった(付録一八頁参照)。この版型は、周知のとおり、頁はフォリオで数え、各頁中央のコラムにミシュナとタルムードをおき、その両側にコラムを配置し、綴じる側には、ラシの簡潔な註解をおき、外側のコラムにはトーサフォートを配置した。このレイアウトが十六世紀の初版以来、ルブリン、クラクフ、アムステルダムなど、東欧を中心に主要なユダヤ人社会で印刷、出版されていく。今日まで再版される著名な版は、二十世紀前半までユダヤ教正統派のもっとも重要な中心地であったリトアニアのヴィルナのロム版である。タルムードがこの版型のまま『ヴィルナ・シャス』(シャスはタルムードの略称)を経て一貫して今日まで継承されているということは、ラシとその学派で開発された学習方法がタルムード学の模範であることの思想表明と理解できる。

印刷術が広がった頃は、イタリアと並んで、オスマン帝国のイスタンブルでもさかんに出版がおこなわれ、一五〇九年にマイモニデスの『ミシュネー・トーラー』が出版されるなど、ラビ文献やカバラー関係の書籍が出版された。

3　カバラーの大衆運動とユダヤ教正統主義の確執

シャブタイ・ツヴィのメシア運動

世界のユダヤ人社会のほぼ全域にわたり、少なからぬ衝撃を与えたできごとが、一六六五〜六六年のシャブタイ・ツヴィのメシア運動である。これをもってユダヤ史における近代の幕開けとも捉えられる。メシア信仰がユダヤ人社会で世界規模で広く受容されたため、だれもが何らかの態度決定を迫られたからである。このメシア運動は、自称メシアがムスリム(イスラーム教徒)に改宗したことで、一年足らずで頓挫した。しかし、メシアの新時代到来を期待した人々は、土地を売り払い、ツヴィのいるオスマン帝国めざして出航するほどで、ユダヤ人社会に社会変革を推進する勢いを生み出した。ヨーロッパ・キリスト教社会の千年王国論や宗教改革に起因する戦乱とも呼応したと考えられる。

運動の性格は、メシアの棄教の前後で異なる。棄教前は、地上のメシア王国出現の期待と悔い改めの厳粛な雰囲気を特徴とし、メシアの棄教後には、運動は潜伏し、棄教に新たな意味づけが与えられた。ここでは、ゲルショム・ショーレムの大著に則って概略を描こう。

シャブタイ・ツヴィは小アジアのイズミルで、青年期からメシアを自称し、躁鬱《そううつ》病を患いつつ、発音を禁じられた聖なる四文字の神名YHWHを公然と発するなどの奇行により破門され、放浪のすえにエルサレムに住んだ。できごとの発端は、一六六五年、彼がエジプトのユダヤ人社会に献金を募る旅のさなかに起こった。ガザで預言活動で知られた青年カバリスト（カバラーの教説の信奉者）のナータンが、ツヴィはメシアであるとの啓示を受け、ツヴィがエジプトから取って返し、互いの深い意見交換のあと、同年の七週祭（シャブオート、ペンテコステ）の夜半に、ナータンが忘我状態でさらなる啓示を受ける。この祭日は、モーセの十戒の啓示の日と信じられていたため、後日それを聞かされたツヴィも確信してメシア宣言をおこなった。一六六五年の五月にあたるスィヴァン月十六日である。

ガザのユダヤ人社会では大覚醒が巻き起こり、メシアとその預言者の出現に沸いた。ナータンは、さらに預言を発して、人々に悔い改めと苦行を説き、世界の変革のための修復行為、ルリアのいうティクーンを命じた。また、失われた一〇部族が出現して帝国を滅ぼすという、「ゼルバベルの黙示録」のごときメシア王国神話を著した。さらにナータンは、二度の神殿崩壊を悲しむ断食日、夏のアヴ月九日を、メシアの誕生日ゆえに、歓喜の日へ変更することを宣言し断食を廃止した。

ガザとアレクサンドリアから、メシア出現の預言とティクーン、黙示録と運動の高まりを記した書簡が、オスマン帝国内ばかりでなく、ヴェネツィアとリヴォルノを経て、ウィーン、アムステルダム、ハンブルク、クラクフ、北アフリカなど各地のユダヤ人社会へ伝えられるや、各地で熱狂が支配したと考えられる。多くのラビやハラハーの正統主義者のなかには、このメシア信仰と度を越した苦行に反対した人々もいたが、遊興がやんで、信者の熱烈な改悛と祈りがシナゴーグ礼拝とトーラー学習を活性化させたために運動を黙認した。また、共同体の有力者やラビが先頭に立って運動を指導した多くの地域があった。

運動の盛上りにおいて顕著なことは、キリスト教徒を装ってきたポルトガル系ユダヤ人（コンヴェルソ、マラーノ）による強い支持があった点である。スペイン追放によって隣国ポルトガルへ逃れた人々は数奇の運命をたどった。ここはスペインと異なり、支配者の説得もあり、ユダヤ人は便宜的にキリスト教徒に改宗した人々が多かったといわれる。彼らの家庭では、母親が子どもにひそかにユダヤ教を教えつづけたことにより、ユダヤ教への強固な信仰が失われずにいた。彼らは、そうした内面のユダヤ教信仰が見破られる恐れのある異端審問と反ユダヤ的暴動の恐怖を生き延び、長い時間をかけて海外の安全な避難所を探し、周到な計画で移住を企て、移住先でユダヤ教徒と告白することになる。これがポルトガル系ユダヤ人の歩んだ典型的な道であった。

彼らは、十七世紀に、ヨーロッパではアムステルダムやハンブルク、ロンドンへ、地中海ではイタリ

イスラームを倒して聖地に向かうユダヤ人　ナータンがツヴィを新たな王として塗油し，軍を率いて聖地へ進む様子が描かれている。奥にはムハンマドの遺体がモスクから放り出され，契約の板が掘り起こされる様子もみられる。

アのヴェネツィアやリヴォルノ、ギリシアのサロニカ、小アジアのイスタンブルやイズミルをめざした。これらの諸都市は、大航海時代の国際交易の拠点であり、彼らはまさに交易の担い手として、経済的繁栄を謳歌した。言語能力も高い知識人であり、ユダヤ人同士の強固なネットワークをもつ彼ら貿易商は、経済力をつけたい国王や領主、都市の支配者にとって大きな魅力となっていた。そうした彼らが、一時期、強制的であれキリスト教徒を名乗ったことへの後悔の念は、新たなメシア王国出現への強い期待を培っていた。また、アムステルダムやブダペスト、ハンブルク近隣のアルトナなどでは、一六四八年のカザークによる虐殺を生き延びたポーランド出身のユダヤ人にも、メシア運動への期待が認められる。

西欧で一六六六年頃に出回った「メシア曼荼羅《まんだら》」風ポスターでは、ナータンがイスラエルの民を捕囚の地から聖地へ導く預言者として大きく描かれ、そのほか、ツヴィに油をそそぎメシアとする場面や、シナイ山で十戒の板が発掘される場面、メッカの教会風モスクでムハンマドの遺体があばかれる場面などが描かれ、スルタンの帝国が今にも滅びる様子が描かれている。

メシアの棄教とフランク主義

このメシア運動は、奇妙にも、メシアであるはずのツヴィの存在が薄い。一六六五年の五月にガザで預言が発せられたのち、ツヴィは、陸路、エルサレム、ダマスクス、アレッポを経由して、故郷のイズミルへ向かい、九月頃に到着したが、二カ月程は静穏を保った。十二月の中旬に信者と不信者との衝突があり、十四日にメシア宣言がなされ、市当局にも告知した。ツヴィは、十二月末にイスタンブルに向けて出航、一月末から二月上旬に到着したが、まもなく逮捕され、監禁された。四月十九日、過越《すぎこし》の前日にガリポリの要塞に蟄居《ちっきょ》の身となる。要塞では、獄吏の便宜で、信者と頻繁に面会し、各地から指導を請う書簡には巡礼の待機を指図するなど、メシア王国実現の期待が高まった。夏の二つの重要な断食日、六月頃のタンムズ月十七日と七月のアヴ月九日の断食日が廃止されて、新たなメシア暦による祭りが制定されると、新しい宗教運動はさらなる盛上りをみせた。ところが、ガザのナータンがガリポリへ合流する前に、帝国の官憲が運動の拡大と秩序紊乱《びんらん》を恐れてツヴィを捕縛し、スルタンの別荘のあるアドリアノープルへ移送した。その後、スルタン側近による「閣議」に出頭を要請され、スルタンが別室から窓越しに注視するなかで、ツヴィの尋問がおこなわれ、その後ツヴィはターバンを巻いてムスリムとなり、王宮から丁重な扱いを受ける身分に変貌を遂げた。メシアの棄教である。

メシアの棄教によって、周囲ではツヴィとともにイスラームに改宗する者が続出する一方で、ユダヤ人社会内部では運動が沈静化し、メシア信仰を捨てなかった者も、地下へ潜伏した。ユダヤ人社会内部の隠れメシア教徒という現象である。棄教という背信行為については、ルリアのカバラーの理論が意味づけを与えた。メシアは悪の世界の深奥にくだって、内側から悪を滅する使命がある。そのために、自らが悪の根幹まで落ちねばならない。器の破裂により悪の世界へと落下した神の火花を天へと解放させるべく、メシアは登場したのだから、神に対する背信行為は、じつはメシアの自己証明にとって不可欠な一段階であったということになる。ユダヤ人社会の中枢に、正統主義の外見を装ったシャブタイ主義が深く根を張ることは、ラビ・ユダヤ教体制にとって脅威となった。

体制側にとっての最大の脅威は、このメシア信仰が伝統的なハラハーの権威を廃絶させる教義をともなっていたことである。メシアの時代にトーラーは効力を失うという規範否定主義である。彼らはトーラーで定められた戒律をすべて逆転させ、禁じられた食物の摂取や性的不品行をさかんに奨励した。シャブタイ派運動の反モラル的行為にその片鱗があらわれていたが、それが極端な姿で登場したのが、十八世紀中葉、ヤコブ・フランクをメシアとするフランク主義である。彼は、一七五五年、ウクライナのポドリアで、メシアを自認した運動を興し、性的乱交を奨励した。そのためにラビ・ユダヤ教体制からは破門を宣告されるが、カトリック側がこの分裂を利用して、ユダヤ教とフランク派との論争を二度にわたって仕組んだ。フランクとその集団はカトリックに改宗し、ナポレオン戦争時には、メシア時代の到来を促進させるべく、率先して破壊活動を展開した。

ハシディズムの成立と展開

ポーランドのユダヤ人社会は、十七世紀中葉のカザーク大反乱以後の荒廃、シャブタイ派運動の残党の活動などによって、精神的にも物質的にも疲弊していた。まさにこのような状況のなかで、十八世紀中頃に、ポーランドの最南東地帯で信仰覚醒運動が胎動を始めた。それがユダヤ教の敬虔主義運動、ハシディズムである。

始祖であるイスラエル・ベン・エリエゼル（一七〇〇頃〜六〇）は、一介の信仰治癒者であった。バアル・シェム・トーヴという通称は、信仰治癒者を指すバアル・シェムに「良い」と形容詞がついた「名信仰治癒者」のことで、縮小してベシュト、あるいはベシェトという。ユダヤの神名を使った護符や呪文で病を癒された人々が、彼のもとに集まり、恍惚とした祈りに加わり、また人生の指針を得る。最初はそうした小さな運動だった。しかし、三十歳を過ぎて、神の使いとしての使命が自覚されると、諸国を遍歴して公然と布教を展開した。ベシュトがもつ超自然力を信じ、彼が見る天界の幻を信ずる集団が形成され、拡大していった。ベシュトの特徴は、一般民衆とともに、優れたタルムード学者をも魅了したことである。彼の周囲に形成された弟子の集団には、当時の正統派タルムード学者がいて、運動を理論的に構築していく。

一七六〇年にベシュトが逝去し、二人の後継者が頭角をあらわしていた。ポロノイのラビ・ヤコブ・ヨセフとメジリッチのラビ・ドヴ・ベールである。いずれも、元来は正統派の学者であったが、ベシュトの言行を理論化し教団を組織化していくうえで、ともに重要な役割をはたした。前者は、ハシディズムで最初の説教集『ヤコブ・ヨセフの由来《トーレドート・ヤコブ・ヨセフ》』を刊行し、後者は周囲に熱烈で敬虔な弟子を集め、ハシディズム史上、最初の中心地を形成した。一七七二年に、ラビ・ドヴ・ベールが死去したのち、二つのプロセスが同時進行する。ハシディズムの勢力拡大と反対運動の組織化である。ハシディズム運動は、ドヴの死後、ドヴの弟子たちが各地へ散って、新たに六つの拠点を設立し、大きく二つの系統に分かれていった。一方はベラルーシとリトアニア、他方はウクライナとガリツィアである。

ハシディズムは、周囲から、シャブタイ主義的な規範否定主義、あるいは神聖な法規範を軽視する異端的運動と疑われた。その後、無視しえない強大な勢力へと成長を遂げたとき、北方のリトアニアを拠点とする正統派ユダヤ教体制から強烈な反撃が加えられた。それが、「ミトナグディーム」(反対者たち)と呼ばれる勢力による攻撃であり、ついには破門の宣告にまで発展する。破門の根拠は、信仰が衝動的で、内的な敬虔さを過度に強調すること、ハラハーの厳格な遵守を軽視し、聖俗体系を冒瀆《ぼうとく》すること、指導者を神への仲介者と崇めるのは偶像崇拝であることをその理由とした。

東欧ユダヤ教が内部抗争を展開したこの時期に、ポーランド分割が起こる。一七七二年、九三年、そして九五年である。さらに、十九世紀に入ると、ナポレオン戦争が社会混乱を助長させた。この時期にハシディズムは三代目を迎え、ポーランド分割で政治的・社会的に分断された各地の集団は、それぞれに独自の魅力ある指導者を輩出し豊穣な神学理論を生み出した。ウクライナ系統では、指導者であるツァディーク(義人)の価値を神格化するほどに高め、弟子はそれを崇敬し普及することを神聖な務めと定めた。また、複数のツァディークが世襲化したため、独自の教えにより信徒を指導する教団が各地で競合するようになった。リトアニア系統では、逆に、指導者は先導者にすぎないとされ、教義を中心とする体制が築かれ、情緒のみの敬虔さではなく、知性と信仰に基礎をおく深遠な神学体系を創出し、タルムード研究への道を開いた。その代表者がリアディのラビ・シュネウル・ザルマンであり、ここにハバド派のハシディズムが創設された。

各地で順応していくなかで、ハシディズムは保守化し、ユダヤ人社会の伝統を神聖視する方向に向かった。それは指導者の後継問題にもあらわれて、初期には、師の薫陶によって実力をつけた説教者マッギードのなかから、師匠自らが有能な弟子を指名する能力主義だった。かつて、ツファトのカバリストの世代では天意を仲介するマッギードは神的存在であったが、ハシディズムでは、天使ではなく、神秘的な聖人や聖《ひじり》のような民間説教者を指す言葉へと変化していた。しかし、こうした個人的なカリスマの権威は、血縁的カリスマへ移行し、指導者は世襲制へ移行し、信者のいっさいの悩みや問いにレッベ(イディッシュ語によるハシディズム指導者の呼称)が指導と助言を与える「世襲王朝」のごとき教団体制が確立された。ハシディズムは、一八三〇年代には、初期の拡大運動の高揚期を過ぎて、迫害される少数者から、東欧ユダヤ人社会の中心的な体制として民衆の信念に深く根をおろすまでに発展する。

ハシディズムは、神との直接交流がツァディークによって回復されたという信念を民衆のあいだに浸透させた。これを聖書の預言の再来とみたのがマルティン・ブーバーであった。とりわけブーバーを魅了したのは、ベシュトの曾孫、ブラツラフのラビ・ナフマン(一七七二〜一八一一)である。自らを真のメシアたるツァディークと自覚し、ルリアの創造の三概念は、歴史的できごととしてのみならず、ラビ・ナフマンの魂の遍歴を構成するものであった。

「神への密着」としてのドゥヴェクート

膠《にかわ》のようにくっつくことを、ヘブライ語の動詞ではダーバクといい、この語からつくられた抽象名詞にドゥヴェクートという語があり、「密着、付着、執着」を意味する。神への密着という概念は、すでにトーラーに、「神へと自らを結びつけよ」〔申命記一〇章二節〕と規定され、マイモニデスは、これを二四八ある当為命令の一つにあげた。この概念は、カバラーの伝統では、神との神秘的合一を意味する概念とされ、ハシディズムでは、心あるいは魂が実体的に捉えられるため、魂が神にくっつくことである。神に対して心と思いを集中させること、雑念が生ずる隙を与えないほどに人の魂が神へ密着した状態になることが、ドゥヴェクートである。心をこの状態にすることが、ハシディズムの信者に日々求められた。ハシディズムの教えは極めて多様であるが、そこには共通する二つの特徴があり、第一はこのドゥヴェクートの強調、第二は、悪に対する能動的態度、すなわち、悪の源は善であり、悪を正して天に引き上げる実践を心がけたことである。

このように、現世において神を代理する存在であるレッベへの献身的な服従を説くことは、心を無にして神に集中することにほかならなかった。始祖の聖なる奇蹟物語を人々に語ることも大事な務めであった。そして、踊りと音楽によって喜怒哀楽を徹底的に放出して忘我状態ヒトラハブートを創出することが、重要な宗教実践となった。そのなかで、ドゥヴェクートの観念は、ルリアの祈りの救済論を大衆に浸透させることによって最大の威力を発揮したのである。ユダヤ人一人一人の祈りが、霊界、天界に影響を与えて、世界の救済と破滅に直接関与するという理論だからである。

コラム　神への密着と砕かれた心——『ベシュト頌』より

『ベシュト頌』(Shivhei Ha-Besht)は、ラビ・イスラエル・ベン・エリエゼルの活動と奇蹟を物語る伝説集成で、一八一四年に初版刊行。第一章が彼の生立ちと「顕現」、第二章が彼の弟子たちと近親者たち、第三章が彼の活動と奇蹟、第四章が晩年と死、そして補遺。分量では第三章が一番多い。ベシュトのもつ活力と権威の衝撃がもっとも印象的に語られる逸話のなかでも、とりわけ「砕かれた心」の話は、祈りに邪念が入らないための衝撃的な方法を語って鮮烈である。この逸話は、一年でもっとも神聖な日とされる贖罪日《しょくざいび》のできごとである。本来ならば、贖罪日が始まる日没前からほぼ一昼夜、祈りに明け暮れるべきなのだが、ベシュトは贖罪日の早朝、家にいて一向にシナゴーグへやってこない。ベシュトの、この一見すると不敬虔な態度は、その後の行動、すなわち、忠実な弟子をシナゴーグ内の公衆の面前で三〇分も誹謗しつづけるという異常な行為によって、さらに助長される。そしてその謎の理由は、最後にベシュト本人の口から明かされる。

ヨーム・キップール〔贖罪日〕の早朝、ベシュトは、贖罪日の早朝の祈りには、シナゴーグにやってくるのを常としたが、その日はやってこなかった。彼は、贖罪日に対して恥を忍べなくなるまで家に留まっていたが、人々は祈りをせずに彼を待っていた。そしてその後、ベシュトがやってきて、いつもの場所に座った。そして、彼は頭を祈りの台〔ステンデル〕の上に置いて、頭を立ててはまた頭をおろし、立ててはおろし、何度か繰り返した。そして、人々に、聖櫃《せいひつ》の前で祈るよう合図したので、ラビ・ダヴィッドが進み出て祈った。彼は、「畏れの日々」〔ヤミーム・ノライーム。ユダヤ暦の新年から贖罪日までの一〇日間〕にはそうするのが常であったからである。

彼が聖櫃の近くへきたとき、ベシュトはすべての民の面前で、彼を侮辱し始めたのだ。そして、こういう言葉でいったのだ。「罪を犯した長老よ、おまえは一体どこへ行くのか」と。こうして、およそ三〇分間、彼を侮辱し非難した。彼は、その場から戻って出て行きたかった。もう十分というほど怒られたし、あってはならないことなのに、自分のどこかに、非難されるべきことがあったといわれたからであった。しかし、ベシュトは彼を怒鳴って、「立て」といった。そこで、彼は祈り始めたが、泣いてしまい、自分がいったい何を語っているかもわからなかった。ただ叫んでは泣いた。彼の心は完全に砕かれていたからである。

その後、贖罪日が明けた。ラビ・ダヴィッド・マギードはベシュトのもとへ行って、尋ねた。「われらのラビよ。あってはならないことですが、私のどこに、非難されるべきことがあったのでしょうか」。するとと彼は答えていった。とんでもない。君のどこにも非難されるべきことなどみなかった、と。ただ、昨晩、私は、サマエル〔サタン〕が、祈りたちが通る場所で、すべての祈りを捕らえようと待ち伏せているのを見た。そこで私は自分に言い聞かせた。私がせっかく祈ったのに、その祈りがサマエルのもとに伝えられるなどということは、断じてあってはならない。それゆえ、私は祈るのを遅らせたのだ。そして、神にたたえあれ。私は、祈りが通ることができて、サマエルが邪魔することのできない道を一つ切り開くことができた。それゆえ、私は、サマエルが君の心に入り込んで悪さをすることを恐れた。それは断じてあってはならないことだから。そこで、私は君の心を砕いたのだ。邪《よこしま》な考えが何一つ君に起こらないようにするためだ。そしてしかるのち、君に祈るよう命じたのだよ。

ベシュトの逸話の大半は、シナゴーグの祈りをめぐって展開されており、いかに祈りが重視されたかがわかる。なぜ祈りが重要なのか。それは、彼が祈っているとき、彼の魂は天界へ飛翔しているからである。「ベシュトの顔を見ると、それはたいまつのごとく燃え、両目は飛び出し、目は開かれたまま動きがなく、まるで死にかけているかのよう」であった。そのとき、彼はアミダーと呼ばれる立禱、いわゆる十八祈禱文(シュモーネ・エスレ)を唱えている。彼の魂は天の神の御前にあって直接にこの祈禱文を唱えているのである。人々の祈りは、一つの祈る実体、魂そのものであり、ベシュトに与えられた役目は、死人の魂の罪を発見し、祈りの力で修復《ティクーン》を施して天界へ引き上げることであった。

十八世紀リトアニアにおけるタルムードの再生

十七世紀には、ポーランドと並んで、経済的繁栄を享受したリトアニアのユダヤ人社会は、十八世紀にはタルムード学の一大中心地を形成した。その最大の功労者は、ヴィルナのガオン(大指導者の尊称)こと、ラビ・エリヤ・ベン・シュロモー(一七二〇~九七)である。

ヴィルナは、リトアニアのエルサレムとみなされ、街の美しさとともに、正統派ユダヤ教体制の拠点であった。ハシディズムに破門を突きつけた「ミトナグディーム」の牙城であり、ラビ・エリヤこそがその代表者であった。リトアニアが正統派の拠点であったとはいえ、彼の思想は、東プロイセンに開花した啓蒙主義の影響を受けた先進的なものであった。プロイセンのユダヤ人は一七六〇年代から、カントの地元であるケーニヒスベルクやベルリンを中心にドイツ啓蒙主義の活動に刺激されて、哲学や言語

ヴィルナのシナゴーグ　奥のポーチは，1800年にヴィルナのガオン宅に建てられたシナゴーグの入り口を覆っていたものである。このシナゴーグの中庭は，街のユダヤ人の生活の中心であり，共同体の宗教的および世俗的活動全般の本部であった。

学や文学における新たな学問を吸収しつつあった。本格的なハスカラー（ユダヤ啓蒙主義）運動は十九世紀の半ばに始まるとはいえ、その影響はすでにこの時期のリトアニアにおよんだ。ヴィルナのガオンは、そうした清新な息吹をユダヤ古典学の分野に注入したのであった。

権威に依存することなく自ら善悪を判断せよ。これは彼が掲げた啓蒙の理念であった。早熟の天才は、すでに四十歳を超えていた。それまで隠遁的学究生活をもっぱらにした彼は、故事に倣って、四〇年の学びを終えてその知恵を万民の共有とすべく、リトアニアとロシアのユダヤ人社会のために立ち上がった。哲学に反対し、ハシディズムに反対したが、学問領域はタルムードを中心にすえてヘブライ文化全域におよび、また世俗の学を否定することなく、聖書地理、歴史、天文学、数学、ヘブライ語文法におよんでいた。

最大の問題は依存心の除去であった。タルムードの権威を疑う者はいない。しかし、本当にタルムードに戻って判断できる者がいない。すでに彼の時代までに、ユダヤ法学が進展し、法典『シュルハン・アルーフ』の権威が圧していた。歴代の学者の多様な意見が記述されると、権威が一人歩きを始め、やがて複数の権威が並立し、依拠すべき根拠がわからず、矛盾の調停がピルプルに任され、タルムードの権威はいつか背後に押しやられ、解釈者の一人舞台となってしまった。そこで、ヴィルナのガオンは、模範的シナゴーグを設立してタルムード学の再建に着手した。

ラビ・エリヤの学問には、いくつかの特徴があった。第一に、彼は、伝統的権威からの解放を訴えて、理性と良心による研究をめざした。この学問的態度は、テクストを徹底的に読みこなすことを自らに課すことになり、その結果、綿密なテクスト批判をおこなうことによって、タルムード学の分野に新しい解釈学を導入した。テクストの誤記や書記の間違いを正す外面的批判はこれまでもおこなわれてきたが、彼が重視したのは、読み手の読み違いを正すことであった。註解書など後代の解釈に依存することなく、テクストの内在的文脈に戻って著者の心を正確に読解する理解力を要請したのである。この点からみれば、彼こそが近代ユダヤ学の創始者とみなされてしかるべきといわれる。

第二には、彼は、ギリシア哲学、キリスト教、イスラームなどの外来思想に影響されることなく、ラビ・ユダヤ教の古典的学問を追求しえた中世最後のユダヤ神学者であり、ラビ・ユダヤ教の理想を体現した模範的人物であった。ラビ・ユダヤ教の理念によれば、ガオンやラビと呼ばれる人は、タルムードの学問がそのまま骨肉化した者であって、神の教えを身をもって体現した者でなければならなかった。ヴィルナのガオンは、宗教の本質とは自己完成であるという確信のもとで、そのための手段としてトーラーの教えを励行した。

第三に、『シュルハン・アルーフ』の権威への依存心を砕いて、タルムードそれ自体のもつ拘束力を強く主張した。このことによって、新たなタルムード学が開花して、多くの弟子と確立されたシナゴーグ制度がリトアニアを中心に浸透し、没後には、弟子たちが師匠の構想を継承して実践に移していくことになる。その典型が、ヴォロジンのラビ・ハイムによるイェシヴァの創設であった。

4　西欧キリスト教普遍主義社会のモザイク化

世俗政権の樹立と宗教的寛容の進展

イギリス・フランス・ドイツを中心とする西欧地域は、九世紀初頭には、キリスト教社会の理念を担った中世カトリック世界を創出した。この体制は、教会と国家が一つの社会を二重に支配する制度を基本としたため、設立当初から世俗と宗教の双方は相互関係の問題について思索を深めていった。この段階で、国家の裁判権と教会の裁判権が分離され、それぞれの管轄が確定し、国家が私有財産権の保護者として訴訟を司るようになることが重要である。この問題意識が、社会思想の議論の枠組となってその後の歴史を貫いている。すなわち、国家と教会、政治と宗教の関係は、裁判管轄や徴税権、私有財産権といった国法問題や経済財政問題を機軸とし展開するのである。

各地の世俗勢力は、ルネサンスと宗教改革をとおして支配を伸長させた結果、教会を下位に従えて国家主権を行使する方向へ進んだ。国家はキリスト教の異端を弾圧する当事者から、過酷な弾圧に反対する寛容論の実施者へと変貌した。国家理念でいえば、身分制社会から啓蒙専制君主制へ、そしてさらに近代主権国家の形成へと進んでいく。こうした大きな社会思想の歴史的潮流が、その領土内に住むユダヤ人社会を巻き込んで、思考と理念を訓練させていったと考えるべきであろう。たとえゲットーの物理的障壁があったとしても、である。というより、ゲットーの建設自体、ルネサンス以降の政治理念の産物、国民の統合と異分子の囲い込みの一環として捉えられるべきものである。ここでは、ユダヤ人社会が近世西欧の社会構造においてその占める位置をどのように推移させたかに注目したい。

近代主権国家に至るまでの過程で、ルネサンスと宗教改革、そして苛烈を極めた宗教戦争がはたした役割は何であったか。それは、キリスト教が衰退し世俗勢力が伸張したこと、すなわち、「世俗化」の進展である。世俗化は、歴史概念としては、一六四八年に三十年戦争の結果として定められた国家・教会関係を指している。戦乱は、それほどに宗教改革期の西中欧の社会関係を一変させた。その世俗化の骨子とは、周知のとおり、「領主の宗教がその領国の宗教」(一五五五年のアウクスブルクの和議と一六四八年のウェストファリア条約)という原則の確立である。この原則は、まずはドイツの諸領邦を対象にしたものであるが、イギリスとフランスにおいては、国家権力の自立化と強大化は「王権神授説」や「国家理性」というかたちで理論化されている。イギリス国王は国教会の首長となり、フランス・ブルボン朝は王権神授説に支えられて国家理性の働く領域を拡大させた。それぞれの地域社会では、世俗国家と教会支配が二重になってはいるが、国家が教会を従属させた点は共通している。

では、国家が教会を従属させたことによって、宗教問題はどういう影響を受けることになったのか。ここでは、異端問題の扱いに限定して考えたい。異端はキリスト教内部の問題であった。しかも、キリスト教にとって教義は極めて重要な指標であったため、教義上の対立は、戦争に訴えるほどに深刻なものにならざるをえなかった。しかし、悲惨な宗教戦争に対する嫌悪感、啓蒙思想の進展などから、イギリスの分離派やフランスのユグノーなどが受けた過酷な裁判と処刑に対して、寛容思想による批判が一世を風靡《ふうび》するようになる。寛容論は、元来、キリスト教内部の異端処罰の過酷さに対する批判として起こったものであり、イギリスの名誉革命はその画期ともなった。ここに、国家は寛容思想の担い手として登場した。

十八世紀には、ジョン・ロックの「寛容論」が、ヴォルテールなどのフランス啓蒙思想へと受け継がれ、フランスにおけるユグノーの復権に繋がっていく。このフランス啓蒙主義が絢爛《けんらん》たるフランス文化の一翼として、後発国ドイツの各領邦君主に迎えられて、プロイセンのベルリンやハプスブルクのウィーンで、啓蒙専制君主による寛容な政治が展開される。その頃には、ドイツ各地の領邦君主が、軍費調達や領邦内の経済発展、交易の促進をめざして、さかんにユダヤ商人を登用して、宮廷ユダヤ人の活躍が各地で展開される時代となっていた。まさにこのとき、寛容思想は、キリスト教の枠外へも応用され、各地域の支配者の都合に左右されて生かされるだけの居留民であったユダヤ人問題へと準用されることになった。その結果、十八世紀の啓蒙専制君主時代に、オーストリア・ハプスブルクとプロイセンなどに典型的にみられるように、ユダヤ人寛容令が次々と発布され、ドイツ語圏の諸都市におけるユダヤ人居住者数の拡大、商業活動の制限の削減、移動の自由の拡大などが承認されるようになった。

一六四八年に、スペインから独立したオランダでは、早くから宗教的自由を認める自由都市の魅力があり、ポルトガルで脱出の機会を求めていたコンヴェルソたちの渡航先の一つとなった。彼らはアムステルダムでユダヤ教へ復帰し、ポルトガル系ユダヤ人共同体を構えた。アメリカ大陸への初期の移民は彼らのなかから始まっている。アメリカへのユダヤ人の移民は、一六五四年、ニューヨークがニューアムステルダムと呼ばれた頃に、ブラジルの植民市に渡っていたオランダのポルトガル系ユダヤ人が、ポルトガルの逆襲で植民市から避難する際に入植したのを嚆矢《こうし》とする。オランダ本国で認められた市民的・政治的自由を享受できるものの、シナゴーグや集会において公然とユダヤ教を実践することまでは認められなかったことが、一六五六年のオランダ西インド会社の文書に残っている。これは、当時、まだオランダ社会が、ルター派やカトリックを公認していない状況下で、ユダヤ教を認可することの波及効果が危惧されたためであった。

ユダヤ人の入植によって活況を呈したオランダの情勢は、クロムウェルにも影響を与え、長くユダヤ人を追放していたイギリスで、ユダヤ人に対する門戸開放が実現する。イギリスで活躍するユダヤ商人のなかから、アメリカへ入植する者があらわれた。ニューヨークがイギリスの手に渡り、オランダ系ユダヤ人の移民が途絶えたのち、イギリスから入植があり、一七三〇年には、伝統的なユダヤ人共同体ケヒラーの象徴であるシナゴーグがはじめてニューヨークに建設され、これによってユダヤ教の実践は公に認知された。トーラーの賢者ではなく有力な平信徒が権威をもち、伝統と謙譲を重んずるポルトガル系ユダヤ人の社会的伝統がその後、十九世紀中葉まで長らくシナゴーグの生活を支配した。

ユダヤ啓蒙主義とモーゼス・メンデルスゾーンの宗教寛容論

一七八一年には、クリスティアン・ドームが「ユダヤ人の市民的向上について」という論文で、ユダヤ人に対するドイツ人自身の一般通念を覆した。これまで、ユダヤ人は宗教的に堕落しているから虐待されて当然と考えられてきたが、実際は、ドイツ人が虐待したため彼らは宗教的に堕落したのであると主張した。いかにしてユダヤ人に社会的に有用な仕事を与えるべきかという議論も、ここから始まった。

ここに、ユダヤ啓蒙主義の発端となるモーゼス・メンデルスゾーンが登場する。タルムードの師に従い故郷を出てベルリンに移った彼は、当地のユダヤ人から新しい学問を吸収し、また自ら苦学して古典語と西欧諸語を習得し、ついにはベルリンのサロンの寵児となった。美学と哲学はドイツ語で執筆し、ユダヤ法の分野は伝統的にイディッシュ語やヘブライ語で語り、まさに二つの異なる文化を使い分けた。ユダヤ人社会が、全体としてゲットーを超えて西欧文化にさらされる時代の到来を確信した彼は、精神的な混乱を回避するため、人々にその準備を促す活動を開始した。聖書のドイツ語訳と註解を載せた「ビウル」という聖書の発行はその金字塔でもあった。価値の変革を試みるこの新たな運動はユダヤ啓蒙主義(ハスカラー)と呼ばれ、十九世紀に向けて、ユダヤ教の改革運動を志す若者を輩出する。

「どうして周りのドイツ人はぼくらのことをいじめるの」。メンデルスゾーンは息子からそう問われたという。彼は、啓蒙主義の広がりのなかで、キリスト教の少数派の異端が、啓蒙思想の寛容論によって社会的存在として認知されるプロセスをまのあたりにしてきたはずである。彼は、ユダヤ人社会が差別と迫害に苦しむとき、まさにこの啓蒙主義の寛容論の系譜に自らを位置づけ、ホッブスの国家論、ロックの寛容論を批判的に受容して、それをドイツ各地のユダヤ人問題へ援用した。その際彼は、ドイツのユダヤ人のことを、ユダヤ教を信仰するドイツ人と捉えた。そして、宗教的信仰は人間の自然権であって国家はそれを奪うことはできないという議論を展開する。これは、キリスト教の異端に対する寛容論の議論と同様の理論構成である。ユダヤ教は「宗教」と概念づけられたのである。

メンデルスゾーンの国家・教会関係に関する主著『エルサレム』(一七八四年)によれば、人間は、自然状態における個人の諸権利を放棄して、それを国家に委ねる契約をして、公共善を求める。譲渡した権利を国家が行使する場合、国家は個人の自発的な服従を期待するが、個人が国家の命令に服さなければ強制力を行使できる。これに対して、教会には、人々を戒め、教え、励まし、慰める権利のみがあり、個人は、聞き従い、意欲する心が求められるが、個人の意思に反してそれらを強制することはできない。信仰や宗教的確信も自然権だがこれは放棄できない権利だからである。また、教会には、財産の所有や説教への報酬はその職務にふさわしくないとされた。

また、ユダヤ教に関しては、これは啓蒙主義の理念に合致した理性的宗教であり、したがって強制力を行使しない。そして、ユダヤ人は他国民ではなく、宗教集団である。ドイツのユダヤ人にとって、政治的権利はドイツ人と同様に認められるべきであり、宗教的自由としてユダヤ教を選択できるのである。これが彼の立場であった。しかし、この理論に従うならば、ユダヤ教自体に大幅な変更が必要なことは明白となる。なぜなら、彼はユダヤ教が政治的・市民的領域で権力を行使することを認めず、また信仰の強制を許さないからである。それゆえ、彼の理論は、ユダヤ人社会がユダヤ法の自治を放棄すべきことを含意した。それればかりではない。ユダヤ人がドイツ人としてドイツ近代主権国家へ帰属する条件としての絶対的忠誠を、何らかの仕方で証明しなければならなくなるはずであった。

フランス革命が起こったのは、この著作の五年後である。メンデルスゾーンはすでにこの著作において、ユダヤ教は宗教か民族かという問題を、寛容論の枠を超えて、近代主権国家におけるユダヤ人の政治的権利の問題、すなわち市民権賦与の問題として提起している。しかも、それが実現するためにはユダヤ教自体の改革が不可避であることも指摘している。それらの主張は、そのままフランス革命議会において政治的議論の的になった事柄にほかならない。メンデルスゾーンの教えは、同化を望むフランスのユダヤ人たちにとって依拠すべき礎《いしずえ》になるが、その後のフランスにおける政治的進展は、翻ってドイツのユダヤ人に強烈な衝撃を与えることに繋がる。

第4章 近代国民国家とユダヤ人

近代国民国家は、唯一神に代わって主権を主張し、国民に絶対的忠誠を要求するものとして登場した。このことが、ユダヤ人の身分と所属に大変化をもたらすことになった。これが近代ユダヤ人のアイデンティティ問題の根本である。このことは、ユダヤ人に限るものではない。しかし、ユダヤ人の場合は、社会構造の根本的変革をともなって危機がより深刻であり、しかも世界各地のユダヤ人社会がすべてかかわるため、ユダヤ教の枠を超えて、世界宗教史における近現代の意味を探求するための不可欠の主題となる。

近代国家の成立は、ユダヤ人と関わりの深い三地域、西欧・東欧・中東で時間的ずれがあるだけでなく、成立した国家構造や理念、その成熟度が違った。そのうえ、各地のユダヤ人の境遇や人口、社会的役割に違いがみられるため、近代国家とユダヤ人社会との関係は極めて多様であった。これらの諸要素に着目して地域別にユダヤ人問題の特徴をまとめると、表2のようになる。

世界の主要な三地域は、近代化の時間的ずれと発展のあり方に違いを示していた。しかも、そうした各地の近代性のあり方の違いは、その地域のユダヤ人問題にも特別の刻印を与えている。これを三点に

表2　世界のユダヤ人問題

西欧(含アメリカ)	東欧	中東
19世紀の啓蒙主義的国家観	19世紀の国民国家形成の遅れ	西欧列強による植民地化
自由主義的社会契約説に依拠	有機体的社会観，民族精神論	オスマン帝国の解体
宗教は個人の内面の問題	20世紀の民族主義・全体主義	アラブ民族主義の興隆
ユダヤ教は「宗教」である	ユダヤ教は「民族」である	ユダヤ人は各地に少数で分散
ユダヤ人人口は些少	ユダヤ人人口は全体の１～２割	20世紀のシオニスト植民開始
ユダヤ人解放と市民権獲得	民族国家，一民族一国家	イスラエル国家の樹立
19世紀末東欧からアメリカへの移民	ナチス支配下のショアー(ホロコースト)	中東各地からユダヤ人の大帰還

まとめよう。

第一に、近代国家成立と市民権賦与の問題は、まずは当該国家全体の問題であって、そこからユダヤ人に派生した。寄留の異邦人で異教徒であったユダヤ人は、このとき市民なのか異邦人なのかという選択を迫られ、当時の啓蒙主義的人間観に立脚して、ユダヤ教《ジュディズム》は「民族」ではなく「宗教」であるという選択肢が選ばれた。人種や民族は人間の二次的な特性にすぎず、宗教は個人の内面の信仰にかかわる基本的人権の根幹であって、これは外部から強制できないし、譲渡したり放棄したりすることもできないからである。その代わり、ユダヤ人社会は独自の自治を放棄し、国家法に服する市民として進んでその社会に同化した。それを象徴するかのように、各地のユダヤ人は「ユダヤ」という差別語に代えて、フランス語でイスラエリット、ドイツ語でヘブライ、英語でヒブルなどを使用し始める。

第二に、この市民権の選択は、十九世紀前半の個人主義的・啓蒙主義的楽観論が支配した時代思潮のなかでこそ実現されたが、民族主義や人種理論が風靡《ふうび》し始める十九世紀後半以降は、ドイツや東欧においてその逆の選択肢、ジュディズムは「民族」であるという理解のほうが極めて優勢となった。これは、東欧地域のユダヤ人人口が西欧に比べ圧倒的に多く、啓蒙主義の浸透も進まないことに加え、帝国の支配を受けて、民族主義が早くから隆盛をみたことがあげられる。そして東西の違いを決定的にするのは、二十世紀における民族主義、全体主義の隆盛であったが、ユダヤ人の運命にとって悲劇的なことは、人類がそうした全体主義の興隆を予測できず対応が遅れたことである。二十世紀を風靡する民族主義の思想は、十九世紀西欧の優れた思想家のほとんどだれからも注目されなかったからである。啓蒙から野蛮への後退ともみられる二十世紀は、悲観的歴史観やロマン主義的・有機体的国家観といった理念と結びついたイデオロギーの世紀となった。

第三に、ショアー(ホロコースト、ユダヤ人虐殺)に至る反ユダヤ主義の歴史は、全体主義や民族主義思想と結びついてユダヤ人の物理的排除をもたらした。「ヨーロッパのユダヤ人はユダヤ人解放によって真に解放されたか」という重い問いが提示されるゆえんである。また、ユダヤ人の意識のなかにも、同化の限界や反ユダヤ主義への悲観的な見方が広がり、政治的シオニズム運動に勢いを与えることになった。それとオスマン帝国の衰退があいまって、二十世紀のパレスチナは、新たな複数の民族主義の興隆する場となる。

近代社会のアイデンティティ形成において重要なことは、一方で主権国家建設においてどのような民族的自己像が選択されるのかということ、他方で、コスモポリタン的な社会を志向する運動も無視できないことである。ユダヤ人たちは、この両方の運動にかかわっており、しかもユダヤ人同士でもその思想は多様であり内部でも葛藤がつきない。それゆえ、普遍主義的な方向と特殊主義的な方向の複合的な組合せが、ユダヤ人の思想と宗教をいっそう多様化させている。

1 フランスのユダヤ人

フランス革命とナポレオンによるユダヤ人問題解決への展望

フランスにおけるユダヤ人解放は全世界の先駆けとなったがゆえに、その展開と問題点を知ることは、近代ユダヤ人問題の本質を知るうえで不可欠の主題となる。

フランスのユダヤ人社会は、フランス領内にあっても、その宗教に基づいた独自のユダヤ法をもつ自治共同体であった。したがって、フランス人からみると、彼らは政治的には異邦人で、宗教的には異教徒であった。フランス革命によって、身分差別が撤廃され、人権宣言が高らかに宣揚された。アトムとしての人間は、一人一人が自由、平等、友愛という基本的性質を共有するものとされ、譲渡できない基本的人権を備えた存在として立ちあらわれた。このとき、フランス国内に居住するユダヤ人の集団全体をフランス市民とみなすか否かの選択は、フランス国民議会に委ねられた。国民議会はユダヤ人集団を異邦人ではなく宗教集団とみなし、ボルドーとアヴィニョンのユダヤ人が一七九〇年に、アルザスのユダヤ人が九一年に、それぞれ市民権を賦与された。ただし、それは無条件ではなかった。原則となったのは、「民族としてのユダヤ人には何も与えるな。人間（個人）としてのユダヤ人にのみすべてを与えよ」である。もしユダヤ人が、従来通りに特殊なユダヤ法に従って今後も生きようとするならば、それは異邦人にほかならないからである。

ではユダヤ人がフランス国民になるには、何が必要とされたのかである。その条件とは、ユダヤ法の自治を放棄すること、そして、国家に忠誠をつくすこと、国のために死ぬ心構えを示すことであった。ナポレオンのおこなった政策が、そのことを如実に示している。

ナポレオンがユダヤ人に対して実施した政策は、時代順に三つである。第一は、一八〇六年の八月、ユダヤ賢者に対して質問状を送付し、代表を召集しその回答を要請したこと、第二には、一八〇七年二月に、ヨーロッパ全土を対象にパリでユダヤ人議会サンヘドリンを召集しユダヤ法の破棄を宣言させたこと、そして第三に、一八〇八年三月、カトリックやプロテスタントに対すると同様に、ユダヤ教徒の長老《コンシストワール》会を設立したことである。

第一の施策は、ユダヤ人の帰属意識を確認することであった。質問は一二項目から成り、四つに分類できる。フランス人との通婚、フランス国家への帰属意識、ラビ法廷の権限、そして職業、とくに高利貸しに関する問題であった。しかも、召集日は土曜日、すなわちユダヤ教の安息日であった。

質問項目は、以下のとおりであった。

(1)通婚　ユダヤ人が複数の女性と結婚することは合法的か。フランス法に反してユダヤ法廷が離婚を宣告しないとき、その離婚は有効か。ユダヤ法はユダヤ人同士の結婚だけを認めるのか、キリスト教徒と結婚できるか。

(2)帰属意識　フランス人は自分の同朋か、それとも異邦人か。キリスト教徒のフランス人に対してユダヤ法はどんな行為を定めるか。フランスを祖国とみなすか。国防義務と市民法典に服する義務があるか。

(3)ラビ法廷　だれがラビを指名するか。ラビはどのような権限を行使するか。ラビの選出や権限は法によるか慣習か。

(4)職業と高利貸し　ユダヤ法がユダヤ人に禁ずる職業はあるか。ユダヤ法はユダヤ人に同朋から高利をとるのを禁ずるか。ユダヤ法はユダヤ人に異邦人から高利をとるのを禁ずるか。

これら四つの論点は、ユダヤ人が伝統的なユダヤ法に対してどういう態度をとるのかと聞いている。これに対して、ユダヤ人の代表者一一一名は、ナポレオンの思惑通り、進んでフランス市民として認められることをめざした回答書を提出した。通婚については、一夫一婦制であり、異教徒との通婚も認められること、離婚の決定など市民法に関する事柄はすべて国家法に従い、それ以外の法を承認しないと回答した。

帰属意識、アイデンティティ問題は、質問の要であった。ユダヤ人側は、フランスはわれらが祖国、フランス人はわれらが同朋である。この栄光の称号にかけて、われらはその価値にふさわしくありつづけたい、と綴っている。寄留民を愛せよと教えたモーセの法の精神に則って、フランスでは立場は逆転したが、寛容思想の恩恵から人権思想へと展開したなかで、ユダヤ人がフランスの一員であるという自覚が深められたという。そして先の戦争で、フランスのユダヤ人は、フランスと敵対する国家の臣民であるユダヤ人たちに対して果敢に戦い、勇敢さを証明したと論じた。

ラビ法廷については、革命後、フランスとイタリアで全廃され、市民の身分に引き上げられたユダヤ人は、あらゆる点でフランス国家の法規に服すると宣言する。ラビの職務は、どこのシナゴーグであれ、道義を説き、結婚を祝福し、離婚を宣告することなどに限定されることを承認した。

職業と高利貸しに関する質問は、ユダヤ人が市民になることへのフランス人の心理的抵抗を如実に示している。ユダヤ人は社会の有益な職業に就かず、もっぱら高利貸しに従事する不道徳で怠惰な民であるという根強い偏見があった。ユダヤ人側の回答は、ユダヤ法がユダヤ人に禁ずる職業はなく、諸々の職業が奨励されてきたことを強く訴えた。最後の質問は、高利貸し問題の核心である。回答の骨子は、金銭などの貸与に関して、慈善目的と商業目的を分け、前者に関してはいかなる利子取得も禁止する。商業目的の貸与に関しては、貸付人も危険の一部を負担していることなどを理由に、適正な利子を取得することは道理にかなうと主張した。ここに、商業上の金銭貸与に関しては、同朋同士であっても利子取得が許されるという画期的な解釈が提示された。

パリ・大サンヘドリンの裁定とユダヤ人解放の過程

一八〇六年の集会の結果に満足したナポレオンは、ヨーロッパ全域からユダヤ人を召集するが、反応は低調で、翌〇七年二月に、七一名の代表がパリに集まり、三月までサンヘドリンが開かれた。参加したのはフランス帝国とイタリア王国からだけで、その三分の二がラビであったが、参加者はユダヤ人が市民として信教の自由を認められたことに感謝して、ナポレオンを古代ペルシアのキュロス王に喩えて

ナポレオンのメダル
1806年5月30日のナポレオンによる大サンヘドリン召集記念メダル。実際は同年夏のユダヤ賢者召集のこと。左は月桂樹を冠されたナポレオンの肖像。右はナポレオンが契約の板をもち，その前でモーセがひざまずく。

メシアとみなすほど熱狂が支配した。

サンヘドリンは、古代ユダヤの最高議決機関であったから、ここでの決定は、最高意思決定機関による権威ある決定を意味した。このとき、サンヘドリンはユダヤ法のなかの政治的規定を破棄し、市民的・政治的規定はすべて国法に服することを宣言した。その論法によれば、ユダヤ啓示法であるハラハー体系は、宗教的規定と政治的規定で構成されており、前者は永遠に妥当するが、後者は時代と環境に依存する。政治的規定は、かつてイスラエル民族の政府が存在した古代では通用したが、現代では、イスラエルはもはや国家を形成していないゆえに、ユダヤ人は政治的規定の適用を受けないと。ここにユダヤ人共同体は政教分離を実行し、神と人との関係を律する宗教的法規のみで成り立つ組織となった。ユダヤ教《ジュディズム》はキリスト教をモデルとした「宗教」と定義されたのである。

ナポレオンは、一八〇一年に教皇ピウス七世とのあいだで宗教協約「コンコルダート」を締結した。これは、カトリックという宗教結社の存在と財産権を承認する代わりに、国家への忠誠を優先させ、教区制を利用して徴兵する役割を教会に課したものである。これと同様の関係がプロテスタント教会とのあいだにも構築され、最後にはユダヤ人社会でも実施された。

それが長老会《コンシストワール》の設立である。フランス全土の教区制度がユダヤ人社会にも導入され、長老会は国家の行政機構として、フランス全土のユダヤ人の戸籍を把握し、長老会指導のシナゴーグを各地に建設した。さらに、フランス語を話し近代的学問も身につけたラビを任命して宗教指導にあたらせ、ユダヤ人のフランスへの同化を積極的に推進する責務を負った。これによって、ユダヤ人は集団として管理されて国家へ統合され、軍隊の徴集と国家への忠誠を誓約した。国民皆兵の徴兵制度において、国民のほとんどを把握する三つの宗教組織が軍隊の徴集を担当することは、宗教が国家に従属したことを公に宣言することを意味した。

長老会は、その後、同化推進の中枢として機能し、ボルドーのスファラディ系ユダヤ人社会を筆頭にフランス化が進み、もっとも遅れたアルザスのアシュケナジ系ユダヤ人社会でも進展があった。一八三〇年の七月革命後には、長老会への所属が自由化されたため影響力は弱まり、四八年の二月革命後には、ドイツや東欧から断続的に移民が増加したため、さらに減少した。しかし、フランス系ユダヤ人社会は、自由平等のフランス的理念を自らも体現して、一八六〇年には、世界イスラエル同盟（アリアンス・イスラエリット・ユニヴェルサル、ＡＩＵ）を組織して、イスラーム圏のユダヤ人同胞にフランス語による近代教育を開始した。こうして、フランス社会は、ユダヤ人受入れについてももっとも進んだ近代自由社会の模範的存在といえるものであった。

ここに近代のユダヤ人解放、近代主権国家の成立にともなうユダヤ人の国民化のプロセスが始動する。それまで存在した身分制社会のさまざまな中間的な権威が一掃され、その中間的権威であった伝統的なユダヤ法の支配はここに終焉《しゅうえん》をみた。この解放プロセスはフランスに始まって西欧諸国へと波及し、革命と反動を経て着実に進行した。主権国家が成立した地域では、思想、文学、芸術、経済などの分野にユダヤ人が陸続と登場することになった。ヨーロッパ各地で近代主権国家が成立し、ユダヤ人が市民として基本的人権を享受する年は、フランスが一七九〇年と九一年、ベルギーが一八三一年、オランダが四八年、イギリスが五八年、オーストリアが六六年、デンマークとハンガリーが六七年、イタリアとスウェーデンが七〇年、ドイツが七一年、スイスが七四年であった。

十九世紀前半でほぼ西欧諸国がユダヤ人に市民権を賦与し、続いて中欧諸国が十九世紀後半に統一国家建設と近代憲法の制定を完了する。以後ユダヤ人は、帰属する国家の市民となって、その国民国家に絶対的忠誠を誓う存在であることが求められた。

かつてユダヤ人にとって、伝統は神聖で不変であった。唯一神の啓示法ハラハーに則って生きることが、ユダヤ教徒としての生きる道であった。ユダヤ人がユダヤ人社会に生を享《う》け、ユダヤ啓示法に生きて死んでいく、それがユダヤ教であった。ところが、ユダヤ人解放によって、この自明の大前提が完全に崩壊してしまったのである。ユダヤ教はもはや一つではなく、生まれはユダヤ人でもユダヤ教徒とは限らなくなった。近代においてユダヤ人は、それぞれの国家への同化を必然的に要請される立場におかれたのである。西欧近代のユダヤ人が最初にこの事態に直面した。しかし、それは将来、世界中のユダヤ人が確実に踏襲せざるをえない近代社会における宿命となった。

2　ドイツ語圏のユダヤ人

ドイツ系ユダヤ人の解放と改革派の出現

フランス革命軍はナポレオン将軍の指揮下で、ドイツ、ロシアへ遠征をおこない、革命思想を鼓吹した。その過程で、神聖ローマ帝国は崩壊し、ライン川流域や北イタリアなどの各地でユダヤ人ゲットーは破壊され、ユダヤ人解放は一挙に進んだ。市民権、職業選択の自由、新たな言語による一般教育など、ライン同盟によってフランス支配下に入った地域で、真っ先に革命思想が浸透していった。

しかし、ナポレオンの敗戦と一八一五年の神聖同盟の結成によって、復古主義への揺戻しが起こり、民衆のあいだにヘップ・ヘップ運動というユダヤ人排斥の暴動も起こった。ヘップは「ヒエロソリマ・エスト・ペルディタ」(「エルサレムは破壊された」)の頭文字からの造語で、七〇年のローマ総督ティトゥスによる神殿破壊のことを指している。しかし、ハンブルクやフランクフルト、ベルリンなどの都市部では、ユダヤ人解放の勢いは続き、伝統的ケヒラー(ユダヤ共同体)を離れて新たな会派が結成され、周囲の社会への適応が積極的に推進された。彼らは、ユダヤ人への反動政策に対抗する意味で、自分たちの行動を奴隷解放と位置づけ、「解放《エマンツィパツィオン》」をスローガンに掲げた。

自然な流れとしてキリスト教への改宗がおこなわれた。「受洗はヨーロッパ社会への入場券」といわれ、ライン地方で解放を経験したハイネもマルクスの父も、またベルリンの自由な社会環境に生きたメンデルスゾーンの父も改宗に踏み切った。しかし、先祖たちが迫害のなかでも守りつづけたユダヤ教を放棄することは、自分の出自そのものの否定に繋がる。ヨーロッパ社会への進出を志す人々は、そうした葛藤のなかで、ユダヤ教の教義と組織そのものをキリスト教に準じて改革する運動を起こした。これはユダヤ教の内なる近代化の試みであり、「改革派」あるいは「進歩派」と称される組織を誕生させる契機となった。

改革派の運動はハンブルク、ベルリン、フランクフルトなどの大都市から開始された。ドイツ改革派の父ともいわれたイスラエル・ヤコブソンは、一八一五年にベルリンの自宅で改革派団体を創設し、ドイツ語の説教やオルガン伴奏を礼拝に導入したが、この団体は、一八一七年に保守的なプロイセン政府の反対で閉鎖された。しかし同年十二月、ハンブルクの六六名の平信徒が新たに改革派の会衆団体を創設し、名称も「ハンブルクの新ヘブライ神殿団体」とされた。また、「神殿」の名を冠してエルサレムを想起させるシナゴーグを建造し、一八一八年十月十八日に、ナポレオンからドイツを解放したライツィヒの戦いの記念日にあわせて開館させた。

フランクフルトでも、改革の主導は一般市民であった。解放以前のゲットー内では、ロートシルト（家紋が「赤い盾」で、英語読みでロスチャイルド）家やシフ家などの富裕層の寡頭《かとう》制評議会がおさめていたが、フランス革命の結果、一八一一年にゲットーが破壊され、ユダヤ人には市民権が賦与され、その対価として四四万フローリンがナポレオンに支払われた。改革の波は、一八〇四年に、世俗教育と社会的同化をめざして設立された高等学校が中心的役割を担い、評議会は一七年からフリーメイソンの会員で占められ、改革のプログラムが促進された。一八四二年には、正統派ユダヤ教徒は会衆の一割以下に減少し、改革グループはタルムードの法規と割礼とメシア信仰の廃止を要求するに至った。

一連の改革は礼拝に向けられ、三つの要素があった。第一は、礼拝制度の変革、すなわち、ドイツ語の説教、オルガン伴奏、聖歌隊の導入などである。第二は、祈禱書の変更であった。ハラハー的な慣習を変更し、祈禱書の内容を改訂して、改革派独自の祈禱書を整備した。メシア待望やシオンへの帰還、エルサレム再建、神殿再建、離散民の帰還——これら一連の民族的要素は、不適切とされて祈禱書から削除された。第三は、新たな呼称による蘇生である。自分たちはもはやかつての差別されたユダヤ人ではない。近代に生まれ変わったドイツ市民のユダヤ教徒であるとして、「ヘブライ人」や「神殿」という古代の聖書的名称を積極的に使用した。

改革を望んだユダヤ人たちの主張は、ドイツ社会への同化が阻止される事態に直面して、公民権運動へと発展した。それを主導したのは、ハンブルク生まれの法律家ガブリエル・リーセルであった。ユダヤ教徒を理由に、大学で法学を教授することも弁護士として活動することも拒絶された体験から、一八三〇年代にはユダヤ人の市民権獲得のために奔走する。最大のユダヤ人問題は、異邦人としての嫌疑であった。ユダヤ人が閉鎖的なユダヤ法と族内婚に守られ、世界中で特別の民族として存在し、国家のなかに国家を、民族のなかに民族をつくっているのに、どうして市民権を与えられようか。このキリスト教神学者の批判に対して、彼は敢然と反論した。宗教と国家との分離を主張し、信仰告白が宗教的所属を決めるのに対し、国法への服従が国家への市民的帰属を決める。市民か否かを判定する基準はただ一つ、祖国と自由に殉じることである。ドイツのユダヤ人は徴兵や志願兵としてこれを満足させた。ドイツのユダヤ人には、ドイツ以外に祖国はない。今われらが命がけで求めているのは、ドイツ人に値しドイツ人と呼ばれることにほかならないと。リーセルは、一八四八年の三月革命後の議会で、四人のユダヤ人議員の一人となり、またユダヤ人最初の国家判事として活躍した。

改革への反対は、すでに改革が始まった時期に開始された。ハンブルクのラビ法廷は、市民が新たな団体を組織し礼拝改革に着手したとき、ただちに改革者を糾弾して、正統派の団結の端緒となった。改革された項目すべてが糾弾の的になり、勝手に祈りの家を建ててそこを神殿と呼んだことや、祈りの言葉を勝手に追加削除したこと、ドイツ語による祈禱書《スィドゥール》の出版、メシア的希望の削除、女性の歌声、楽器の使用——これらすべては、神を畏《おそ》れる善良な信徒たちを迷わせ、重大な罪を犯したとして、違反を厳しく攻め立てた。

改革の難しさは、何をどこまで変革するか、その一致を見出すことの難しさである。過激なグループは、タルムードの排除、プリム祭（エステル記に由来する初春の祭）の廃止、割礼の廃止さえ主張し、トーラーの戒律をほぼ否定したため、改革派内部に分裂を生んだ。これに対し、伝統あるユダヤ的生活様式への復帰を求める人々が、改革の流れに対抗して新たな会衆組織をつくった。これが、新正統主義《ネオ・オーソドクス》の出現を促し、複数の会派がしのぎを削る状況が生まれる。

ドイツ各都市の様子をみると、ハンブルクでは、一八四〇～六六年にかけて、改革派の最左翼の指導者ナフタリ・フランクフルターが立ち、ベルリンでは、四七年から、ザムエル・ホルトハイム指導下で

コラム　ユダヤ人の選んだ道の多様性

近代主権国家の市民となった者にとって、もっとも基本的な身分とは国家への帰属である。市民権あるいは国籍は、忠誠の証と引き換えに賦与された。そして、ユダヤ的属性は二の次になった。そのとき、自由を得たユダヤ人はどのように自分の所属を考えていったか。その気にさえなれば、ユダヤ民族やユダヤ教の枠はもはや拘束力をもたない。ユダヤ人の解放は被抑圧者全体の解放の一部とすべきではないか。そのとき自分がユダヤ人であることの意味は何か。自分は何を代表するのか。ここに、アイデンティティの新たな葛藤が生まれる。そのとき、ユダヤ的な枠を超えて、自分の所属を考えたユダヤ人を三人取り上げよう。ハインリヒ・ハイネ、カール・マルクス、ベンジャミン・ディズレーリである。

フランス革命の自由に共鳴したハイネは、フランス軍がドイツに攻め込んで固陋《ころう》なる体制を打破したとき、「ガリアの雄鶏は二度鳴く」と謳って、一時は革命詩人と呼ばれた。ナポレオンが敗北して旧に復したため、ルター派に改宗したが革命への思い断ちがたく、一八三〇年の七月革命でパリに亡命し、社会評論に転じて、以後はフランスとドイツの相互の無理解を憂えて、相互理解を促進すべく、ドイツにはフランス事情を通信し、フランス人にはドイツ精神の何たるかを訴えた。ドイツ人の観念的なものに対する強靭な信念を説明して、やがてドイツに、フランス革命が児戯と思えるほどの革命が起こると告げている。そこには、晩年、病に苦しみながらも、相互理解をとおして国家を超えた人類の救済をめざした姿がある。

マルクスの父親は、ライン地方のトリアーでいち早くフランス革命の恩恵を受けた世代であり、復古体制下で息子カールともどもキリスト教に改宗した。マルクスは長じて、『ライン新聞』で健筆をふるい、その過激な思想から追放されロンドンに移り、貧窮のなかで『資本論』執筆に集中した。マルクスは、共産主義革命を標榜しつつも、自らは日々汗にまみれた現実の労働者との連帯に興味はなく、自らつくりあげたプロレタリアートの観念的共同体に一体感をみていたともいう。それは、自己のユダヤ性もドイツ市民性も剝ぎ取って、所属する国家さえも超えて、新しい共同体建設による人類の普遍的救済を掲げた典型的な人生となった。

マルクスが亡命したちょうどその時期に、ロンドンで首相の地位にまで昇ったユダヤ人がいた。ディズレーリである。キリスト教に改宗してロンドンのユダヤ人社会から離脱し、小説家としての社会的成功をとおして政治家に転じた。自己のユダヤ性は、勇敢なる中東のベドウィンの末裔《まつえい》というロマンに訴えて、貴族を束ねる保守党の党首となり、それはまるで、大英帝国の頂点にある貴族の理想的な共同体の羊飼いであった。グラッドストーンとともにヴィクトリア時代を生み出し、ヴィクトリア女王の前でうやうやしく身を捧げる姿は、まさに時代の寵児そのものであった。

これらの人々の人生はもはやユダヤ教の自己規定とはいえないとしても、近代の解放時代の特筆されるユダヤ人の人生である。ユダヤ人の選択した道は、一人一人のアイデンティティの探求と重なって、極めて多様な方向づけを生み出した。そうしたなかで、時代の特徴となる思考の一つが、「文明の橋渡し的役割」の自覚である。これは、西欧社会へ積極的に同化するなかで、学問や経済活動をとおして西欧文明全体の進歩に貢献する道の模索という方向づけであった。これは結果として西欧ユダヤ人の世俗化、宗教離れを促進するとともに、同化に反発する反ユダヤ主義の台頭などの動きを生み出していく。

改革が進んだ。フランクフルトでは、同郷で改革派のアブラハム・ガイガーが、一八六三年から七〇年まで共同体のラビを務めた。ここでは、一八四八年の革命で促進されたユダヤ人解放は、六四年に最終的に達成された。その後、改革に反対する会衆が、正統派独自のラビを選出し、既存のユダヤ人共同体を離脱して独自の信徒集団を組織化し、市内のユダヤ人は改革派と正統派へ事実上分裂した。そのうえ、正統派のなかでこの離脱を不服とする人々は、改革派色の強い共同体組織に残留を認められ、独自のラビを選出し新たなシナゴーグも建設するにおよんで、団体は三つ巴となった。ブレスラウでは、ツァハリアス・フレンケルが保守主義を主唱し、中道の方針を実践し、改革に歯止めをかけた。

ユダヤ科学の成立と各宗派の宗教教育

ユダヤ知識人がドイツ社会に参入を始めたとき、学問の世界では歴史哲学と実証的な歴史学が台頭し、歴史の変化と進歩の必然性を論証する時代に入った。ドイツではヘーゲル、フランスではコントの時代である。彼らは、西欧の大学の弁証法的真理や実証主義を吸収し、社会進化論へと展開する進歩思想に魅せられ、キリスト教の優越性の弁論に直面した。他方、実社会では、神聖同盟下のドイツ人社会もユダヤ人社会も、保守主義は依然として強力であった。そのとき、ユダヤ知識人の課題は、ユダヤ教の独自性を主張しつつ、ユダヤ教における変化の必然性を正当化し、変化に意味を与えることであった。

このような学問研究を既成の大学組織で実施することがユダヤ人には許されなかった。そのため、彼らは自分たちで独自の研究組織を結成するが、十九世紀の一〇年代にドイツで標榜されたのが、「ユダヤ科学」である。この設立の中心人物は、レオポルド・ツンツ（一七九四年、ドイツのデトモルト生まれ）である。ツンツは、当時の新しい実証的歴史学に倣った学問を推進し、キリスト教が無視する聖書以後のラビ・ユダヤ教の伝統と向き合った。主観的な価値判断を抜きに対象に取り組むことによって、近代の変化の必然性が客観的に顕現すると信じ、歴史学と言語学に取り組んだ。彼は改革派の運動を指導したが、その立場は学問的にも正当化されると考えた。つまり、ユダヤ教改革は歴史の必然と合致していると。

こうして、歴史学的思考は近代ユダヤ思想の生みの親ともなった。しかし、変化の法則性を発見することに向けられたからといって、すべてが改革を擁護したものではなかった。ナフマン・クロッホマル（一七八五年生まれ）は、二つの極のあいだを揺れ動くものとしてユダヤ教を把握し、一方の極に、絶対的なるものとしてのユダヤ教をおき、他方の極には歴史過程のなかに浸透したものとしてのユダヤ教をすえた。マイモニデスの『迷える者たちの導き』に照らして、『時代思想に迷える者たちの導き』を著して、自己の立場を明示した。

ユダヤ人がユダヤ人の歴史を執筆することは重大な意味をもった。キリスト教に無視される七〇年の神殿崩壊以後のユダヤ史を扱い、離散時代の生活の意義を論じた。それは、ユダヤ人にとって、神聖不可侵とされた宗教伝統が相対化されることでもあった。この課題に取り組んで、浩瀚《こうかん》なユダヤ人の歴史を執筆することになるのが、ハインリヒ・グレーツ（一八一七〜九一）である。彼は、ユダヤ人の歴史を、ユダヤ教の本質の顕現と捉えた。これは絶対精神が歴史に自己を開示するというヘーゲル精神現象学のユダヤ教への応用である。しかし、彼は改革派運動に反対し、その強烈な反同化主義の言動のゆえに、キリスト教とドイツ国民の敵と非難されたほどであった。

その他、改革派のガイガーや保守主義のフレンケルなど、指導者かつ学者として運動を導く人々が続いた。ユダヤ科学は時代の推移とともに決して一様な学派として存在したわけではなく、概していえば、大学機関の外にあってもユダヤ教の学問的研究を維持しつづけるユダヤ人の学問的な旗印であったといえよう。そうした伝統と並行して、ユダヤ教の諸宗派は、次代の指導者を養成する高等教育機関を、キリスト教の神学校に倣って設立していく。そうした機関が設立された場所と設立年は以下のとおりである。一八一一年にウェストファリア(ヴェストファーレン)、二五年にメッツ(これはコレージュ・ラビニックとも呼ばれた)、二九年にパドヴァ、三四年アムステルダム、五四年ブレスラウ(これはフレンケルの設立で、保守的な方向性の学院)、五五年ロンドン(イギリスの統括ラビのネイサン・M・アドラーの設立で、ユダヤ人のコレッジと呼ばれた)、五九年パリ(エコール・ラビニックと呼ばれた)、六九年マムズゲイト(スファラディ系ユダヤ人のための施設で、モンテフィオーレ・コレッジの名)、七二年ベルリン(改革派)、七三年ベルリン(正統派。E・ヒルデスハイムの設立)、七五年シンシナティ(アメリカ改革派のヒブル・ユニオン・カレッジ)、七七年ブダペスト、八七年ニューヨーク(保守派のJTS〈ジューイッシュ・セオロジカル・セミナリ〉)、九三年ウィーン、九六年ニューヨーク(アメリカ正統派のイェシヴァ大学)となる。

統一ドイツ帝国のプロイセン精神とユダヤ人の進出

十九世紀後半は、ドイツ・ユダヤ人が全員市民権を取得してドイツ国民となり、ユダヤ人社会は未曾有の発展を遂げ、かつてこれほどの繁栄はなかったとされるほどの時代であった。それは、ドイツ全体の繁栄の賜物であったが、ドイツの民族意識や国民感情はフランスとは大きく異なっていた。

ドイツは、三十年戦争で疲弊し復興に二〇〇年を要した。しかも国情は、一五〇もの大中小の領邦が割拠する状態であった。そこへ洗練されたフランス文化が浸透し、ドイツ人自身がドイツを卑下しフランス語を話しフランス文化にかぶれた。ここに、辺境の東プロイセンから、ドイツ精神の衰退と屈辱に対する激しい反発が起こり、啓蒙主義の画一的かつ浅薄な無神論と抽象的な個人主義に対抗して、疾風怒濤の巨大なロマン主義的宗教芸術運動を惹起した。そのとき、ドイツのユダヤ人に解放の時代が到来したのであった。

ドイツ語圏のユダヤ人が市民権の獲得をめざしてドイツ社会への貢献を強めるなか、一八四八年の三月革命において、その国家理念をめぐって、「民族の自由」という概念がはじめてドイツ政治の舞台に登場した。ここにはすでに重大なユダヤ人問題が胚胎していた。ドイツ統一国家は個人の自由と民族の自由のどちらを選択するか。国家論でいえば、自由なる個人に立脚した啓蒙主義的な国家なのか、民族と言語に基づく民族主義的な国家なのか、その選択の問題であった。

ここでの主要な問題は、主権国家が、土地に基づくか言語に基づくかによって起こる衝突についてであり、主権国家の構成要素である領土と国民のあいだに生ずる不一致の問題である。領土を基本にすれば、そのなかに住むすべての人を国民にすることになるが、言語を基準にすれば、領土の内外にかかわらず、同一言語を母語とする人々が国民を形成することになる。前者であれば、人種や民族の違いよりも自由なるアトム的個人によって国家が構成されることを重視する考えになる。後者であれば、言語観と密接に結びついた民族観、個人よりも同一民族集団に価値をおく国家となる。これはユダヤ人にとって、国家の理念次第で、国民ともなり異邦人ともなりうる不安定このうえない立場におかれることを意味した。

ドイツは一八六〇年代に強力な民族主義的国家形成をおこない、「プロイセン的精神」が謳われた。軍国主義を掲げ、権力の獲得こそが国家の目標となった。中世のプロイセン精神なるものは、元来は騎士道精神をもつユンカー(地主階級)が保持した精神態度、すなわち、服従、勤勉、倹約、柔和、敬虔、忍耐、謙遜、宗教的寛容などが総合された精神態度のことを意味したが、十九世紀の政治理念に至って、軍国主義的・弱肉強食的な精神に変貌した。その伏線は、対ナポレオン戦争時に遡る。

フランス革命の思想的挑戦を受けたとき、ドイツは、ヘルダーの国家観、フィヒテ、アルントの思想によって応答した。政治的権威は、アトム的個人の人権でも、神の賜物でもなく、民族の歴史的成長なるものに由来すると。そして、その中核を担うべくプロイセン待望論が起こった。栄光のドイツ解放時代(一八一二〜一五年)とは、プロイセンの精鋭部隊がナポレオン軍を駆逐したことであり、若者の心に、かつての黄金時代が生きつづけていた。

これを背景として、プロイセン王政はプロイセン主義のイデオロギー闘争を活発化させ、アメリカ合衆国やフランス革命の民主主義理念やイギリスの経済至上主義に対抗する価値体系の擁護者をもって自認した。ビスマルクは、プロイセン王室の軍事力をドイツ民族統一の大義名分に結びつけることに成功して、政治的危機を解決した。そして、思想家や学者が、教壇から、熱烈な学生、市民、軍人にその教義を宣揚した。その代表的思想家トライチュケは、二〇年間ベルリン大学からプロイセン的信念を宣揚した。プロイセンはドイツ民族の真の精神を体現する。プロイセンのみが一〇〇〇年間、イタリアやフランスの外来思想に穢《けが》されることなく、英雄主義と有徳の本質を保持しえたのである。ドイツは本来の忠誠心に戻り、ベルリンの指導を受容することによってのみ穢れを清められると。一八七〇年の普仏(ドイツ・フランス)戦争の勝利は、「プロイセン的組織」の勝利であり、翌年、軍隊が社会の中枢を占め、内閣は皇帝に対してのみ責任を負うような統一ドイツ帝国が成立する。

それまで、ユダヤ人解放は一部の領邦に限定されたが、一進一退のなかでユダヤ人の解放と同化は確実に前進し、一八七一年の統一ドイツ帝国憲法によって帝国全土のユダヤ人に完全な市民権が認められ、ユダヤ系ドイツ市民の解放は法的に実現された。オーストリアにおいても、一八六六年の憲法によってユダヤ人の完全な市民権が認められ、さらにウィーンの都市大改造によって、帝国内の各地からユダヤ人がこの大都会へ移住するようになる。一八四八年革命当時は、ウィーンのユダヤ人人口は四〇〇〇人だったのが、八〇年には七万人、九〇年にはロシアのポグロムからの避難民も含めて一一万人に達した。世紀末ウィーンは自由主義的雰囲気に満ちあふれていた。

ドイツ人は、受身で平和的な性格があり、文化的な劣等性を受け入れてきた。トライチュケは、この国民的資質を変革し、他民族を犠牲にしてでもドイツを讃美する必要を感じたという。諸国民の悪徳として、ロシアの野蛮さ、フランスの軽佻浮薄さ、アメリカの物質主義、イギリスの偽善と並んで、ユダヤ人がもたらす文化の堕落があげられている。このような国民の性格を比較する傾向はこの時期に盛んになる。十九世紀の後半から、ダーウィンの『種の起源』の出版以来、進化論が人類史の枠内にも導入され、文化人類学が盛んになり、社会進化論が風靡するに従い、学問の名において民族や人種を進化の過程に位置づけて優劣や等級を論ずる主張がおこなわれるようになった時代である。これと遺伝学や優生学が結びつけば、劣等種の排除や安楽死の発想が起こるのも容易であった。こうした社会的雰囲気のなか、フランスでは、普仏戦争敗戦後、社会的不平のはけ口としてユダヤ人排斥運動が活発化してくる。ドイツでは、一八七九年に、ヴィルヘルム・マルにより「反ユダヤ主義《アンティ・ゼミティズムス》」の造語があらわれ、ユダヤ人憎悪をさかんにあおった。また、世紀末ウィーンの自由主義的雰囲気に対抗するように、一八九七年にユダヤ人排斥を掲げるルエーガーが市長に就任した。

しかし、文化を堕落させるというユダヤ人イメージをよそに、成功をおさめたユダヤ人上流階級は、ドイツ市民になりきって同化はいっそう進んでいった。破竹の勢いでイギリスに並ぼうとした帝政ドイツ。当時、ドイツ産業は経済的に大発展し、ドイツはあらゆる学問の中心地になった。科学者・歴史学者・古典学者・技術者が世界からこぞってドイツの大学や工業高等学校へ学びにくる。ドイツ語は科学用語・学問用語としての国際語になる。ドイツは技術と学問、商業と産業の発信基地になる。経済と学問といえば、それはまさにユダヤ人がもっとも得意とした分野であった。

ヘルツルの政治的シオニズムの訴え

ドイツ語圏のユダヤ人が繁栄の最高潮にあった頃、十九世紀の最晩年一八九六年に、ウィーンの劇作家テオドール・ヘルツルがユダヤ人国家建設の訴えを起こした。当時の西欧諸国ではすでにユダヤ人解放が法的に達成されていた。近代国家において理性は勝利した。人間の不条理な憎悪感情は克服されつつある。これが全世界に広まることによって、ユダヤ人憎悪は減少し、ついには消滅するであろう。解放されたユダヤ人は、国家理念に同化し、アイデンティティを感じていく。フランスはその最先端を進んでいるはずであった。

そこに、ドレフュス事件が起こった。一八九四年十月十五日、ユダヤ系フランス人のドレフュス大尉がスパイ容疑で逮捕され、同十二月、フランス軍法会議で終身流刑を宣告される。ユダヤ人は同化して国民になりきったと思っていても、ユダヤ人である限り、つねに猜疑の目で見られ排斥される恐れがあるのだ。キリスト教ヨーロッパ精神の内奥に巣くうユダヤ人排斥感情——当時パリで特派員だったウィーンの同化ユダヤ人ヘルツルは、この現実を突きつけられた。それはポグロムのような、一時的な感情の爆発ではない。しかしそれは、近代ユダヤ人すべてにとっての大目標、だれもがそう信じた大目標の欺瞞《ぎまん》性を指摘したことになる。それが幻想にすぎないとすれば、いったいどこに向かえばよいのか。この新たな方向づけこそが、ユダヤ人国家だったのである。

事件後、ヘルツルは一八九五年の十一月にロンドンへ行き、翌九六年一月十七日付のユダヤ系新聞

『ジューイッシュ・クロニクル』誌上で、ユダヤ人国家建設の構想を発表する。ヘルツルのシオニズムが与えた衝撃とは、ユダヤ人の救済の道は、近代主権国家の国民として同化することであるという大目標に対するアンチテーゼとして登場したことにある。彼は、ウィーン大学で純粋法学の主唱者ハンス・ケルゼンの二〇年先輩にあたり、同大学で法学博士号を取得した。主著『ユダヤ人国家』では、ユダヤ人国家の基礎として、ローマ法の主権概念が使われており、国家の地理的要素より、国民の民族意識の形成を重視していたことがわかる。これは、西欧ユダヤ人が解放に向けて放棄した要素そのものであった。西欧ユダヤ人にとっては、「ユダヤ教は宗教であって、われわれはその国の国民である」と考えたからである。したがって、「ユダヤ人は独自の国民である」という主張を基礎にすれば、西欧諸国の国民になる道を放棄しなければならなくなる。このことは、同化推進派とシオニストの双方が理解していたことであり、解放と同化と繁栄が進むなかで反ユダヤ主義が台頭してきた世紀末のドイツにおいて、ユダヤ人にとって非常に厳しい選択であったことも想像に難くない。

ヘルツルの功績は、政治的シオニズムを宣揚したこと以上に、それまでのさまざまなシオニズムの動きを、世界シオニスト会議によって確固とした統一運動に糾合したことである。一八九七年、バーゼルでの第一回世界シオニスト会議が明確な活動方針を採択して、運動を方向づけた。農工業の労働者の入植促進、ユダヤ人諸組織の結合の制度化、民族感情の強化育成、諸政府の同意の獲得などが基本方針となった。これによって、西欧列強との外交交渉の道が開け、ユダヤ基金による援助体制が整い、パレスチナの土地取得が促進されていく。ヘルツルはすでに存命中に孤軍奮闘して、ドイツ、オーストリア、

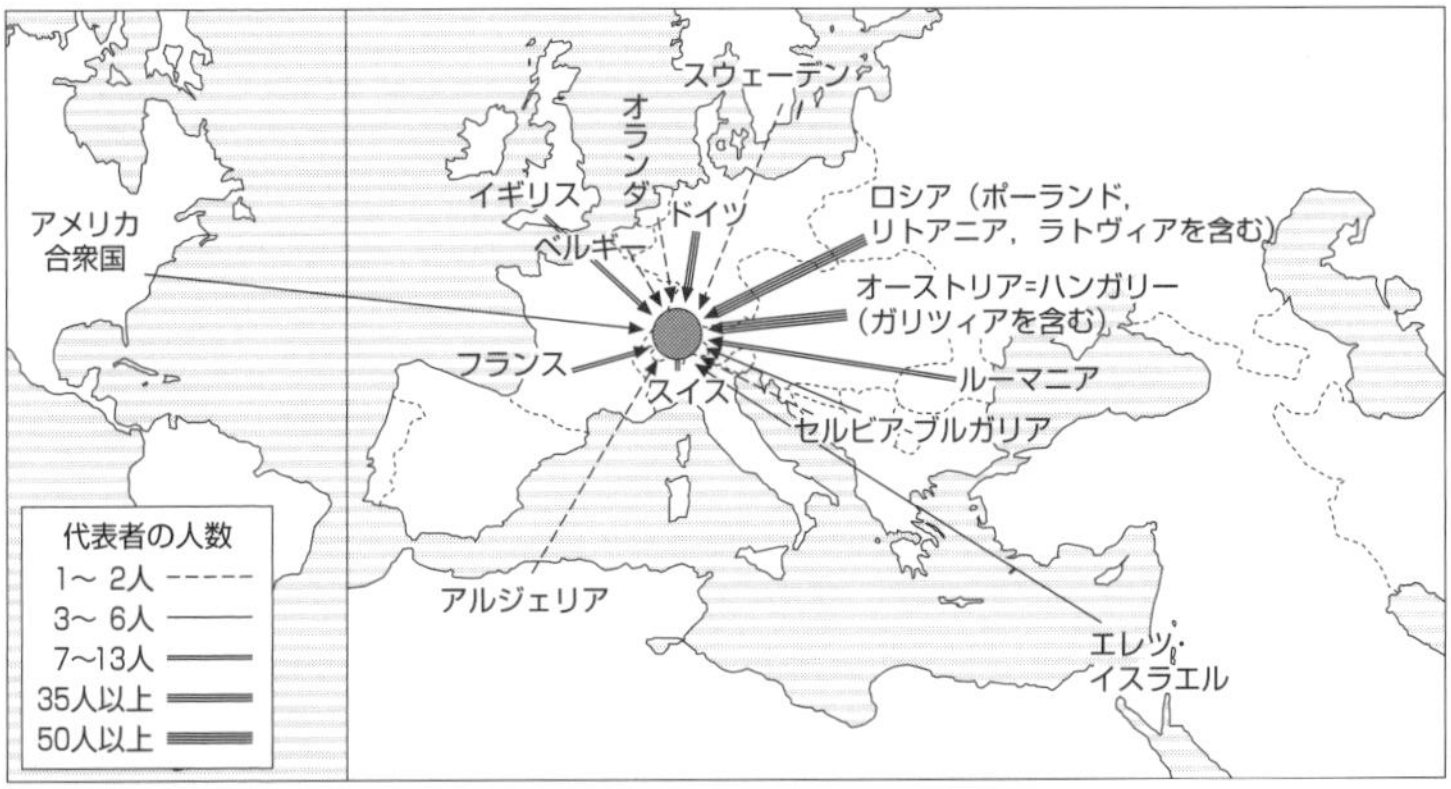

第１回世界シオニスト会議の地域別出席者

第２回世界シオニスト会議　1898年の第２回会議（バーゼル）の壇上で，ヘルツルが演説をしている。政策文書を作成したノルダウ，のちにイスラエル初代大統領となるヴァイツマン，ユダヤ教の祈禱用ショール（タリート）の青と白をシオニストの旗に採用したヴォルフソンらも参加した。

オスマン帝国皇帝への説得に努めた。当時はドイツとオーストリアがエルサレムに地歩を固めつつあった時代であり、それは彼にとって決して夢物語ではなかった。

ヘルツルのシオニズムに対する反論

ヘルツルの主張は、西欧のユダヤ人から総じて冷淡に受け止められ、ユダヤ人の生存を脅かすものとして反対された。反対論の主張はさまざまな方向からきた。まず、ユダヤ人を民族とみなしたことへの反対論である。ユダヤ人はとうの昔に、個別の民族たることを放棄し、各国の忠実で愛国的な市民である。フランス、ドイツ、ロシア、オスマン帝国のユダヤ人に共通の絆や利害関心などはない。それにもかかわらず、「ユダヤ民族論」を掲げることは、ドイツの国粋主義者や反ユダヤ主義者を勢いづかせ、ユダヤ人排斥に口実を与えるだけであると。

改革派ユダヤ教は、西欧の離散ユダヤ人を代表する、いわば公式宗教であった。その立場に従えば、ユダヤ教は、近代憲法にいう「宗教」に合致すべきものであり、信仰が基本であった。ユダヤ人の使命は「世界市民」であり、ユダヤ人の会衆は、先進国の忠実なブルジョワ市民たるべきであって、シオニズムはこれらに逆行する思想であった。

正統派ユダヤ教にとって、ユダヤ教は本来、啓示法のハラハーによって統合された宗教共同体であるから、宗教的信念や実践によらずにユダヤ人を定義することをきらった。シオニズムは「創作された伝統」の最たる例で、既存の伝統を根拠にしないどころか、シオニストの大半が無神論者や宗教反対論者とあっては賛成できようはずはなかった。さらに、東欧系も含めて厳格な正統派の視点からすれば、シオニズムは、神にのみ帰すべき救済の到来を人為的に早めようとする試みにほかならず、それは神に対する冒瀆にほかならなかった。したがって、彼らは、聖書がいう「悪人」であって、悪人に加担するな〔ミシュナ・アヴォート一・七〕、諸国民に反抗するな〔バビロニア・タルムード、クトゥボット篇一一一a〕、というラビの教えによって、シオニズムを拒否したのである。

シオニズムには二つの問題点が含まれていた。一つは、ユダヤ人の定義に関して民族の概念を中心にすえたこと、そして第二に、それがたんに定義上の問題としてではなく、主権国家建設という実践的な政治目標と結合して提示されたことである。しかし、そのいずれもが、大半の同化ユダヤ人にとっては、非現実的で、民族と定義したところで、国家建設など空想家の妄想にすぎず、実現の見込みはないと思われた。シオニストからみれば、まさにそういう冷淡かつ無関心な態度こそが問題だったのである。

3　東欧のユダヤ人

東欧ユダヤ人とロシアとの出会い

東欧ユダヤ人社会は、二十世紀前半には八〇〇万人にもおよぶ人口を擁し、周囲の国家に同化することもなく、ユダヤ教独自の諸要素を発展させていた。この地域自体が、さまざまな点で、西欧とは異なる歴史を歩んできたためである。中東欧の諸民族は大帝国に征服され、その愛国主義は、「観念に対する忠誠心、幻影に対する献身」といった性格を帯び、領土的統治と主観的民族情緒とが切り離されていることこそがもっとも重要な要素であって、それは西欧の国民にはほとんど理解しがたいものであった。

このような状況にあって、ポーランドのユダヤ人がロシアと本格的に出会うのは、帝政ロシアによるポーランド分割においてであった。一七七二、九三、九五年の三次にわたる分割によって、ポーランドのユダヤ人約一四〇万人は、ロシア支配下に入った。ここに、エカチェリーナ二世治下の帝政ロシアによる東欧諸民族支配が本格化した。少数民族の自治を廃止して、専制による厳しい行政措置によって、都市民、商人、農民などの異なる階層別に社会を構造化することをめざしたと考えられる。ユダヤ人に対する政策は、ロシア本土への移住を阻止しつつ、ロシアへの同化を推進することであった。

この基本政策によって、ユダヤ人に対する居住地の制限が始まり、一八三五年、正式に法令化された。これが西欧とロシア本国の中間でバルト海から黒海までのユダヤ人定住地域(ペイル)であった。面積が約一〇〇万平方キロもあって、日本の国土の三倍である。ここに、一八九七年の人口調査で、ユダヤ人が総人口の一一・六%、四八九万九三〇〇人で、その八割が、都市や小都市シュテットルなどに住み、都市部だけで総人口の三七%を占めた。

アレクサンドル一世(在位一八〇一~二五)時代は、オーストリア帝国を手本として、ロシア語教育と農耕定住化をめざすが、反動政治へと転換する。次のニコライ一世(在位一八二五~五五)時代は、ユダヤ人の強制的な同化あるいはロシア化をはかって兵役を強化し、通常の二五年間の兵役制に追加して、カントン制と呼ばれる若年徴兵制度を導入した。この徴兵制は、十二歳から十八歳までの幼年兵を一定数、

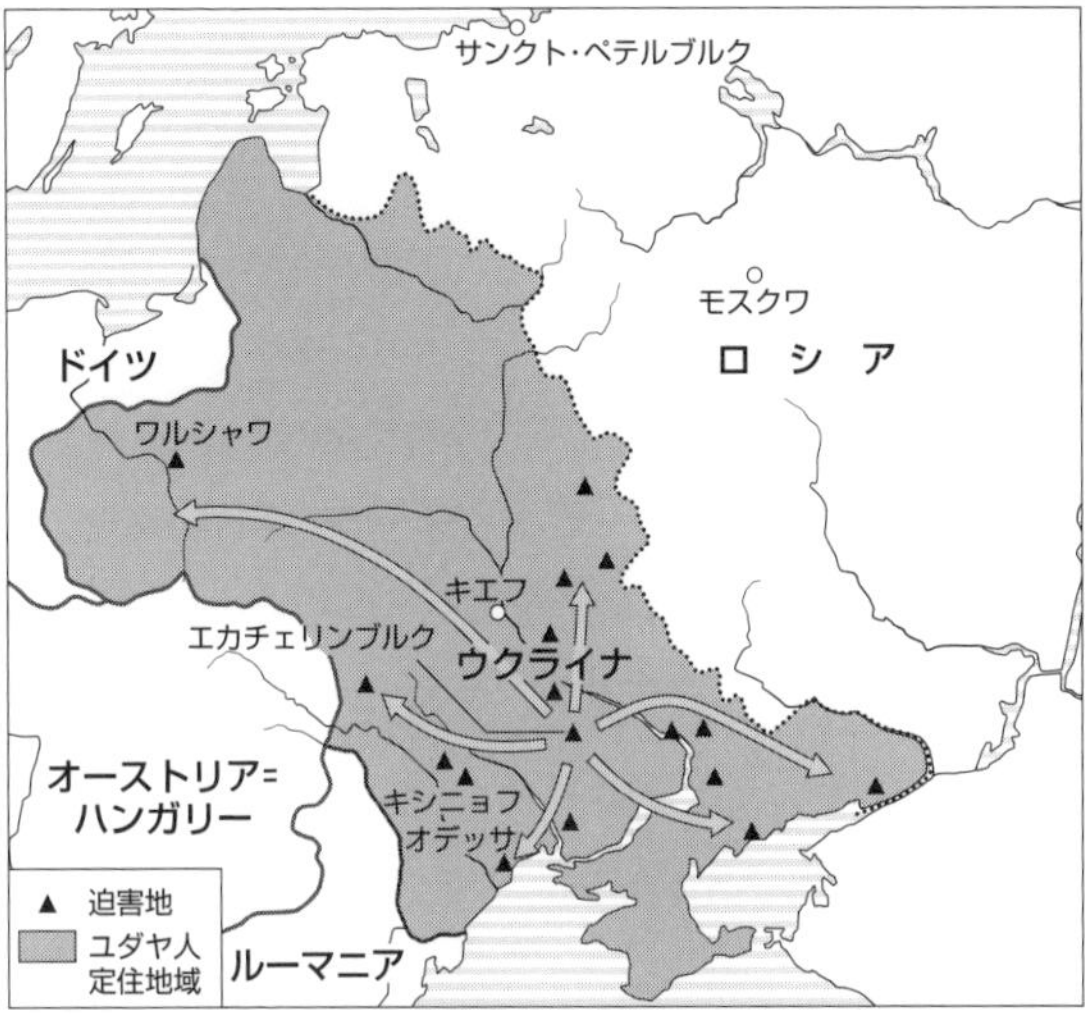

ウクライナのポグロム（1881〜84年）

ユダヤ人共同体に割り当て、親や共同体から隔離して、ユダヤ教を禁じ、ロシア語とキリスト教の教育で同化を推進することを目的とした。彼らは十八歳になると通常の軍隊に配属になり、さらに二五年間の兵役に服した。ユダヤ人側は、割当人数を確保するために、人を使って幼児を誘拐したとされ、これがケヒラー（ユダヤ共同体）のラビの権威を失墜させる要因ともなったといわれる。また、ユダヤ人社会を解体して職業別の再編を目論み、定住地域内での強制移住や追放命令を発令した。アレクサンドル二世（在位一八五五〜八一）時代になると、穏健な宥和《ゆうわ》政策へ転換し、カントン制が廃止され、ユダヤ商人、知識人、熟練工などが、旧ロシア帝国内への移住を許可された。

　これら三皇帝の八〇年におよぶ時代にあって、ユダヤ人人口は、一八〇〇年の二〇〇万人から、八〇年には五二〇万人に激増した。たびかさなる強制移住、さらに人口急増による貧困の激化により、シュテットルは失業者であふれ、何万人ものユダヤ人が域内を南下してウクライナ方面に続々と移住した。これが先々の住民との経済的・社会的軋轢《あつれき》を増す原因となった。

そのような状況下で、一八八一年三月に皇帝暗殺が起こった。過越祭《すぎこし》の儀式でキリスト教徒の血を使うという儀式殺人のデマがユダヤ人憎悪をかきたて、エカチェリンブルクから勃発したユダヤ人迫害の暴動(いわゆるポグロム)は、一八八一年から翌年にかけて、ウクライナ全域での大ポグロムへ発展した。ユダヤ人の自衛は暴徒を刺激するという理由で当局から禁じられたため、代表団が皇帝に直訴して治安の確保を訴えざるをえない状況であった。これを契機に、ロシアではポグロムが断続的に一九一七年のロシア革命まで発生する。一九〇三年四月の復活祭にキシニョフで起こったポグロムも、無慈悲さを露呈した。儀式殺人の噂がロシア正教の司祭の口をとおして喧伝され、新聞がユダヤ人殲滅《せんめつ》を叫んだ。キリスト教の幼児の殺害が直接の導火線となり、ユダヤ人に嫌疑がかかり、市内各地で暴動へと発展した。二日間、役所も警察も沈黙し虐殺を放置したため、一〇〇人以上が殺害され、けが人は一〇〇〇人を超えた。

人口増大、貧困と生活苦、そしてポグロムの恐怖が重なって、西側諸国への移民が急増し、一九一四年までに二〇〇万人がその最大の受入国アメリカへ移住した。そうした大移民の影に隠れるように、パレスチナへ向かう若者がオデッサの港を出帆したのである。

東欧ユダヤ人の生活空間と精神世界

東欧のユダヤ人社会というときは、西欧のゲットーを思い浮かべるべきではない。人口の一〇%にものぼるユダヤ人人口を擁した東欧である。東欧ユダヤ人にとって、特有の社会構造をもつ小都市が一般的な生活の場所であった。これをイディッシュ語でシュテットルという。そこでは、ユダヤ人とキリスト教徒が互いに別々の生活様式に基づいて共存していた。東欧ユダヤ人が大挙してアメリカに移民したとき、この小都市の伝統的な生活様式が、ニューヨークなどの近代的大都市の真っただ中に出現することになった。そのシュテットルとはどのような街だったか。

ユダヤ人がいれば、不可欠の施設としてシナゴーグがあり、児童のための宗教学校へデルがあり、成人男子がタルムードを学習するベイト・ミドラシュがある。また、すべての場所ではないが、タルムードの高等教育のための専門的な施設であるイェシヴァも不可欠である。公共の慈善施設は貧者への施しのために不可欠であるし、女性の生理の穢れを清めるには儀礼的沐浴施設《ミクヴェ》がなくてはならない。墓地とヘブラー・カディシャーと呼ばれる葬儀組合、日常の食生活では、資格をもつ家畜処理業者ショヘットや食物規定に則った料理店や精肉店が不可欠である。もちろん、肉食といえば、週に一度、安息日の晴れやかな食事として供される程度のつましさであった。日々のパンを売る店もある。付近の農村から農民が作物を運び込み、各地の商人も商品を持ち込んで、シュテットルの目抜き通りは青空市で賑わう。昔ながらの服装、日々の祈り、そして、喜びと安らぎをもたらす安息日の静寂と祭日の華やかさ——外の世界に何か事件が起きなければ、これらの日々の営みは何の変化もせずに守られていく。しかし、暴動は突然起こり、軍隊は突然やってきた。

十九世紀の東欧ユダヤ人社会においては、三つの突出した運動がしのぎを削る状態にあった。これが、ときにはユダヤ人同士の激しい敵対関係を生んだが、極めて創造性の高い文化が産出された。これら三要素は、相互の葛藤のなかで渾然一体となって東欧のユダヤ的伝統を醸成していたともいえ、それが、ユダヤ精神の精神的源泉として、西欧の同化ユダヤ人から憧憬の眼差しをもって見直されたのであった。その三要素とは、正統派ユダヤ教、ハシディズム、ハスカラーである。このなかで、ハシディズムとハスカラーの運動は、ハシディズムがキリスト教敬虔主義との共通性をもち、ハスカラーが啓蒙主義の一部でもあるから、西欧的な一般概念をとおして理解が得やすい。これら二つがはたした役割については、例えば以下のように要約できる。

ハスカラーの運動は、十九世紀後半、都市部においてユダヤ知識人を刺激し、ヘブライ語の復活、政治的シオニズム、労働運動などを生み出していった。他方で、ウクライナとポーランドを基盤としたハシディズムは、正統派ユダヤ教からたびかさなる破門宣告を受けつつも、ユダヤ人大衆に、祈りと神の臨在体験による信仰の覚醒や預言者的直接体験の復活をもたらした。十九世紀の中期には、ユダヤ人家庭がハシディズムのいずれかの系列に属することが通例となるほど社会に食い込んだが、その過程で急速に保守化した。

このような両運動の浸透は、東欧ユダヤ人社会のユダヤ精神なるものの特徴として特筆されるが、それらに比肩する影響をおよぼしたのが、リトアニアの正統派ユダヤ教におけるタルムード学であった。

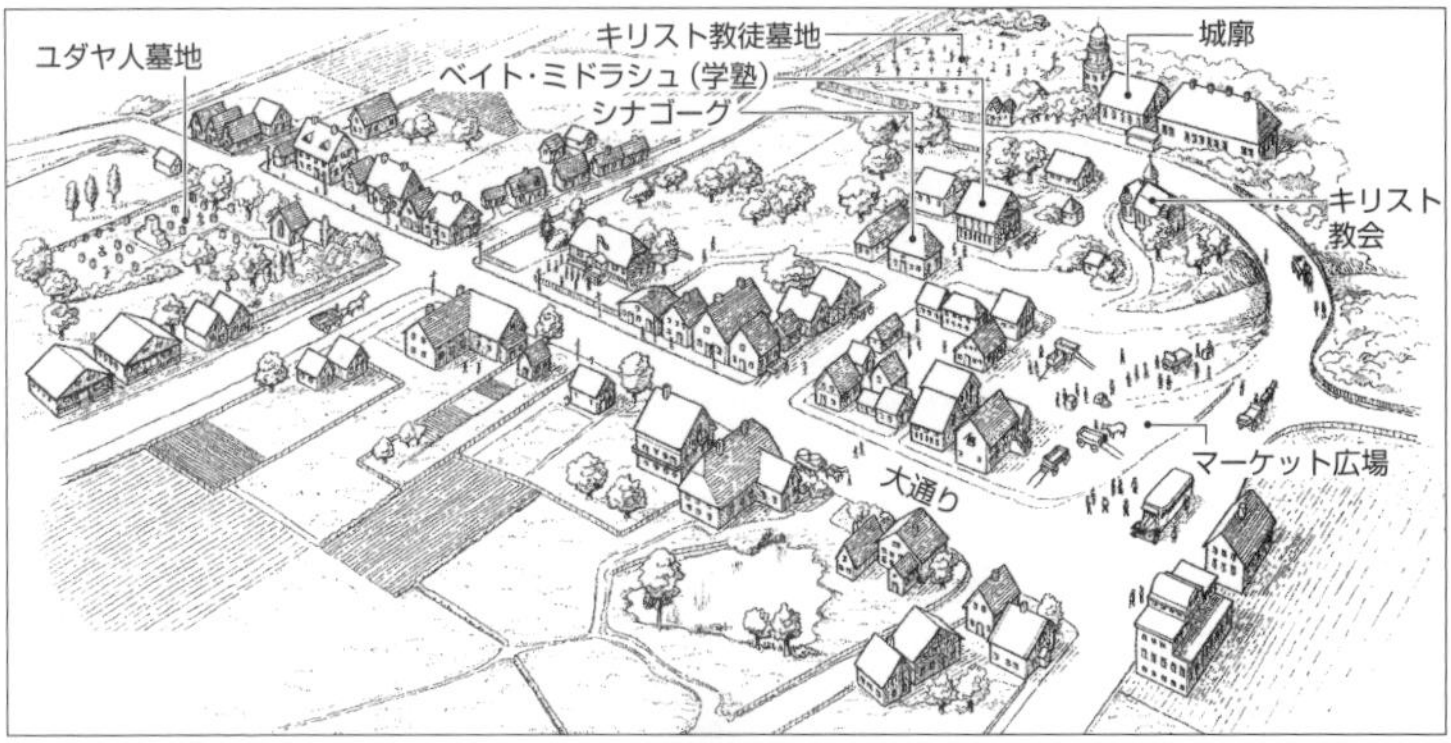

1930年代リトアニアのシュテットル

クラクフのラビ(ポーランド)　全身黒ずくめの正統派ユダヤ教徒の格好の由来は，中世ヨーロッパにいたユダヤ人がもっとも質素な服装だと考えて着用したものであるが，ほかにもポーランド貴族の服装を模したものであるという説も存在する。

ウッジのユダヤ人街(ポーランド)　ウッジはポーランド中央部にあり，「ヨーロッパのへそ」と呼ばれる。ポーランド第二の都市で，ここにはポーランド人のみならずドイツ人，ユダヤ人が多く居住していた。

当時、正統派ユダヤ教の中心地はリトアニアにあった。ここでタルムード教育が大改革を遂げ、ムーサル運動が倫理的覚醒を生んだのである。この正統主義が基盤となりえたことで、ユダヤ人社会は、ハスカラーの脅威に対抗して、ハスカラーを活用しつつユダヤ教の法的伝統を蘇生させることに成功し、他方では、ハシディズムが異端化するのを阻止して、ユダヤ教の情緒的側面を深化させることに成功した。それを支えた正統主義には、ヴィルナのガオンの衣鉢を継いだ二人の傑出した人物の働きがあった。

タルムードの生きた伝統とムーサル運動

リトアニアのイェシヴァは十九世紀のロシア系ユダヤ人社会全体に深い精神的な影響を与えた。ヴィルナ(現ヴィリニュス)にユダヤ教の黄金時代を築いたヴィルナのガオン(大指導者の尊称)には、一番弟子ヴォロジンのラビ・ハイムがいた。彼は、師の没後、小都市ヴォロジンに、ガオンの教えに則ったタルムード学校ヴォロジン・イェシヴァ(一八〇二～九二年)を設立し、少数精鋭の寄宿教育を実施した。それは当初、十数人の子弟を受け入れたにすぎなかったが、ハイムの人望ゆえにまたたくまに評判を呼び、学生数は急増し、リトアニアやロシアの国内外から有為な若者が集った。数年の教育を終えて巣立った彼らは、各地へ散ってあらゆる種類の職業において才能を開花させていった。その後、リトアニアには十九世紀の後半に、その学を受け継いだ弟子たちにより、ラビ・ハイムに倣った学塾が次々に設立され、タルムードを学び魅力を感ずる若者をさらに多く育てる体制がつくられていった。二十世紀になって第一次世界大戦のとき、ドイツ軍の侵攻のため、それらがロシア各地に疎開したことがきっかけで、さらに広範囲の影響を与えるに至った。

ラビ・ハイムは、その穏健な人柄から、師匠がハシディズムに対して突きつけた破門状には署名せず、またその協調性を重んずる人柄から、ハシディズムが異端化するのを恐れ、ハシディズムの当時の有力者の一人、シュネウル・ザルマンの申し出を受けて、和解の道を模索し、ハシディズムの有為な若者でさえもイェシヴァに入学することを奨励した。若者がハシディズムに魅了され、啓蒙主義が同化を促すなかでの出発であったが、ユダヤ啓蒙主義者が「狂信的ラビの牙城」と形容するものに成長し、また、ラビの養成を目的としなかったが、伝統的なラビ養成機関と競合関係にあった。十九世紀のロシア中の優れたラビやタルムード学者のほとんどはこのイェシヴァの出身者ともいわれ、ロシア政府はその影響力を恐れて取潰しを画策した。

その学塾は、かつて在籍したヘブライ詩人のハノホ・ナフマン・ビアリクが「ユダヤ民族の魂が形づくられた場所」と評し、その後の東欧の多くの偉大なタルムード・アカデミの祖型となり息吹の源泉となった。そこでは、学生同士の共同学習もあるが、もっとも重視されたのは自習であった。自ら考えて既成の解釈に拠らない解釈が追求された。日課は、朝の祈り、朝食のあと、塾長によって各週のトーラー朗読箇所(パラシャト・シャヴーア)の講義があり、十時から十三時までは、指導者との学習と塾長の講義、昼食後、十六時に午後の祈り、その後は、二十二時まで学習、続いて、夜の祈りと夜食、その後は、自習と就寝、午前三時に起床、朝八時まで学習となっていた。

ヴォロジン・イェシヴァの学問が、タルムード中心であるゆえに、弁証法的解釈技法へと流れる傾向が危惧されるなか、ユダヤ教の倫理的側面を強化しようとしたのが、リトアニアのサラントのラビ・イスラエル（イスラエル・サランター）であった。ヴォロジンのラビ・ハイム亡きあと、一八四〇年代にハスカラー運動が激化し、ロシアの同化政策が浸透するなかで、彼はいわゆる「ムーサル運動」を組織化した。ムーサルはヘブライ語で倫理の意である。これは、日常生活において、善意のみならず実践こそが重要であるという確信に基づいて、正統派ユダヤ教的精神生活を覚醒させることをめざした活動であった。その教説で克己の倫理を支えたのは、神への畏怖と罪の意識がもつ創造的威力の意義であった。正統派は分派運動として警戒したが、その真意が理解されるや、リトアニアの多くのイェシヴァの教育に受容された。

イスラエル・サランターは、一八四九年にコヴノで独自の神学校を創設し、人格形成理論を実践した。その成功ののち、彼は大胆にもドイツへ移り、ケーニヒスベルクやメーメルなど、同化主義の中心的都市において、生涯教育プログラムの開設やユダヤ的伝統を教える教師の養成機関の設立などを手がけ、正統主義の息吹を伝えた。タルムードの大衆化によってその弁証法による知性の育成をはかり、さらには非ユダヤ人の大学でのタルムード研究をとおして、タルムードに対する誤解や偏見を取り除くことをめざした。一八八〇年代にはパリまで行き、西欧文化の中心に放置されたロシア出身のユダヤ人の組織化に成功し、リトアニアの精神文化の維持に努めた。リトアニアのイェシヴァの影響は遠くパリにまでおよんでいたと推測される。

こうして、リトアニアには、ユダヤ教を支える三つの要素が適度に調合された学問的伝統が形成されたといえよう。かつてミシュナの賢者はユダヤ教を支える三つの柱として、トーラー（神の教え）とアヴォダー（労働・神殿奉仕・献身など）とグミールート・ハサディーム（慈善行為）をあげたが、その故事になぞらえ、東欧では、ヴィルナのガオンと弟子のラビ・ハイムがトーラーを、ハシディズムがアヴォダーを、サランターがグミールート・ハサディームをそれぞれ満たしたと評される。

十九世紀後半には、ヴォロジン・イェシヴァを模範とするイェシヴァ七校が創設された。タルムードの弁証法的技巧への傾斜を警戒して、サランターの提唱したムーサル運動の教育理念が導入されていく。リトアニア型イェシヴァ以外も含めて著名なイェシヴァの設立は、一八〇七年にプレスブルク（ブラティスラヴァ）、一五年にミール、五一年にアイゼンシュタット、七二年にコヴノ、七五年にテルズ、八二年にスロヴォドカ、八五年にリッダ、九〇年のフランクフルトなどである。

東欧ユダヤ啓蒙主義の諸運動

十九世紀帝政ロシアは、ナポレオンに勝利したのち、ドイツやオーストリアとともに神聖同盟を結んで、帝政とキリスト教に支えられた支配体制を維持した。帝政ロシアは、ギリシア正教の伝統にそって、強力な皇帝教皇主義を実践した。そうしたなかで、西欧啓蒙主義やロマン主義の新思潮が、ドイツを経由して流入してきた。その影響は、ロシア支配下のユダヤ人社会にも、都市部の知識人層を中心に徐々に浸透し、東欧においても、西欧に遅れつつも、ハスカラー運動が展開することになった。その特徴はしかし、西欧のハスカラーとは異なり、ある独自の役割を担うことになる。

ユダヤ啓蒙主義者マスキリームは、西欧ではユダヤ人の国民性を放棄しユダヤ教の「宗教」としての視点を強調したのに対して、東欧では、ユダヤ人の「民族」としての復権の唱導者となった。これには、東欧ユダヤ人のみならず、十九世紀後半のドイツやロシアの国家思想それ自体の傾向も大きく影響している。ハスカラーが具体的にどのような思想と活動を生んだかを、ポグロムとの関係をとおしてみてみよう。ここに具体的な切実な問いとの格闘の跡をみることができる。

一八八一年のポグロムはロシアへの適応をめざした活動を断念させ、父祖の地への愛と土地開拓を目標に掲げた自発的な運動をロシア各地で活発化させ、翌八二年には、篤い志の者によりパレスチナへの第一次アリヤー(アリヤーは上昇、上京の意)の入植が始まった。これをヒッバト・ツィオン(「シオンへの愛着」)の運動と総称する。同年、オデッサの医師レオン・ピンスケルが匿名でユダヤ民族の政治的蘇生を訴える小冊子を著すと、この運動は求心力を得て、一八八四年に全体会議が召集され、相互扶助が約された。彼らは、現地での開墾には農業の知識が不可欠であることを認識し、その習得と基金の募集を開始した。

ヒッバト・ツィオンを指導したのは、文化的シオニズムの主唱者とされるアハド・ハーアム(一八五六年、キエフ生まれ)である。「民の一人《アハド・ハーアム》」というのはペンネームで、本名はアシェル・ギンツベルグという。世俗化過程がユダヤ人社会内部をも侵食していることを察知した彼は、パレスチナで再生されるユダヤ人社会は、伝統的なユダヤ教ではなく、ユダヤ民族意識に基礎をおいた新たな世俗文化でなければならないと考えた。世界中のユダヤ人が帰還するのは非現実的であり、将来も離散ユダヤ人は存在する。

その人々が同化してユダヤ性を喪失しないようにするには、パレスチナのユダヤ人が、離散ユダヤ人を教導する精神的中心にならねばならない。そのための核になるのが、ヘブライ語の復活であり、ヘブライ文学の覚醒である。これが聖書以来のユダヤ人の創造性を受け継いで発展させることができると。こうして、彼の存在は、ユダヤ的伝統の諸々の絆が弱まっていくことに対抗して、ユダヤ的価値を再評価する新たな学問的潮流をもたらした。

こうした潮流は、ハノホ・ナフマン・ビアリク(一八七三年、ロシア生まれ)に引き継がれ、自ら優れたヘブライ詩を紡ぎ出し、近代ヘブライ文学を世界的文学の域にまで高めた。二十世紀の初期に、大多数のユダヤ移民がアメリカ合衆国をめざすなかで、オデッサからパレスチナに向けて出帆した第二次アリヤーの一人であった。彼は、その豊富なタルムードの知識をもとにして、タルムードの説話を平易なヘブライ語に翻訳し、ラビ・ユダヤ教のエッセンスを一般大衆の共有物とすることに大きく貢献していく。ビアリクは、ユダヤの文学的宗教伝統を、ユダヤ民族が所有するもっとも価値ある遺産として浸透させ、アハド・ハーアムの文化的シオニズムをみごとに体現した。

シオニズムと異なる立場には、セミョン(シモン)・ドゥブノフ(一八六〇年、ロシア生まれ)がいた。彼は、離散主義を支持する歴史家で、ユダヤ人はもはや国家的・民族的な領土を必要としない独自の民族であり、文化的・宗教的な歴史的連帯意識に基づく精神的共同体である。これはいわば未来の国際社会の模範でありその先取りである。ユダヤ人は離散社会に暮しながら、世俗社会の同化の圧力に対抗して文化的自治を享受すべきであると考えた。これが、一九〇一年に提唱された文化的自治主義である。領土外

コラム　近代化と戦争で壊滅した民族の鎮魂歌――アンスキーの『ディブーク』

ロシア知識人はシュテットルに残る東欧ユダヤ民俗文化とどのように接したか。イディッシュ文学作品として、ミュージカル「屋根の上のバイオリン弾き」の原作、ショーレム・アレイヘムの『牛乳屋テヴィエ』と双璧をなす戯曲として、アンスキー作『ディブーク、もしくは、二つの異なる世界のあいだ――四幕の劇的伝説』という作品がある。ディブークとは憑依《ひょうい》する死霊のことで、この世で願いがはたせずに死んだのち、この世に留まってその思い人に執り憑いた死霊であり、それを引き離すことができるのは、ハシディズムの聖者のみであった。執筆は一九一二年から一七年にかけてであった。

この作品は、ロシアの啓蒙主義を経た知識人が、あらためて東欧ユダヤの伝統世界を再発見した結果生まれてきた作品で、戯曲という創作劇ではあるが、現地での本格的な資料調査によって明らかになった衝撃的な事実に触発されて執筆されている。十九世紀末の日本民俗学と柳田國男がアンスキーと重なり、『ディブーク』が『遠野物語』の面影と重なってみえる。

アンスキーは本名シュロイメ（ソロモン）・ラポポート。一八六三年、シャガールと同郷のヴィテプスクで、正統派ユダヤ教の家庭に生まれた彼は、伝統的な幼年学校であるヘデルに通うが、十代の半ば頃までに伝統世界を捨て、ロシア農民の素朴な世界に惹かれて片田舎で炭坑労働に従事し、さらにはパリで共産主義の精神に魅了され、また、ユダヤ人の労働組織ブンドへ加入してシオニズムへの反対運動に打ち込むなどの思想的遍歴を重ねた。その彼が、一九〇九年頃に、シオニストとの接触で再びユダヤ民族精神への関心を呼び覚ましていた。ちょうど一九〇九年にペテルブルクで創設されたユダヤ歴史民族誌学会に参加し、一二年に調査隊を組織して、当時失われつつあったユダヤ民間伝承の収集を開始し、その収集は一四年にかけて彼を中心に組織的になされた。集められた資料は、写真二〇〇〇点、民話と伝説一八〇〇点、民謡とプリム劇（プリム祭でのエステル記の寸劇）一五〇〇点、ユダヤ民謡の録音ろう管五〇〇個、楽曲と無言歌ニグニーム一〇〇〇曲、無数の格言と諺類、歴史文書一〇〇点、写本五〇〇点、六〇〇〇ルーブルで購入した聖具類など。

一九一四年、第一次世界大戦の勃発で調査は中断されたが、アンスキーは、ロシア軍が展開した東ガリツィアへ遠征し、その地のユダヤ人社会の破壊を目撃した。そればかりか、その地域のキリスト教徒も、ロシアの農民も、カザークの軍人も、等しくユダヤ人への激しい憎悪をいだいていることに愕然とする。旅のなかで彼は重大なできごとを目撃した。それは、行く先々の何十もの破壊されたユダヤ人集落シュテットルには、シナゴーグのかたわらに聖なる墓碑がつくられていて、それは、結婚式の天蓋（フッパー）に向かうさなかに、襲撃で命を奪われた花嫁と花婿の死を記念するという事実であった。一六四八年にフミエルニツキを首領として起こったカザーク反乱の惨劇の記憶が、じつに生々しいかたちで伝承されている。彼は、涙と悲しみのなかで物語を紡ぎ出すことこそがユダヤ精神の活力の源泉であると実感する。

イディッシュ語で話すユダヤ民衆の古い生活様式を探索する旅のなかで、アンスキーは、喪われた民衆そのものの探求をめざしたといわれる。そして、民間信仰を、ユダヤ文化を蘇生させる基盤とみなし、「民族詩歌」という概念を導入した。口伝による膨大な民間伝承こそは、ユダヤ人の過去と未来、知識人と民衆とを繋ぐ掛け橋であり、ユダヤ精神の偉大な産物であると。その後、イディッシュ文化の保存と研究は、YI《イー》VO《ヴォ》という組織に引き継がれ、リトアニア崩壊後は、アメリカへ移って今に至っている。

的・非政治的な自治の推進のために、彼はロシア・ユダヤ人の権利の平等をめざして、いわば市民権闘争を組織化するのである。

この文化的自治主義が、ユダヤ人社会に労働者の社会主義運動を目覚めさせた。社会主義は民族を超えた普遍的連合をめざすのが通例だが、ブンドという組織は、ユダヤ人労働者によるイディッシュ語を使った社会主義運動として一八九七年に発足した。リトアニアとベラルーシでは、ヴィルナ、ヴィテプスク、ピャウィストク、ミンスクなどの大都市に多くのユダヤ人無産労働者がいて、そこに地方組織が生まれ、それが自然と集まってブンドという労働組合の基盤ができた。ユダヤ知識人は、彼らに洗練された階級意識をもたせるための知識と技術を提供することを活動の中心にした。この組織のユニークさは、知識人に嫌悪されたイディッシュ語がまさに労働者の言語としてのみならず、ユダヤ人の民族的・文化的自治の言語としての役割を与えられたことである。

ロシア労働組織が、一九一二年にボリシェヴィキとメンシェヴィキに分裂したとき、ブンドは民族的・文化的自治に好意的な後者との連帯を選び、一七年末には四〇〇の支部と四万人の組合員を擁していた。ソ連から独立したポーランド側のブンドは、その後、ポーランドのユダヤ人社会の中心として活動し、ナチスの侵入時には一〇万人の会員を擁した。

4 中東のユダヤ人

列強の進出とオスマン帝国の近代化

中東の近代は、一七九八年のナポレオンによるエジプト遠征とともに始まった。繁栄を誇ったオスマン帝国も、十九世紀に入ると衰退の兆しを示した。西欧列強、とりわけイギリスとフランスは、インドへの通路として中東の地政学的利点に早くから着目し、その覇権を競って進出した。その際、オスマン帝国の近代化が要請されたが、それは日本の幕末の状況と同様であった。そのうえ中東には聖都エルサレムがあった。聖地に権益のないプロテスタント国家にとって、ここは垂涎《すいぜん》の的でもあった。ここにエルサレムへのキリスト教による進出が本格化するのである。

エジプトでは一八三一～四〇年に、フランスの撤退後もその影響は残り、ムハンマド・アリーがフランス近代教育を導入して、オスマン帝国に対抗し、フランスを後ろ盾にオスマン軍を駆逐し、聖地を支配した。フランスの突出を警戒したイギリスは、神聖同盟の三帝国とともに干渉し、アリーは捕縛され講和が結ばれた。オスマン帝国は一八四〇年に聖地を奪回したが、エジプトに倣って近代化を継続したため、聖地に新時代が到来した。

オスマン帝国の近代化は、「タンジマート」(タンジマーティ・ハイリエの略、恩恵的改革)と呼ばれ、西欧化をめざした改革運動である(一八三九～七六年)。庇護民に同等の権利を定めた「ギュルハネ勅令」で、

バグダードの賢者たち　伝統的なユダヤ人共同体では，会衆の精神的指導者として，ラビやハハムと呼ばれる特別の地位が存在した。バグダードのハハムはタルムード期にまで遡る賢者の末裔で，長い伝統を誇った。

帝国内の全臣民に法の前の平等を定め、生命・名誉・財産の保証、裁判の公開、徴税請負制の廃止、徴兵制の改善などを約束した。これは神権的イスラーム国家では想定できない決定であり、法治主義的近代国家へ一新したことを意味する。しかし、改革は地方では進まず、バルカンの庇護民の反乱が一八五四年のクリミア戦争へと発展した。

統治制度の近代化では、帝国内の少数宗教民族集団の自治体制を承認したことが重要である。これによって、帝国内のユダヤ人は、イスタンブルの主席ラビ（これをハハム・バシと呼ぶ）のもとで自治権を取得し、また、パレスチナに限っては、エルサレムに主席ラビ（リション・レツィオン）が設置された。列強が帝国の首都やエルサレムにコンスル（領事）をおいたことは、現地ユダヤ人の冤罪《えんざい》を救済する助けになった。一八四〇年のダマスクス事件もその一つである。過越祭にダマスクスでキリスト教徒の子どもが誘拐され殺害された。ユダヤ人が容疑者とされ、儀式殺人の噂が広まり暴動の恐怖が広がった。そのとき、この事件がコンスルをとおして国際世論に訴えられ、オスマン政府

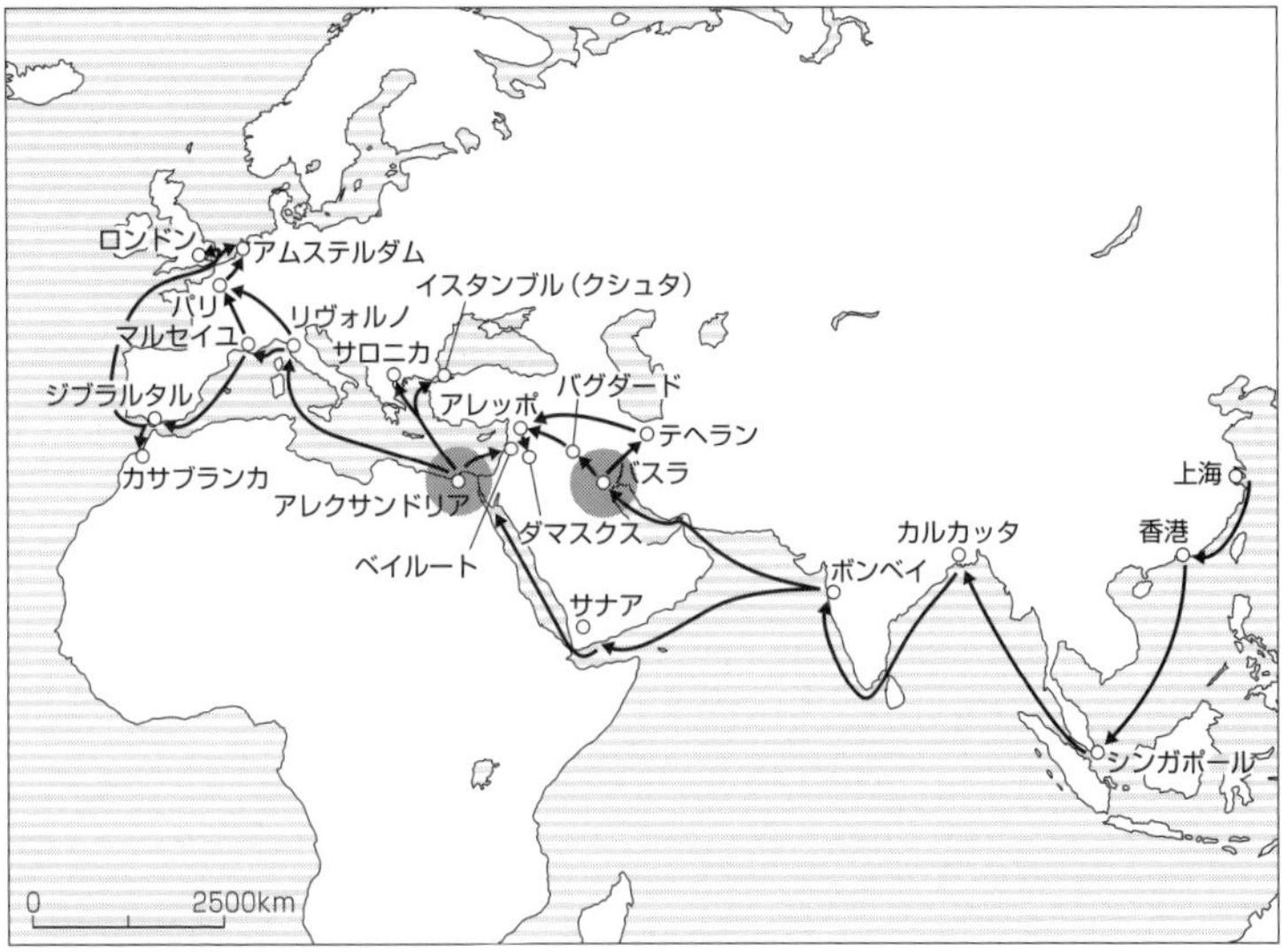

19世紀の国際的な商業ルート

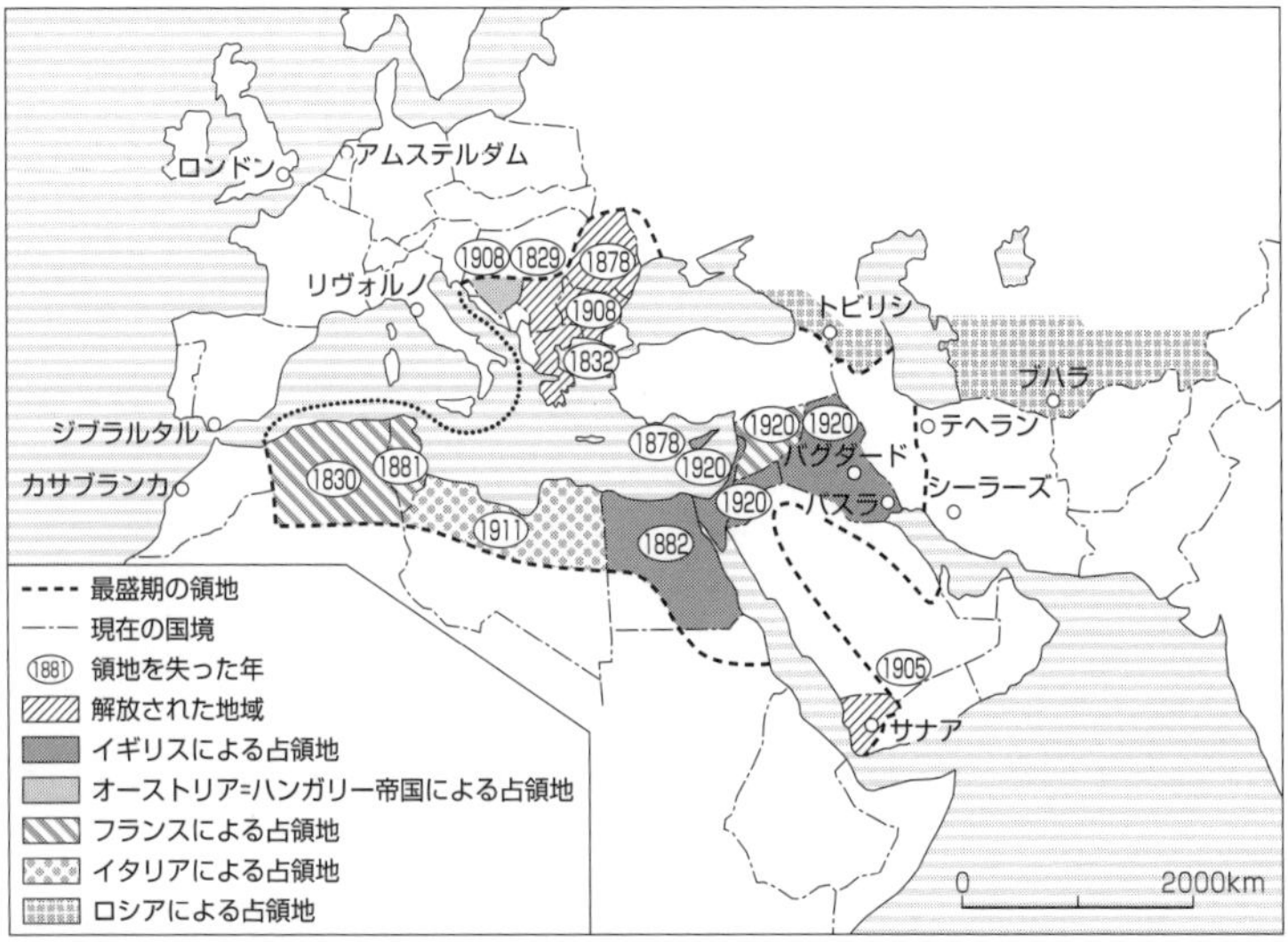

19〜20世紀におけるオスマン帝国の衰退

を動かした。

エルサレムにおけるキリスト教の進出

この時期に、列強のコンスルやキリスト教会の司教座がエルサレムに出現し始めた。欧米の外交使節では、イギリスが西欧で初のコンスルを一八三八年に設立した。その後、一八四〇年以降の一〇年間に、プロイセン、フランス、アメリカ、ロシアなど一〇のコンスルが設置され、世界にこれほど多くコンスルをおく都市はない、といわれるほどに急増した。治外法権が認められたため、自国民の増大によって勢力を誇示し利害を確保する動きが盛んになる。とりわけ、エルサレムに拠点のないプロテスタント諸国とオーストリアは、ロシアやポーランドからきたユダヤ人を、ロシアやフランスが保護を与えないとみるや、彼らに便宜をはかって自国民としてエルサレムに滞在させた。こうしてユダヤ人への庇護と宣教活動が活発化する。一八五六年のクリミア戦争後も、オスマン帝国の民主化は拡大され、六七年には、帝国在住の欧米人がパレスチナで土地を取得することが許可された。ただし、そこは治外法権にはならず、また土地取得にはその外国人の所属する国家の同意が求められた。

エルサレムのユダヤ人人口は、一八四〇年から七〇年にかけての三〇年間で、倍増した。それまで、中心地はパレスチナ北部の高地ツファト(サフェド)で、当時ユダヤ人は二〇〇〇人いたとされているが、一八三七年に地震で被災したため、エルサレムへ移住する。エルサレム城壁内の人口は、ユダヤ人が一八四〇年の五〇〇〇人から、六〇年には八〇〇〇人、七〇年には一万一〇〇〇人に増加した。イスラーム教徒が六〇〇〇人、キリスト教徒は五〇〇〇〇人とされている。人口増加の理由は、中心の移動とともにこうした巡礼者をめぐる特殊事情が働いていた。

ユダヤ人以外の人口も増加をみた。現地のアラブ人と欧米からの訪問者である。なかでも、キリスト教会の活動には、さまざまな近代化の要素が含まれていた。一八三〇年代のエジプト治世下で、宣教基地の設立が始まって以来、エルサレムには、病院、女子学校、職業学校、教会が続々と建設されることになった。

中東初のプロテスタント教会「イエス・キリストの教会」が、一八四一年にヤッフォ(ジャッファ)門に近く、ダビデの塔の真向かいに設立された。発掘中に重要な遺物が発見され工事が遅れたが、ここを中心に「プロテスタント地区」が形成されていく。当初は、イギリス・ドイツ両国が共同して交互に司教を選任したが、イギリス人が短命で、ドイツ人が長く務める結果となり分裂した。ドイツは、一八四一年からエルサレムに女子学校「タリタ・クミ」を創立し、アラブ人子弟の教育を促進し、新しい農場経営モシャバ・ゲルマニートを開設する。フランスのカトリックとも協力関係を結んだ。

病院に目を転ずると、イギリスは一八四二年に、ユダヤ人地区のユダヤ人を主たる対象に病院を設立。これに対抗して、ユダヤ人組織も病院を設立した。まず、モンテフィオーリ伯が診療所の設立と医師の派遣をおこない、一八五四年にロスチャイルド卿が初のユダヤ系病院を建設した。その四年後には、別の「病人の訪問」病院が開設される。カトリックはこれに対抗して、フランシスコ会の病院「聖ルイ」を、またギリシア正教もプロテスタントも、対抗してさらに病院をつくった。こうして、十九世紀の初

19世紀のエルサレム　1860年代にフランス海軍兵士が聖地訪問で素描した絵は，西欧で評判を得た。当時，住民はベドウィンの襲撃を恐れて城壁外に居住しなかったが，80年代からユダヤ人が城壁外に居住し始めた。

「嘆きの壁」で祈る女性たち
神殿崩壊とバル・コフバの反乱以後，近代に至るまで，ユダヤ人は神殿の丘への自由な出入りを禁じられた。年に一度，アブ月９日の断食日にここで喪に服し祈りを捧げることが許された。

聖墳墓教会　336年コンスタンティヌス帝はイエスが葬られ復活したとされる場所に聖堂を建立。11世紀ファーティマ朝により破壊されたが，その後十字軍が改築した。教会内ではキリスト教各派が独自に行事をおこなう。

岩のドーム　ウマイヤ朝カリフは638年エルサレムに入り，荒廃した神殿の丘の，聖なる岩の上にモスクを建立。その岩はムハンマド昇天のほか，イサク奉献の祭壇，ユダヤ教神殿の至聖所の場所と伝えられている。

めには、西洋式の病院が皆無だったエルサレムには、病院があふれるまでになった。

ドイツは、一八七一年の統一以後、民族的な一体感による活動が顕在化する。すでにプロイセンが、聖墳墓教会の南側で城壁内の一等地ともいえるムリスタン地区に、オスマン朝から土地の寄贈を受けていたが、一八九八年、ドイツ皇帝ヴィルヘルム二世のエルサレム訪問に合わせて、そこに尖塔をともなうルター派の救世主教会を設立した。それはナポレオン遠征の一〇〇周年を祝して落成した。

十九世紀まで、悲しみの道《ヴィア・ドロローサ》(ナザレのイエスの刑場への道行とされる経路)には教会は一つもなかったが、フランシスコ会により十九世紀になってはじめて「鞭打ちの教会」がつくられた。その後、マリアの母、聖アンナの教会がフランスの所有になる。これは、十字軍時代の教会が長くムスリム(イスラーム教徒)の学校として使用されてきたものだった。さらに「シオンの娘たちの教会」などの設立が続き、その過程でキリスト教徒がムスリム地区に進出した。オーストリア帝国も、ヴィア・ドロローサと谷の道の交差点に巡礼宿を建設した。ギリシア正教・ロシア正教は、聖墳墓教会やムリスタン地区の「洗礼者ヨハネ教会」などを修復し建造した。

巡礼の活発化の要因として無視できないのが交通網の発達であった。十九世紀の三〇年代から四〇年代には、蒸気船の就航によって、巡礼の旅が短縮され安全になった。それまでは、帆船で海賊の被害も多く、巡礼は命がけの冒険だった。フランスはマルセイユ—ベイルート間、マルセイユ—アレクサンドリア間に就航し、オーストリアは「ロイド社」がトリエステ—ベイルート間、トリエステ—アレクサンドリア間に就航し、パレスチナのヤッフォ(ジャッファ)にも投錨した。ロシアはオデッサと東地中海の港湾都市とのあいだを就航した。一八六九年にはスエズ運河が開設され、欧米の要人の聖地巡礼が活発化した。

ヤッフォ港からエルサレムまでの陸路は、ロバ・馬・徒歩であったが、一八六〇年代には馬車道が敷設された。オーストリアのフランツ・ヨーゼフ一世は、巡礼の際に馬車を積んできたので、聖地にはじめて馬車が走った。

聖地では、コンスル制度や治外法権、また種々の禁止条項の解除により、生活が向上し安全も増した。これが巡礼の数をさらに増す要因にもなった。なかでも、ロシア正教の巡礼はとくに盛んで、最大規模でおこなわれた。その他のキリスト教徒も巡礼にきたので、エルサレムの巡礼宿や売店は繁盛した。キリスト教の巡礼に比べると、ユダヤ人の巡礼目的は違った。彼らの願いは、エルサレムに住んで、学び、そして死んで、オリーブ山へ埋葬されることである。その生活の糧を支えることが、離散の民の義務でもあるため、エルサレムの賢者は離散の地をめぐっては、聖地の様子を語り、聖地の新たな教えを語りながら、そのための資金カスペイ・ハルッカー(聖地生活者維持のための分担義捐金《ぎえんきん》)を集めた。

フランスと世界イスラエル同盟の活動

フランスの影響力が、オスマン帝国内や北アフリカで高まるなかで、近代化と権利の獲得が進行した。例えば、アルジェリアは一八三〇年にフランスに征服され、ユダヤ人は四二年にフランス法の支配下に入り、政教分離によりユダヤ法廷の権限は宗教的事項に限定された。さらに一八七〇年には、フランス

ミクヴェ・イスラエルの教師と生徒たち　パレスチナ最初の農学校として，世界イスラエル同盟が1870年に創設した。この学校は農業技術の向上，パレスチナ各地の農村のネットワークづくり，ヘブライ語の教育や普及などを理念とし，現在も活動している。

ボスニアのスファラディ系女性　ボスニアの，スペイン出身のスファラディ系ユダヤ人社会は，著しくトルコ風のファッションに影響されていた。

本国と同様に、アルジェリア生まれのユダヤ人もフランス市民として自由と平等の権利を取得する。チュニジアでも、一八五七年に、ユダヤ人はイスラーム国家の庇護民であるとしながらも、国民全員に権利の平等を定める憲法が発令され、八一年にはフランスの庇護下に入った。モロッコのスルタンも、一九一一年にユダヤ人に同等の権利を賦与し、翌年からフランスの庇護下に入る。こうして、北アフリカのユダヤ人は、フランス政府の近代化の恩恵に浴してフランスとの一体化をめざしたが、イスラーム教徒は、シャリーア(イスラーム法)には世俗法と宗教法のあいだに区別はないとの立場を貫き、西欧の法律が聖俗二法を截然と区別するのを不可解なものとみなしてフランス政府と対立した。このときのユダヤ人に対する不信感が、のちに各国がフランスから独立する際、ユダヤ人が出国をよぎなくされる遠因となった。

近代化は、西欧の植民地支配者のみが実施したのではなかった。フランスでは一八六〇年に世界イスラエル同盟を設立し、ユダヤ人も近代化へ乗り出した。ヘブライ語では、「コル・イスラエル・ハヴェリーム」(全イスラエルは仲間である)という。諸外国、とくにイスラーム圏のユダヤ人の法的地位の向上、権利の取得、文化の興隆をめざして、その手段としてフランス語による近代教育を推進した。最初の学校が、一八六二年にモロッコのテトゥアンに設立され、第一次世界大戦による中断までに、一八八の学校が、北アフリカ、バルカン、中東地域に設立された。農学校も、パレスチナのミクヴェ・イスラエル、チュニジアのジェルバ島、トルコのイズミル近郊に、それぞれ設立された。また女子学校では、ミシンを使った裁縫なども習得された。このほかにも、パレスチナには、西欧の有力者による生活改善や経済開発の援助が実行された。モンテフィオーリ伯やロスチャイルド卿は、ブドウ栽培やワイン醸造、エルサレムの居住改善などにも援助をおこなった。

ここまでの段階では、国家建設を目的に移住し入植したユダヤ人は存在していない。そうした移民の第一陣は一八八一年のロシア・ポグロム直後の第一次アリヤーであるが、これは土地の開拓をめざしたが十分な成果をあげられなかった。本格的な活動は、世界シオニスト機構（WZO）の結成後、一九〇四年から一四年におこなわれたロシアからの第二次アリヤーであり、建国に貢献したおもだった人々がこの若き開拓者から輩出する。

新秩序の模索と民族主義運動

オスマン帝国が衰退をたどった十九世紀末から二十世紀にかけて、中東の未来は、欧米型の主権国家の建設へ向かうのか予断を許さなかった。近代国家が政府・領土・軍隊などを統合するには、基盤があまりに脆弱《ぜいじゃく》だったからである。この地域では三つの強固な伝統的理念が人々の心を支配してきた。第一に、五〇〇年近くを支配したオスマン帝国の統治方式と行政網である。少数民族の統治方式であるハハム・バシ自治制度も、イスラームの伝統である庇護民支配に由来する方法であった。第二に、イスラーム的普遍主義である。各地の権力者や有力者を抑えて、イスラーム理念によって広大な地域を統治しえたオスマン帝国の歴史的役割の継承が重要であった。第三には、アラブ部族組織の強固な結束力である。

十九世紀後半から二十世紀前半にかけて、中東では反植民地運動・反帝国主義運動が主流となり、非宗教的ナショナリズム運動、民族国家建設運動や、イスラーム復古主義的なサラフィー主義運動がしのぎを削り、一九二八年にはエジプトで近代主義のムスリム同胞団が設立された。こうして、中東における近代主権国家建設問題は、二十世紀を貫く難問となるのだが、まさにその渦中にシオニズムのユダヤ国家建設運動がかかわってくる。

近代国家は新しい社会統治であるが、領土は何に基づいて区切られ、国民は何を単位として統一されるのか。国民を構成する人々はどこに一体感を見出すのか。各地にはアラブ人以外に、トルコ、アルメニア、クルド、ユダヤなどの少数宗教民族が分散している。また、中東各地の大都市、カイロ、バグダード、ダマスクス、アレッポ、メッカなどには、権力を掌握し覇権を狙う有力者の政治組織がある。そのうえに、西欧列強の植民地勢力が介在してくる。一九一五年、オスマン帝国によるアルメニア人の追放と迫害の事件は、民族国家建設を夢見たアルメニア人の夢が、期待された列強キリスト教国の支持がないまま帝国の厳しい弾圧にあって、もろくも崩れた事例であった。オスマン帝国のユダヤ人自治社会も、シオニズムの理念とは相容れず、この自治体が主権国家へそのまま移行することはなかった。

5　アメリカのユダヤ人

ユダヤ教史の新局面としてのアメリカ

アメリカ合衆国は諸民族の移民によって近代国家を形成した移民国家である。アメリカが唯一の事例ではない。しかし、国家体制の個人主義と民主政治の徹底的実践、信教の自由の保障、そして、国家規模の大きさ、国民を構成する民族や人種の多様さという観点からみて、アメリカはもっとも多様かつ近代的な主権国家ということができる。何よりも、その開かれた社会としての自由さは、ヨーロッパで宗教的・民族的に誹謗中傷され、略奪や迫害にまみれたユダヤ人にとって、十九世紀後半における最大の避難所であり、かつ希望の港となった。

移民は、ユダヤ人に限ったことではない。ドイツ、アイルランド、イタリアなどカトリック系の国民や、ロシア、ポーランドなどスラヴ圏からアメリカをめざして移住し、各自の文化を携えた集団は、「新世界」において新しい民となって蘇生したのである。それゆえ、アメリカにはユダヤ人にとって好ましい条件がたくさんあった。ユダヤ人に対する深刻な宗教的・民族的憎悪がなく、迫害や虐殺もなく、またユダヤ人を疎外する文化もない。こうした背景から、十九世紀に二つの大きなユダヤ移民の波が生じた。第一は、一八四八年の革命から六〇年代にわたるドイツ語圏からの移民、第二は、一八八一年から一九二四年までの、主として東欧からの移民である。

ユダヤ移民とアメリカのユダヤ人人口の推移をみてみよう。一八四〇年から一九五三年までにアメリカに移住したユダヤ人約三〇〇万人は、出身国別の概数で、ドイツの二五万人(八%)、イギリスの一五万人(五%)、フランスの五万人(二%)、他の西欧諸国の五万人(二%)、東欧の二三五万人(七八%)、アジア・アフリカの一五万人(五%)となる。

アメリカでの職業選択をみると、一八四〇年代からのドイツ出身者は、六〇%が商業に従事、手工業

アメリカ合衆国のユダヤ人

表3　ヨーロッパからのユダヤ人移民

期間(年)	移民数(合計)	アメリカへ	イスラエルへ	その他の地へ
1840–1880	220,000人	200,000人 (91.0%)	10,000人 (4.5%)	10,000人 (4.5%)
1881–1900	770,000人	690,000人 (89.6%)	25,000人 (3.2%)	55,000人 (7.2%)
1901–1914	1,605,000人	1,440,000人 (89.7%)	35,000人 (2.2%)	130,000人 (8.1%)

表4　アメリカ合衆国のユダヤ人の推移

年	ユダヤ人の数(人)	アメリカ合衆国の全人口に占める割合(%)	世界のユダヤ人口に占める割合(%)
1820	5,000	0.05	0.16
1850	50,000	0.21	1.06
1880	275,000	0.55	3.44
1900	1,100,000	1.45	10.00
1925	3,800,000	3.25	27.14
1945	4,700,000	3.35	44.80
1972	6,155,000	2.94	42.00

や雇用は一四％、事務員・店員に二〇％、自由業六％であった。勤勉さと自発性ゆえに早期に経済界で成功をおさめる者があり、銀行や金融の分野で頂点を極める者さえ出現したと考えられる。職業の自由とアメリカという広大な市場での商取引という条件が有利に働いた。これに対して、一八八〇年代からの東欧ユダヤ人の場合は、職業別では、手工業の労働者が六〇％、次いで商業二〇％、事務系七％、家事手伝い八％といった状況である。彼らは極度の貧困と迫害から避難してきた場合が大半で、大都市でスラムを形成することが多かった。就職が難しく、しかも低賃金に重労働という厳しい条件が重なった。衣服の分野はユダヤ人の産業とさえいわれて、ドイツ出身のユダヤ人資本家が多く、東欧系ユダヤ人は彼らのもとで働いた。低賃金重労働ではあっても、安息日や祭日、祈りの時間が保証されたからである。とはいえ、過酷な条件にあまんずることなく、労働組合や争議によって、労働条件の改善が進み、生活の向上がはかられた。その過程で、豊かなイディッシュ文化を育んだと考えられる。

アメリカ社会におけるユダヤ教

アメリカにおけるユダヤ人の生活がユダヤ教の歴史においてもつ意義は、次の二つの問題意識において明らかとなろう。第一は、広く近代におけるユダヤ人解放の結果、アメリカのユダヤ人が個人としてどのような選択をするか、どのような集団にアイデンティティを求めていくか、という視点である。ここにユダヤ教の諸宗派の形成と発展、そして新たな種類の集団形成などが視野に入ってくる。その過程で、アメリカ社会の主力であるキリスト教の教派形成からの影響の有無も注目される。

個人の信教の自由が共同体形成の根本となったため、個人がどのシナゴーグの会衆（コングリゲーション）に属するかは、個人に選ぶ権利があることになり、さらにその会衆組織がどの宗派を希望するかは、その会衆に選択権があった。成功した富豪による多額の寄付によって人道団体が組織され、それがどの宗派の活動と密接な関係になるかも重大な関心事となっていく。そうなると、ユダヤ教の指導的立場の人々は、そうした社会の動向を観察し会衆の要求に敏感でなければならなくなる。ある意味で、キリスト教の諸教派が信徒の獲得競争に奔走するのと同様の事態が、ユダヤ人社会においても起こり、宗教事情が消費社会の文化を映し出すことにもなった。

これに対して、第二に注目されるのは、アメリカという国家の特性に由来する視点である。すなわち、アメリカは、単一の民族が大多数を占める民族国家ではなく、本来的に個人を構成単位として形成される社会である。それゆえ、社会全体を統合して民族や宗派の違いを超えた国民の一体感を創出することが不可欠であった。そのため、ルソーの『社会契約論』で説かれた市民宗教のごとき代替宗教が絶えず要請されてきたといえる。

今日、大統領が聖書に手を置いて宣誓することや、ドル紙幣に唯一神への信仰告白の銘があることは周知のことである。さらには、法と正義と軍事力による世界秩序維持への責務、個人の尊厳と民主主義への信頼、星条旗と国歌への忠誠がある。そして、おそらくユダヤ人にとってもっとも理解しやすい比喩は、ユダヤ教のトーラーとアメリカ憲法の類比である。ピルグリム・ファーザーズが自分たちを、自由のためにエジプトを脱出した古代イスラエルの民に比したように、合衆国憲法の起草は、シナイ山におけるトーラーの啓示に比され、アメリカ国民は古代イスラエルの民のごとく、唯一神と契約を結んだという理解である。

市民となったユダヤ人は、こうした普遍的理念をもつアメリカの国是にいかに自己を重ねてきたのか。文化という観点からいえば、アメリカ社会全体のもつ文化的特性は、それに依存しつつ生きる個々のユダヤ人と集団をどの程度アメリカ化するであろうか。アメリカは、その新しい社会形態によって、人類の宗教史に新たな局面を切り開こうとしているかのようである。

ドイツからの移民と改革派の興隆

一八四〇年代に始まるドイツ語圏のユダヤ人移民は、元来啓蒙的な進取の気質があり、ドイツにおける革命の失敗に幻滅して「新世界」への移住を決行した人々であった。それゆえ、過去との決別、閉鎖的な生活からの脱却を目標とし、アメリカへの適応、社会の解放性を受け入れていこうという気概で満ちあふれていた。これは、アメリカという社会が人種的・宗教的偏見をもたないという期待も重なって、それだけいっそう、移住先の社会に理想を見出すことになった。

彼らは、ドイツのユダヤ教改革派の流れに倣って、アメリカ社会への完全な適応をめざし、それを疎外するユダヤ教の啓示法は破棄すべきものとされた。これは、ユダヤ人を他の集団から分離させる閉鎖的な規定の撤廃のことである。その方針に則って、ユダヤ教の倫理的な規定には履行する義務があるが、穢れや清め、服装の規定などは、現代人の宗教感情に反するとして破棄した。また、礼拝は英語を用い、イスラエルやエルサレムを思い出させる文句を削り、礼拝では男女が同席し、日曜日にも安息日を祝した。ユダヤ人の離散は、罰ではなく使命である。それは、ユダヤ教の高潔な倫理思想を諸民族に伝えるために不可欠であり、預言者の教えである普遍的な正義と慈愛こそが、ユダヤ教の本質であるという立場である。こうして改革派は、ユダヤ教のもつ政治的共同体性や民族性を削ぎ落として、人間の内面の信仰を機軸とした近代憲法的な宗教概念にふさわしい形態を整え、プロテスタント的キリスト教会に限りなく近似していった。

こうした原則は、一八八五年、ピッツバーグで開催された改革派ラビの会議において承認され、書面において記録された。のちに改革派のラビ養成高等教育機関ヒブル・ユニオン・カレッジの学長を務めたカオフマン・コーラーは、ユダヤ主義とアメリカ主義は調和すると主張して、アメリカ的ユダヤ教《アメリカン・ジュディズム》という言葉を提唱し、「この二語にはなんと大いなる神の息吹があるのだろう」と論じた。ヘルツルが一八九六年にユダヤ人国家を提唱したとき、改革派の指導者の一人は、「アメリカはわれらのシオンであり、ワシントンこそエルサレムである」と主張したといわれる。

しかし、「アメリカ的ユダヤ教」という語は、一八四六年に渡米し、シンシナティを拠点に活躍したアイザック・M・ワイズの唱えた主張でもあった。彼は、改革派に与しつつも、自身の立場を「正統派の改革者」と位置づけ、過激な改革派と極端な正統派の中庸をめざして、アメリカのユダヤ人全体が共有できるようなユダヤ教儀礼の改革を志向するに至っていた。ワイズは、ユダヤ教内部における正統派と改革派という対立軸を離れて、アメリカとのアイデンティティを機軸にしたユダヤ教を構想していた。

すでに一八七三年には、シンシナティで各地のユダヤ教組織の統合をめざして、「アメリカ・ヒブル会衆組合」を創設した。ラビの養成とユダヤ教教育の維持、ユダヤ人のアイデンティティ保持をめざした教育の統合である。さまざまな先入見が込められた「ユダヤ人」という言葉に代えて、聖書の古えの「ヘブライ人」という呼称を採用したことには、新しい宗教集団の誕生の喜びと希望とが込められている。ワイズら創設者たちは統一連合をめざしたが、現実には、アメリカのシナゴーグ全部の加盟に至らず、改革派ユダヤ教の会衆連合という性格を帯びることになった。そして、二年後の一八七五年に、シンシナティに、改革派のラビ養成大学であるヒブル・ユニオン・カレッジが創設され、ワイズが初代学長となり、改革派のラビを各地のシナゴーグに派遣できる体制が整うのである。

ワイズがめざしたアメリカ・ユダヤ教全体の統合という構想は実現されなかったが、二十世紀になって登場する保守派の立場を先取りした先見性に満ちていた。今日、アメリカではこの中庸を選択した保守派が、アメリカ最大のユダヤ教の宗派として存在している。

東欧・ロシアからの移民と正統派の拡大

保守派が登場する前に、アメリカで著しい正統派の台頭が起こった。これは、一八八一年にウクライナで発生した連鎖的なポグロムによって、ロシア系ユダヤ人の大規模な移民が開始されたからである。アメリカが最大の移民受入国となり、一九二四年の移民制限法に至るまでに、二〇〇万人のロシア系ユダヤ人が大挙して逃れてきた。移民は大都会のスラムに集まる傾向を示し、ニューヨークのマンハッタ

ニューヨーク，ロワイーストサイドのユダヤ人の出身地別移民居住区

ニューヨークのユダヤ人街
ユダヤ人移民はニューヨークなどの近代的大都市にシュテットルの伝統的な生活様式を持ち込んだ。

ン島の東南端、ロワイーストサイドは、まさにその代表的地域となった。東欧のシュテットルが、そのままアメリカの大都会に移転したかのように、彼らの生活様式は基本的に移住以前の生活を踏襲した。

大人たちは、イスラエルの子どもたちが異邦の子どもたちと混じって悪影響に染まることのないよう注意し、教育をとおして、子どもたちの心にイスラエルの慣習とトーラーの教えを植えつけ、生涯、ユダヤ人社会から離れさせないよう努めた。たとえアメリカ社会にあっても第一にユダヤ人であって、アメリカ市民は二の次だからである。世界のユダヤの民との連帯とハラハーの遵守こそがユダヤ人たる証である。これが、東欧出身の一般大衆にとって正統派ユダヤ教の基本であった。

しかし、アメリカ社会で暮すなかで、新しい世代は正統派の会衆の性格を変えていった。アメリカに生まれ、社会的に成功し経済的にも富裕になった人々は、スラムを去って郊外の住宅地へと移り住む。そのような社会的身分の変化、居住環境の変化、共同体の外部との多様な接触は、正統派の固有な社会的絆のなかにもやすやすと浸透してきた。さらに、話し言葉としてのイディッシュ語が衰退し、ユダヤ教以外の世俗的学科の学習が求められ、またラビの養成においても、タルムード以外の高等教育が求められてくる。一八八六年に正統派の一般信徒が設立したエーツ・ハイーム・イェシヴァでは、タルムード教育を核としつつも、午後四時以降は一般的世俗科目の教育に割り当てられた。

正統派は、その方針において二つに大別された。第一は、すでに西欧でユダヤ啓蒙主義の衝撃を克服し再生したドイツ系の新正統主義《ネオ・オーソドクス》であり、ドイツ系移民のあいだで深く浸透した宗派であった。これは、近代主義への適応を意図した、開かれた正統主義である。これに対して、東欧の伝統的な正統主義は、近代化や啓蒙主義に意識的に敵対し、伝統的価値を擁護する価値態度を示す流れである。これには、リトアニアを拠点とするラビ・ユダヤ教とハシディズムを基盤とした正統主義があるが、いずれもトーラーとハラハーの伝統を神聖視する超正統主義《ウルトラ・オーソドクス》である。超正統主義と近代社会との確執は、東欧の有力な指導者たちがのちのショアー（ホロコースト）の時期にアメリカへ逃れてくる頃になって、大きな神学上の争点となっていく。

いずれの正統派においても、アメリカにおける最大の問題は適応と同化であった。改革派の流れに対抗して同化を阻止すべく、一八九八年には、先の改革派のアメリカ・ヒブル会衆連合に対抗して、「アメリカ正統派ユダヤ会衆連合」が組織されるに至っている。

第5章 世界大戦と祖国建設運動

二十世紀初頭にあたって、世界情勢は西欧列強による世界の植民地化が極限に至りつつあるなかで、ドイツが破竹の勢いでイギリス・フランスとの軍事競争を先鋭化させつつあった。その際、十九世紀には予期されなかった民族主義思想が興隆し、啓蒙主義の理性的・楽観的な進歩思想を駆逐して巨大な政治権力を掌握し、国家を最高価値とする全体主義国家への道を開きつつあった。ユダヤ人社会に目を転ずると、二十世紀初頭は、西欧、とりわけドイツのユダヤ人社会が史上かつてない自由と繁栄を実現した。その他の地域では、東欧地域は、ロシア帝国に対する諸民族独立の機運が高まるなか、八〇〇万人のユダヤ人がポグロムの断続的な脅威と人口過密と貧困に苦しみ、アメリカ合衆国では、東欧の移民の波がさらに勢いを増していた。中東では、各地のユダヤ人社会が植民地勢力の近代化政策に乗って生活の改善を進め、パレスチナでは世界シオニスト機構の主導によるシオニストの植民が開始された。

第一次世界大戦は、ヨーロッパの四帝国の崩壊を導いて、国際政治を一挙に変貌させた。代わって、「民族」を一単位とした国民国家建設が本格化し、その機運は、中東欧からバルカン、中東全域にわたって急激な盛上りをみせた。まさに未曾有の世紀への突入である。しかも、それらの地域は、世界のユダヤ人人口の三分の二以上が住む主要な居住地であった。どういう性格の国家がつくられるかによって、ユダヤ人の生存が左右される状況が現実味を帯びたものとなった。本章では、ユダヤ人をめぐる三つの地域情勢の推移が扱われる。ドイツ東欧情勢、パレスチナ情勢、そしてアメリカの動向である。二十世紀前半の二度にわたる世界大戦は、ユダヤ人大虐殺、そしてユダヤ人国家イスラエルの建国というユダヤ教史上でもかつてない鮮烈な事態をもたらした。

1　二十世紀前半のヨーロッパとユダヤ人

西欧の解放ユダヤ人の「自負」と東欧ユダヤ人社会への「憧憬」

西欧の解放ユダヤ人社会は、英仏独を中心に、所属する国家の市民権を取得し、西欧文化への積極的な同化を進めていった。なかでも、ドイツのユダヤ人は、時代の先端にあって人々を啓蒙する立場にあると自負していた。ドイツ市民権を取得し、ドイツ社会に同化し、ドイツ人であるという自己意識をもった彼らにとって、ユダヤ人とユダヤ教の未来は、世界市民的な理想社会への先導者たるべきであった。それゆえ、ヘルツルのシオニズム運動は冷淡に拒否され、ポグロムを逃れた東欧ユダヤ人移民者の慣習や身なりは到底同胞とは思えないものであった。東欧の文化的後進性やルリアの神秘主義によるカバラー呪術の蔓延《まんえん》は嫌悪の対象であり、イディッシュ語に対する蔑視や嫌悪感も広くみられた。

しかし、こうした西欧化した解放ユダヤ文化への自負心や優越感への反発が、ドイツの同化ユダヤ人の若い世代から起こってきた。それは完全な同化に対する躊躇《ちゅうちょ》に根差すものであり、シオニズムへ傾倒する者が増大した。解放ユダヤ人は、自信をみなぎらせ、ドイツ社会へ完全に統合吸収されたいという過剰な希望を思い描いているが、ドイツ民族主義によるユダヤ排斥運動の高まりは、現実が決して楽観を許さないことを物語っていたからである。ドイツ社会の二つに引き裂かれた状態について、高名な社会経済学者ヴェルナー・ゾムバルトは、ユダヤ人の法的平等と解放なるものは公的に廃止されるべきではないが、ユダヤ人は公共生活においてこれらの諸権利を利用するのを自発的に慎むべきである、と語ったといわれる。

ここに新たな注目すべき思想潮流が生まれた。それは、西欧ユダヤ人が失ったユダヤ精神の源泉としての東欧ユダヤ教への憧憬である。西欧ユダヤ人の若者は、ハインリヒ・グレーツの『ユダヤ人の歴史』全一一巻(一八五三〜七六年)を読んでシオニズムへの関心を高め、ヘブライ語学習を深めた。東欧からの移民の子弟との直接的交流、また、マルティン・ブーバーの著作二冊『ブラツラフのラビ・ナフマンの物語』(一九〇六年)と『バアル・シェム・トーヴの伝説』(一九〇七年)が、彼らの東欧ユダヤ人への憧憬を培った。こうして、二十世紀前半のドイツ系ユダヤ知識人、例えば、ブーバー、フランツ・ローゼンツヴァイク、ゲルショム・ショーレムには、シオニズムに共感しつつ、ハシディズムと正統主義にユダヤ精神の源泉をみるという共通の特徴を見出すことができる。これら三つの思想運動は、二十世紀の初頭には、対立と葛藤ではなく、東欧ユダヤ人社会の宗教伝統がかもしだす三要素として把握されていたことになる。西欧ユダヤ人にとって、それら三要素はすでに自分たちの社会が喪失したユダヤ的伝統の源泉であって、それが今も東欧世界に生きつづけていることに対して、強烈な驚きと憧れをいだき始めたのである。

シオニズムをめぐる二十世紀前半の論争

ドイツのユダヤ人社会における二つの傾向、同化主義とシオニズムという対立の構図は、第一次世界大戦において重大な局面を迎えた。戦争の勃発によって、多くのユダヤ系ドイツ人の若者がドイツ市民の自覚のもとで従軍しているなかで、二重の忠誠心への疑念が呼び起こされた。この問題をめぐり、同化ユダヤ人で哲学の老大家ヘルマン・コーヘン(一八四二〜一九一八)と三十六歳の気鋭のマルティン・ブーバー(一八七八〜一九六五)のあいだで、シオニズム論争が闘わされた。

コーヘンは、当時すでに新カント学派の巨匠として高名をはせ、マールブルク大学を引退したあとは、ベルリンのユダヤ系神学院を指導していた。彼は、戦争中の一九一六年六月に、ドイツのユダヤ人青年向け雑誌でシオニズム批判を著した。

コーヘンが掲げたのは、自由主義的で普遍的なメシアニズムであった。人間は理性的で道義的な存在であるがゆえに、この人間の進歩を信頼し、諸国民の世界協和が完成されることをめざした。この崇高な目標のために、国家なきユダヤ人は諸国民のあいだにあって人類のメシア的未来を教示する使命があると論じた。ユダヤ教を今日まで導いてきた教えは預言者主義であり、その頂点にメシアニズムの終末待望論があるゆえに、ユダヤ教とドイツ主義のあいだにはいかなる不協和もないとの主張である。ユダヤ教のトーラーもハラハーもない。プロテスタント神学の預言者主義と極めて類似した普遍主義がここに展開されている。

コーヘンは、当時のユダヤ人がおかれた厳しい現状を深く憂いた。現代国家が民族国家をめざすがゆえに、ユダヤ市民は異民族の集団とみなされ、国家のなかに国家を形成していると非難される。ユダヤ人は、こうした全般的抑圧とジレンマに耐えられず、ドイツの愛国的市民であるために、父祖の信仰であるユダヤ教を放棄しようとする。しかし、人間にとって民族性をもつのは不可欠であり、それを放棄すべきではない。そこで彼は、国民あるいは民族（ナツィオーン）と民族性（ナツィオナリテート）とを区別する必要性を訴えた。民族性とは、人間関係に関する自然的事実である。これに対して、国民あるいは民族は国家をとおしてのみ樹立されるもので、それは純然たる政治的道義性のためにおこなわれるものである。ゆえに、ユダヤ人は民族性のみを志向すべきであると。

ブーバーは、コーヘンが民族性の概念を「自然的事実」とみなすことに反論して、同化主義的立場を批判した。ユダヤ的な「種子」あるいは「子孫」の概念は、神とアブラハムとの契約が更新される際にいつも登場する基本概念であり、契約と信仰に依拠した概念であるから、たんなる自然的事実ではありえない。ブーバーにとって、宗教性なるものは民族の一要素であり、有機体的全体によって培われる。ユダヤ人にとって宗教性はユダヤ民族性の躍動によって生ずる最高の機能であるが、この宗教性は、民族の生命力がなければ地球上に存立しえないとした。

ブーバーの立場によれば、自由主義的ユダヤ人のいうメシアニズムが、ユダヤの民の離散、根無し草的存在、故郷喪失を人類のメシア時代を準備するものとして無条件に肯定する点は、真っ向から否定される。シオニズムにとっても、ユダヤ主義の目標は「人間精神の贖《あがな》いと世界の救済」であるが、その手段として不可欠なのが「抑圧された民の解放と唯一神の祭壇への参集」である。メシア時代に、ユダヤの民は人類のなかにとけこむがよい。しかし、未来にメシア時代が出現するために、今、ユダヤの民が消滅することがあってはならない。パレスチナにユダヤ人共同体を建設する闘争は、超民族的闘争である。われわれがパレスチナを欲するのは、ユダヤ人のためではなく、人類のためである。なぜなら、われわれは世界の救済をめざすユダヤ主義を実現する手段として、それを欲しているからである。

こうして二人の論争は九月まで続いた。コーヘンは典型的な改革派ユダヤ人ではないし、またブーバーは文化的シオニズムを提唱して二民族一国家の共存を主張したので、シオニズムの本流ではない。しかし二人の論争は、自由主義的ユダヤ人とシオニストとの中心問題を浮かび上がらせた。

世界戦争とロシア革命とバルフォア宣言

第一次世界大戦は、未曾有の大戦争であった。ヨーロッパの主権国家による国民総動員の総力戦で、世界が戦場と化した。その結果、ドイツ帝国、オーストリア＝ハンガリー帝国、ロシア帝国、オスマン帝国は解体、そして大英帝国は弱体化し、戦後のヴェルサイユ条約により、民族自決の理念が実践され、東欧諸民族国家が独立した。ここに、戦争の主戦場となった東欧で憎悪の標的であったユダヤ人の生存権が新たな争点となったのである。さらに新時代の到来を告げる重大な事件が、戦争のさなかの一九一七年にたてつづけに起こっていた。ロシアでユリウス暦の二月、および十月にボリシェヴィキ革命（ロシア革命）が勃発し、社会主義社会が出現した。その頃、イギリス政府はバルフォア宣言を発表して中東政策を前進させ、アラブ族長勢力の協力を得てパレスチナ侵攻を成功させ、イギリス軍はアレンビー将軍の指揮下でエルサレムを征服した。ここにエルサレムは、十字軍以来七〇〇年を経てキリスト教徒の手に奪回されたことになる。これらイギリスの対応は、東欧の多くのユダヤ人がシオニズムに希望を見出す重大な転機となった。

イギリスの外相バルフォアによるこの宣言は、ユダヤの民がパレスチナの地に故郷を建設することをイギリス政府が支援する旨の公式文書であるが、そのなかで、現地の他民族および世界のユダヤ人の諸権利を侵害しないよう警告している。これは、ヘルツルのシオニズム宣言以来、西欧の改革派ユダヤ人の多くがシオニズムを厳しく批判してきたことと深くかかわっていた。もし、ユダヤ人が主権国家の主体となりうる民族として認められることになれば、二重の忠誠心を疑われ、市民権を剝奪される恐れさえある。イギリス国内でシオニストの政治活動が盛んになるにつれ、同化ユダヤ人の世論は、バルフォア宣言が出される半年前に、『タイムズ』紙の紙面を使って、自分たちの立場を訴えた。すなわち、ユダヤ教は宗教組織であり、別の独立国をもちたいという願望はなく、自分たちはイギリス精神やイギリスの利害に一致していると。イギリス政府は、ユダヤ人同士のこの対立を認識していたため、ユダヤ系市民の反シオニスト的世論に配慮した。

2 ナチズムとユダヤ人社会

ヴァイマル共和国からナチスへ

ヴェルサイユ体制が生み出した問題は、民族自決思想の実践において、近代主権国家のマイノリティ（少数異民族・少数宗教団体）の生存権がいかにして保障されるか、という問いである。ナチス・ドイツも、まさに東欧に取り残されたドイツ人の生存権を確保するという名目で、軍備拡張と侵略を企てたのであった。戦後ドイツがヴァイマル憲法（個人・自由主義）からナチズム（民族・全体主義）へ急旋回したとき、ユダヤ人の悲劇が起こることになった。それが、ショアー（ホロコースト）である。ユダヤ人は、完全なる市民権の取得と繁栄の絶頂から、差別・隔離・殺戮《さつりく》へと突き落とされた。そしてその脅威は、東欧全域のマイノリティであるユダヤ人の生存の脅威へと発展した。

ドイツ労働者党は、敗戦、賠償、失業、経済破綻を背景に、一九二〇年に国民社会主義ドイツ労働者党（ナチス）と改称し、二五項目の綱領を発表した。二九年の世界恐慌後、両翼の急進派が台頭し、三二年の議会では、左派四四％、右派三六％、中道一七％で勢力が拮抗し、議会の信任が得られずに組閣は難航した。ナチスは、一五〇万党員と私兵による組織力、ラジオや映画のプロパガンダによって急速に力をつけ、ヒトラーに組閣が要請され、三三年一月三十日、ヒトラーは組閣を実現した。ただちに選挙に打ってでたナチスは、同年三月の議会選挙の結果四四％を獲得、他の極右政党との連立で議会の過半数を掌握すると、議会の承認によらない政令の施行や結党の禁止を定める法律をたてつづけに通過させた。ここに、ナチスは民主主義的手続きによって独裁体制を実現したのである。

ナチスは、一九三三年から三五年にかけて、ユダヤ人を排斥するさまざまな施策を実行していく。法的措置によって、三三年四月にユダヤ人の公職追放がおこなわれ、三五年には、一連のニュルンベルク諸法が制定された。市民権法において、ドイツ市民はアーリア人の血統をもつ者のみに限られ、ゲルマン人血統保護法では、ユダヤ人とアーリア系ドイツ人との混合婚が禁止され、断種法も実施された。こうした法令とともに、アーリア人種の神話によってドイツ人の優秀性が強調され、一七五〇年まで遡って先祖が調査され、ヒトラーのため祖国のために奉仕する、純潔で遺伝疾患なきゲルマン人を最高の理想とするイデオロギーが国是となった。ユダヤ人やロマ（ジプシー）を劣等人種と定め、初等教育の段階から、ユダヤ人を害悪の元凶とする差別が助長された。

一九三六年のベルリン・オリンピックから三七年にかけては、国家イメージを悪化させない配慮があり、法令は必ずしも徹底されず、また地域によっては厳格に実施されなかったため、国内のユダヤ人が深刻な危機感をいだくのが遅れた。しかし、イギリスとフランスの宥和《ゆうわ》外交を機に、三八年のオーストリア併合やチェコスロヴァキア併合が実施され、領土内にユダヤ人が急増するにおよんで、ユダヤ人迫害が厳格に実行された。共産主義とユダヤ教を殲滅《せんめつ》せよ、というスローガンは公然と語られ、弁護士や医師の国家資格が剝奪され、アーリア系の名前を名乗ることが禁止されるまでに発展した。さらに、ユダヤ系ドイツ人青年がパリでドイツ大使を殺傷する事件を機に、十一月九日から十日にかけてドイツ各地で反ユダヤの暴動が起こり、一〇〇〇カ所のシナゴーグが焼討ちされ、三〇〇人が死亡した。これが「水晶の夜」事件である。こうした事態に直面して、一二万人ものユダヤ人が翌年にかけて国外脱出を試みたが、移民制限などのため、ビザの取得は困難を極めた。

第二次世界大戦の開始からショアーへ

一九三九年九月一日、ドイツ軍のポーランド侵攻でイギリスとフランスが宣戦布告し、第二次世界大戦が勃発した。これによってユダヤ人の移民は中断した。ポーランド軍は一〇日で降伏し、戦闘は四週間で終息し、ヒトラーはスターリンとの秘密協定によってソ連との国境を画定した。これによってドイツ軍は一転して西を攻撃し、オランダが征服され、フランス国境は一蹴され、パリは陥落し、フランスは降伏し、イギリス軍はダンケルクに追い込まれた。こうして、ナチスは、四〇年六月までに、イタリア、ルーマニア、ハンガリー、ブルガリアの枢軸国とともに、西はスペインとの国境から東はソ連との国境までを勢力下におさめるに至った。

このとき、ナチスと戦うのはイギリス一国となった。首相となったチャーチルは、ナチス・ドイツとの戦いをキリスト教文明が野蛮に屈するか否かの決戦と定めて国民を鼓舞した。一九四〇年六月から四一年六月まで、ドイツ空軍によるイギリス空爆にレーダーで対抗し、ついにナチスの侵略を阻止した。その後、ナチスはソ連に侵攻し、熾烈《しれつ》を極める独ソ戦に突入した。ソ連は、レニングラードの攻防、スターリングラードの攻防に耐え、冬将軍を味方にしてナチスを駆逐した。四一年十二月には、それまで中立を保っていたアメリカが日本による真珠湾攻撃を受けた結果、枢軸国に宣戦布告し、まさに世界戦争へと発展した。

ナチスの世界戦略は、ドイツ帝国による新秩序建設であった。その第一段階は、東欧にドイツ人の生存権を確保し、帝国への併合地で民族を浄化してドイツ農民を移住させることであった。それにともなって、その隣接地域は植民地化され、スラヴ人はドイツに従属する労働者として食糧や工業資源を供給するよう定められた。その障害となるポーランドの三〇〇万のユダヤ人は当初から殺戮の対象であった。ワルシャワでは、制圧後、一九四〇年十月に八四〇エーカーのゲットーが建設され、四〇万のユダヤ人市民が隔離され、各地ではユダヤ人狩りが実施され、ダビデの星のバッジを着用させられた。そして、四一年六月のソ連侵攻以後は、SS（ナチス親衛隊）が東欧に投入され、赤軍将校やユダヤ人の殺害を本格化させた。また、ヨーロッパ全域から、ユダヤ人を隔離し強制労働に従事させるため、ドイツやポーランドの強制収容所への大量移送が開始された。ドイツ軍が戦闘の激化で苦戦し、兵の徴用が増大し、労働力不足が深刻化したため、ユダヤ人以外にも、ロシア人、ポーランド人、ウクライナ人などが強制労働に徴用された。

しかし、新秩序建設には第二段階があった。それが絶滅計画、ユダヤ人問題の最終的解決であった。ガス室などを備えた絶滅収容所が、トレブリンカ、ソビボール、マイダネクなど、ポーランド各地に建設され、一九四三年には、ユダヤ人を中心とする「劣等人種」とされた集団の絶滅計画が実行に移された。その象徴が、アウシュヴィッツ・ビルケナウである。その間、戦況は、アメリカが参戦し、ソ連がスターリングラードの死闘を制することによって形勢は逆転し、四四年に入ると、イタリアが降伏、ノルマンディ上陸作戦で連合国側の大規模な反撃が成功し、またソ連軍によってアウシュヴィッツが解放され、四五年五月八日、ナチス・ドイツはついに降伏した。

東欧ユダヤ人社会は、第二次世界大戦前夜には、八〇〇万人もの人口を擁した。十九世紀前半から、正統主義とハシディズムが結びついて強固な保守的共同体がつくられ、ほとんどのユダヤ人家庭は、ハシディズムのいずれかの宗派に帰属するほどにハシディズムが浸透していた。第一次世界大戦後、東欧諸国の独立により民族国家の建設が始まった頃は、アメリカや西欧への移民も減少し、ナチス台頭以前には、東欧ユダヤ人社会では移民の波は小さかった。一九二〇年代、三〇年代には、ドイツやポーランドからパレスチナへ向けて、第三次から第五次のイスラエル移民の波があった。富裕層がいち早く国外へ脱出したなかで、大衆に基盤をもつハシディズムは、自分が住む国に住みつづけることを選択した。シオニストは悪人でありこれに加担してはならぬ。また諸国民に反抗するな、現地の政治情勢を混乱させてはならぬ。空前の大量殺戮の犠牲となった東欧ユダヤ人社会では、こうした原則が支配していた。

戦時中のユダヤ人犠牲者

ドイツのユダヤ人人口は、一九三八年の約五四万人から、三九年九月にはその半分に減少し、五八年には約二万七五〇〇人に激減した。また、婚姻統計によれば、ドイツ語圏のユダヤ人が非ユダヤ人と結婚する割合は、二八年からの三年間に、ドイツ全体でユダヤ人の結婚数の二〇%を超えていた。ハンブ

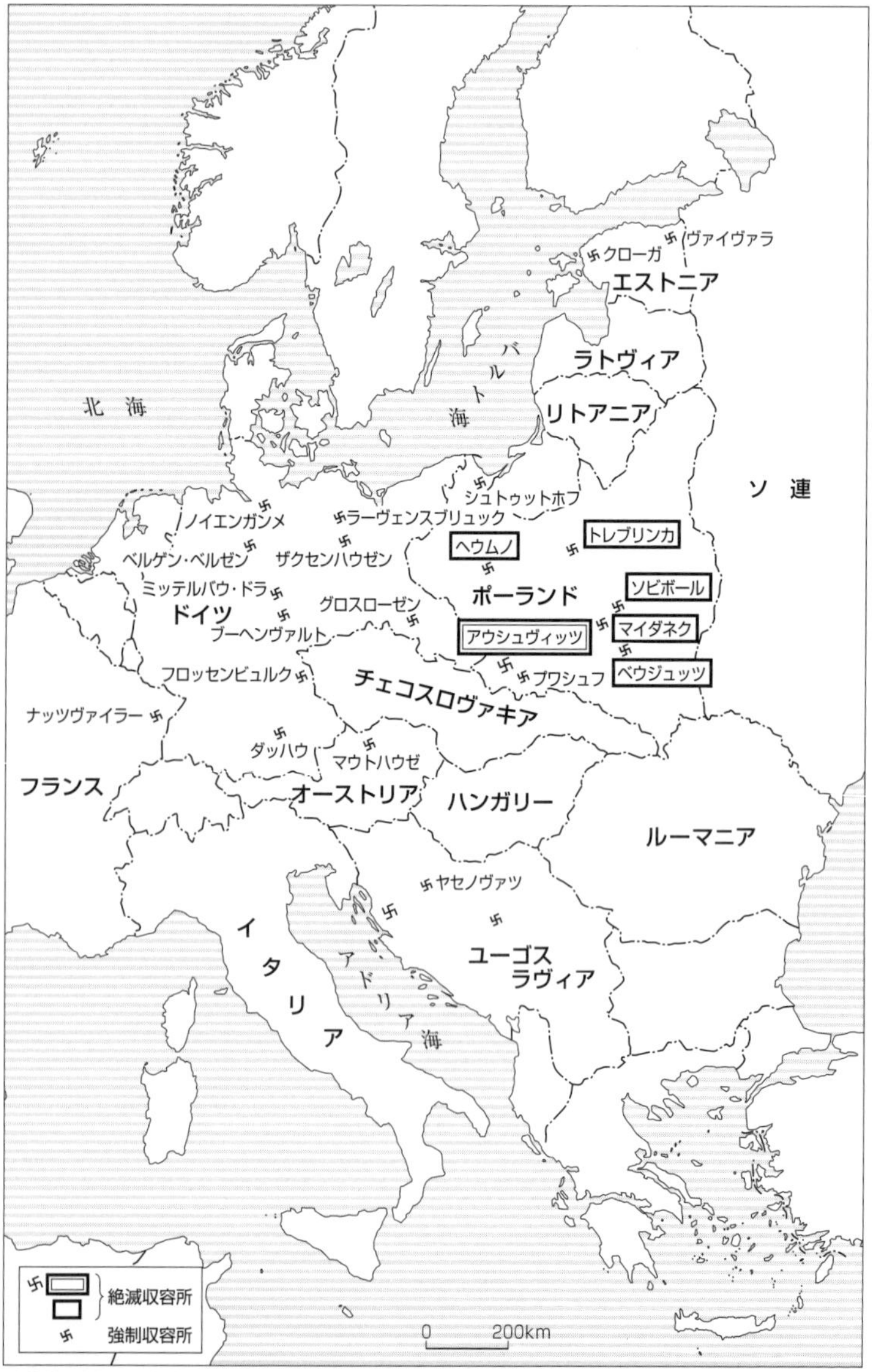

ヴァイヴァラ
クローガ
エストニア
ラトヴィア
バルト海
リトアニア
北海
ソ連
シュトゥットホフ
ノイエンガンメ
ラーヴェンスブリュック
トレブリンカ
ヘウムノ
ベルゲン・ベルゼン
ザクセンハウゼン
ソビボール
ミッテルバウ・ドラ
ポーランド
グロスローゼン
ドイツ
マイダネク
ブーヘンヴァルト
アウシュヴィッツ
ベウジェッツ
フロッセンビュルク
プワシュフ
チェコスロヴァキア
ナッツヴァイラー
ダッハウ
マウトハウゼ
フランス
オーストリア
ハンガリー
ルーマニア
ヤセノヴァツ
イタリア
アドリア海
ユーゴスラヴィア
絶滅収容所
強制収容所
0 200km

強制収容所の分布

ルクでは二八年に三三％に達し、ベルリンでは二九年に二九％を記録した。全般的に、ユダヤ人男性が非ユダヤ人女性と結婚する割合のほうがその逆の事例より多い。ナチスのニュルンベルク諸法によるユダヤ人の定義は、二世代前に、四人中三人がユダヤ人である者をユダヤ人と定義したが、ユダヤ教の伝統的な定義は、母親がユダヤ人であることのみが要件であり、微妙な差異が生じる。非ユダヤ人との婚姻が重なる状況から、ナチス政府は、一級、二級ユダヤ人の区別を設定せざるをえなかったし、それもユダヤ教の定義との差異を拡大させた。

ナチス政府主導のユダヤ人虐殺は、戦争中のできごととはいえ、ユダヤ人は戦争の犠牲者ではなく、ナチズムの人種政策の犠牲者である。被害を大きくしたのは、この政策がドイツ国内はもとより、ナチスが征服したヨーロッパ全域においても実施され、しかも、ナチスの命令による強制以外にも、現地の政府や住民の自発的な協力によって、ユダヤ人虐殺が実行されたことである。東欧ユダヤ人の死者数については、厳密な数を確定することはできないとしても、以下のように、六〇〇万人にもおよぶ数であることが了解されている。しかも、大半は、かつて十九世紀にロシア支配下にあった定住地域である。また、ロマの犠牲者は五〇万人におよんだ。ソ連側のユダヤ人は、推定二〇〇万人程度が生き残った。

言語的統計によれば、一九三五年当時でイディッシュ語を話す人口は、総数が約一〇七〇万人で、地域別には、中東欧が六七六万人、北アメリカが二九八万人で全体の約九割以上を占め、残りは、西欧が三一万人、パレスチナで二八万人であった〔三省堂言語学大辞典「イディッシュ語」一九八八年〕。東欧ユダヤ人社会は、六〇〇万人が失われたことで壊滅的打撃を受け、イディッシュ文化はアメリカへの移住者に

表5　ショアーによる犠牲者数(単位：人)

国名	ユダヤ人居住者数(1933年)	犠牲者数
ドイツ	565,000	144,000
オーストリア	250,000	48,767
ルクセンブルク	2,200	720
フランス	225,000	76,000 (他国籍者含む)
ベルギー	100,000	28,000 (他国籍者含む)
オランダ	160,000	102,000
デンマーク	6,000	116
ノルウェー	1,500	758
イタリア	48,000	5,596
ブルガリア	50,000	7,335
ユーゴスラヴィア	70,000	51,400
ハンガリー*	450,000	559,250
チェコスロヴァキア	357,000	143,000
ルーマニア	850,000	12,919
ポーランド	3,000,000	2,700,000
ソ連	2,520,000	2,100,000
合計		5,979,861 ≒ 6,000,000

＊ハンガリーでは1920年のハンガリー独立時に人口が473,000人(独立以前は，911,000人だが，独立によって国土が3分の1になったため)。1938～41年における国土の再併合(ルーマニア，チェコスロヴァキア，ユーゴスラヴィアからそれぞれの国土の一部を再併合した)の結果，ユダヤ人人口は1941年で825,000人(ユダヤ人のキリスト教改宗者約10万人含む)。

よって維持されたことが了解されよう。

このナチスによるユダヤ人虐殺は、のちにホロコーストと呼ばれるようになる。この言葉は、元来はギリシア語で、聖書のレビ記で定められた家畜の犠牲のうち、「焼きつくす献げ物」としての「全燔祭《ぜんはん》」、ヘブライ語で「オーラー」に該当する用語である。こうした神学的ニュアンスがともなうことを避けるため、近年では、ヘブライ語で「破壊」を意味するショアーが広く用いられ、本書も、ショアーを主として用いる。

なぜナチズムの正体を見誤ったか

繁栄を誇ったドイツ・ユダヤ人社会の崩壊の原因は、ナチスによる国家政策が最大の原因であると考えられる。しかし、もしドイツ人が反ユダヤ主義の強い国民だとしたら、なぜユダヤ人が空前の成功と繁栄を享受できたのか説明できない。かつてのプロイセンなどは宗教的寛容の精神により、早くからユダヤ人を受け入れてきた実績があった。ナチスがドイツで権力を掌握して軍国主義政策を実施したとき、欧米諸国はこれをビスマルク時代のプロイセン精神の再来とみなして、「プロシア＝ナチ」と呼んだ。このナチスとプロイセン精神を同一視してきたことが、ナチス台頭への対応の誤りの原因として指摘されてきた。

第一次世界大戦後、敗戦の屈辱と経済恐慌にあえいだドイツに十九世紀的プロイセン主義が再生、拡張され、ナチズムもそうしたプロイセン的軍国主義の特徴をもつ運動の一つとみなすことができ、その

コラム　ナチス時代のユダヤ人

ナチス支配下でユダヤ人はいかなる生活を強いられたか。筆舌につくせない極限状況を耐えしのいだ生存者の心の傷が、語り書き残すことを躊躇《ちゅうちょ》させてきた。そのなかで、いち早く世界的に有名になったのが、アンネ・フランクの日記である。オランダを支配下においたナチス・ドイツ軍によって一九四三年に発見されるまで、ユダヤ人の二家族が、アムステルダム市の運河沿いの家で潜伏生活を送った。そのフランク家のアンネが綴っていた日記は、生き延びた父親により公表され、死と背中合せの状況における思春期の少女の思いが世界中の人々の共感を呼んだ。また、ヴィクトル・クレンペラーというドイツの大学教授は、ナチス支配のベルリンで日記を書き綴った。恐怖のなかでの日常生活を克明に記録することで、アンネの日記とは違った意味で歴史的な価値をもつ。収容所を体験した人は、自分が生き延びたことに罪悪感をいだき容易に体験を口にできなかったが、エリー・ヴィーゼルがその壁を突破して小説『夜』を公表した。ウィーンの精神科医ヴィクトル・フランクルは、自己の収容所体験に基づいて、極限状況において人間が示す厳しくも痛ましい現実を『夜と霧』に著した。また、イタリアの科学者プリーモ・レーヴィは『今でなければいつ』などを書き残し、最後には自害した。

イスラエルでは、生存者の実話に基づいたショアー児童文学と呼べるジャンルが生まれた。『走れ、走って逃げろ』は、六歳の少年が、ワルシャワ・ゲットーから逃亡したのち、ポーランドの村や森を逃げつづける姿を克明に描いた。ショアー文学は暗さをともないがちだが、この作品は、片腕を切断され、父親を目前で殺される逆境を、知恵と勇気で乗り越える少年の冒険譚で、英雄物語のさわやかさで綴られる。

無抵抗の犠牲者というイメージ以外にも、戦うパルチザンとしてのユダヤ人の姿がある。とくに、ワルシャワ・ゲットーにおけるユダヤ人蜂起は、支配者のドイツ軍の度肝を抜くものであった。決行されたのが過越《すぎこし》祭の日であったことは象徴的である。祭りの本義からすれば、それは過去の事跡の記念ではなく、自分がまさに神の御業によってエジプトから脱出したと思わねばならない祭儀的現実なのである。

ショアーを後世に残す作業はそれをおこなう主体と目的によって性格が異なる。イスラエル国家が国をあげて犠牲者すべての詳細な記録を保存するのが、エルサレムの「ヤド・ヴァシェム」ショアー記念館である。ヤド・ヴァシェムとは、ヘブライ語で「手と名」(記念碑)を意味し、預言者の聖句に由来する。アメリカ合衆国は、二十世紀の負の遺産であるショアーを二度と起こさないという強い意志を、人権大国である自国が犠牲者を救出できなかった罪悪感とともに記録に残した。ワシントンDCに創設されたホロコースト博物館である。こうした国家意思とは異なり、個人の強い意志によって設立されたものの代表が、ロサンゼルスのサイモン・ヴィーゼンタール・センター「寛容の博物館」である。彼はウィーン出身のユダヤ人で、地上から人権抑圧を根絶しようとする意志と潜伏したナチス戦犯の徹底的な追跡を生涯の使命とした。

イスラエルはナチスに対抗してユダヤ人を助けた人々を、義なる異邦人として顕彰してきた。これはタルムード(サンヘドリン篇)の教え「一人の命を救う者は世界を救う」ことの実践と理解されるが、そのなかに、スウェーデン人のラウル・ワレンバーグ、ドイツ人のシンドラーとともに、日本人の杉原千畝《ちうね》がいる。リトアニアのカウナスの日本領事館で領事代理として、逃れてきたユダヤ人に日本の通過ビザを与えた。助けられた人数は六〇〇〇人とも一万人ともいわれる。

意味で、「プロイセン的伝統」はドイツ破滅の中心的役割をはたしたことは認められる。

しかし、ヒトラーの思想には、プロイセン主義にはみられなかった特徴があった。強烈な人種主義である。そこに、ウィーンの教訓を指摘する主張がある。人種主義の反ユダヤ主義が吹き荒れた一九二〇年代のウィーンの政治を体験したヒトラーは、ユダヤ人を共産主義を鼓吹する疫病のごとくみなす徹底した人種差別的反ユダヤ主義を体得した。また、巧みな大衆操作を会得し、アーリア民族の生存圏と劣等人種の安楽死という人種理論を綱領にして、ミュンヘンを基点に政治活動を遂行したことである。ナチスの徹底した人種差別的反ユダヤ主義は、プロイセン主義に由来するものではなかった。古プロイセンの最大の魅力の一つである宗教的寛容の伝統は、十九世紀の初頭に差別的法律を撤廃してユダヤ人を急速にドイツ社会に受容する要因であった。

ユダヤ人に史上まれな繁栄をもたらした寛大なドイツ社会は、国力が衰えたとき、わずか十数年でまったく反対の国家へと変貌した。そうした状況をもたらした政治指導者の正体を見抜けず、それを支持した国民には重大な責任がある。周辺諸国が、ナチスの登場をプロイセン主義の再来と思い込んだことが、純潔主義・優生思想・強烈な反ユダヤ主義といった大きな違いを識別できなかったことの原因とされる。とくにイギリスで当時のヨーロッパ大陸諸国に関する現代史研究が遅れていたために、同時代の状況把握を誤ったのではないかという重大な教訓が指摘される。

ナチスの徹底した人種差別的反ユダヤ主義は、ヨーロッパ全体、とくに東欧を冒した反ユダヤ主義とは比較にならない強固な宗教的信念であり、それを政治において断固貫いたという意味で、ロマン的意志が神格化された政治体制であった。ヴェルサイユ体制の民族自決の教義は、全体主義体制によって、邪魔な少数集団を排除する教義と化した。異民族や異人種を「劣等」とみなして罪の意識なしに殺害することで、全体主義はその非人間性を露呈したといえるかもしれない。ここに人類は、二十世紀の政治思想の特徴——全体主義（左翼と右翼）のもつ非人間性と大量虐殺という新たな重い課題を担うに至った。人間の野蛮性に対する楽観はもはや許されず、戦後まもなく一九四八年に、国際連合はジェノサイド（集団虐殺）禁止条約を可決した。

3　アメリカのユダヤ人社会と東欧ユダヤ移民

一九一〇～二〇年代における保守派の躍進

東欧系ユダヤ人のアメリカ社会への適応という大問題は、ユダヤ教の従来の宗派では扱いきれないいくつかの難問をもたらすことになった。一つは、新しいアメリカ社会の価値観に直面した若者が伝統的な価値意識を放棄したことが、道徳の退廃とみられたことである。もう一つは、政治的シオニズムの登場によって、離散ユダヤ人に二重の忠誠心という疑惑が向けられるようになり、これへの対応を迫られたことである。

しかもそのときの主たる宗派は、問題をかかえていた。改革派は、ユダヤ人全体との繋がりを断ったユダヤ教とみなされ、このままでは根無し草になってしまうという危機に直面していた。他方、正統主義においては、時代遅れの戒律に拘束された閉鎖的な集団のままでいれば、時代の変化に適応できず衰退はとめられないという危機にあった。こうした危機的状況は、新たな運動への機運と希望の原動力でもあった。このいずれをも克服し、新たな時代の要請に対応できる教義と実践が求められたのである。

まさにこのとき、改革派と正統派の欠点を修正し中庸の道を模索した宗派が胎動を始めていた。まだ宗派の名乗りがなされる前の一八八七年に、ユダヤ神学大学ＪＴＳ（ジューイッシュ・セオロジカル・セミナリ）が開校されて、モーセの律法と父祖の伝統に忠実なアメリカのユダヤ人のための高等教育が施されるようになった。一九〇二年には、イギリスからソロモン・シェヒターが招かれ、ＪＴＳの学長となって指導をおこなうことにより、ここはユダヤ研究の学問的中心地を形成することになった。ＪＴＳは同時に新たな保守派のラビ養成大学ともなっていく。

シェヒターは保守派の指導理念として、普遍的ユダヤ教（カトリック・ジュディズム）を提唱し、アメリカのユダヤ人がおかれた危機的状況に対抗し、ユダヤ人の大団結といえるような連帯を掲げた。これは、ユダヤ教の輪郭を再定義した歴史観を提示し、未来の方向づけを明示したものである。それぞれの時代にイスラエルを指導した代表者たちは、ユダヤ教の「生きたからだ」であり、彼らが集合的良心によって定めた指導と実践こそが普遍的ユダヤ教である。そして、これが過去の証であり、現当二世を導く先《せん》達《だつ》であると。ユダヤ教の今日があるのは、それが時代とともに変化し、各時代の代表者の良心による決定がすべてのユダヤ人を指導してきたからであるというのである。

二十世紀前半にアメリカの法曹界で活躍したルイス・ブランダイスは、ユダヤ人労働者の抑圧された生活を改善し、労働者の権利を向上させ、なおかつ、彼らのユダヤ性とアメリカ性との両立を可能にする思想を提示することをめざした。かつてゲットーの壁で守られたユダヤ人の道義性は、アメリカ的自由の前にもろくも崩れ去り、ユダヤ人は道義性を失う危機に瀕している。このときこそ、アメリカのユダヤ人は民族の過去との絆を回復すべきである。現在、パレスチナではユダヤ人が入植して国家建設に励んでいる。彼らの社会にはユダヤ人の犯罪がまったくない。それは各自が理想と使命感に燃えているからだ。われわれも、「高貴な者の義務《ノブレス・オブリージュ》」の精神でユダヤ的再生運動に参加して、これを発展させようではないか。これは、アメリカのユダヤ教がパレスチナとの連帯を叫んだ最初の例である。

再建派の産みの苦しみ

こうして、互いに異なる理念に基づいた三つの宗派が確立をみた頃、新たな道を模索する人々があらわれていた。三つの宗派は、違いはあっても、基本的には伝統的なユダヤ教の唯一神教的観点に立脚しており、近代主義にどう適応するかという点をめぐって立場を異にしていた。しかし、第四の再建《リコンストラクショニスト》派と称する宗派は、伝統的な宗教概念を離れた集団形成論を展開する。もっとも、この運動も当初は、時代の要請に答えようとする保守派の論客の一人が主唱した思想として受け取られていた。なお、保守派から別れて独立の宗派となるのは、一九六八年以降である。

再建派とは、近代的生活に適応した生き方をするにはどうしたらよいか、という当時のユダヤ教の根本問題との格闘の結果生み出された思想である。主唱者のモルデカイ・カプランは、一八八一年リトアニア生まれで、九歳でアメリカへ移住、正統派のラビである父に学んだのち、コロンビア大学で社会学と哲学を学び、さらにJTSで修士号を受けた。修了後、ドイツで宗教的シオニズムの創設者であるラビ・ライネスのもとで叙任を受け、当時のユダヤ教のさまざまな思想運動に身をおきつつ、ユダヤ教の行詰りを深く憂いて、突破口を探った。カプランの基本的な方向性は保守派の流れに属したが、その枠を超えて、ユダヤ教を再建し蘇生させる新たなプログラムを提起したのは、一九二〇年、ジョン・デューイの『哲学における再建』に触発されて、「ユダヤ教再建プログラム」という論文を執筆したときであった。ときに彼は、これまでの職を辞し、志をともにする三五世帯の家族とともに新しい会衆を結成した。

カプランの再建策というのは、信徒の日常生活のなかでユダヤ主義《ジュディズム》を一つの文明として機能させることであった。そのユダヤ主義の中心に立つのは、もはや唯一神ではなく、ユダヤの民という集合体である。そこには、固定した信仰箇条もなければ、神の啓示もなく、神の戒律もない。あるのは、ユダヤ文明という歴史的運動体である。これを構成するのは、イスラエルという土地、言語、文学、民俗生活、道徳、法規範、芸術などであり、これらをいかにして活性化させ、再発見し再解釈できるか、それをユダヤ人一人一人が取り組まねばならないという。

このようなカプランの構想は、ユダヤ教の伝統的な概念を四項目にわたって変革することになった。第一は、超越的一神教概念の放棄。第二は、ユダヤ的選民主義の否定。第三には、教義的に自由な態度。第四に、伝統的ハラハーの変更を志向する態度。これらの論争的諸要素は、変革を求める保守派の指導者たちの心に訴える力があった。カプランのプログラムは、両大戦間のアメリカ・ユダヤ人社会に対して彼が感じていた危機感の表れでもあった。移民第二世代が、親の代のユダヤ教を捨て去り、世俗化した生活態度に徹することはユダヤ文化を喪失させる恐れがあった。そこに、ユダヤ教の儀礼と生活様式の刷新が人々の共感を得たのである。

アメリカ・ユダヤ人と慈善互助団体の運動

一九一七年、第一次世界大戦によって東欧ユダヤ人がこうむった惨状がアメリカ・ユダヤ人に報じられた。大富豪で人道主義の代表者であるジェイコブ・シフの発案による目標額五〇〇万ドルの大キャンペーンは、かつてない同胞意識の一体感を生んで、集められた援助金は通常の慈善基金一年分の額に達した。こうしたユダヤ人の自主的な団体組織による慈善活動は、伝統的なシナゴーグ中心の慈善活動に代わって、アメリカで極めて盛んになった。ここでユダヤ教の慈善の伝統的意義と近代における変化について、少しふれておこう。

近代以前のケヒラー（ユダヤ共同体）では、相互扶助に基づく社会的奉仕活動が徹底されていた。これは、ユダヤ教に限らず、キリスト教やイスラームにおいても、教会やモスクを中心に社会福祉的複合共同体が形成されていたことを考えれば、これらの一神教に共通する理念であった。ユダヤ人共同体には、ラビ、法廷、シナゴーグ、評議会、初等・高等教育機関、喜捨《ツダカー》、葬儀組合《ヘブラー・カディシャー》、儀礼的沐浴施設《ミクヴェ》、ユダヤ法に則った家畜解体人《ショヘット》のほか、成員の義務として、客人の歓待、病気見舞い、食事の配給など、隣人愛と社会正義の実現を基本理念とした「神の法」の実現が義務づけられていた。

近代国家はこうした中間的な自治組織をほとんど廃止し、個人と国家が直結する仕組をつくりあげ、徴税、徴兵、義務教育を独占する時代へ突入した。そのとき、それまでの宗教共同体の福祉理念は、シナゴーグを離れて自発的な相互扶助団体の結成によって継承される。十九世紀のドイツで、ユダヤ人解放を機に、各地のユダヤ人会衆組織を基盤としつつ、新たな互助団体《フィランソロピー》が組織され、それはのちにアメリカにおいて独自の飛躍的な発展を遂げることになった。これらの団体は、当初は構成員や新たな移民の社会的適応を助け、人権擁護や生活の安全確保、さらに社会保障や福祉などを相互に助け合うことを目的として活動が始められた。しかし、のちには、実際にポグロム被害者の救済などの社会的成功をおさめるとともに、活動範囲は慈善事業をも包摂するものとなり、組織的にも拡大していく。

アメリカ・ユダヤ人の慈善活動は、十九世紀末、東欧ユダヤ人同胞の大規模な移民を受け入れる条件として、国家からの強い要請を受けて活発化した。先にあげたシフは、ロシア移民が東海岸の大都市に集中し同化が遅れることを危惧して、一九〇七年に、彼らを西海岸へ移送するガルヴェストン計画を実施した。二〇年代以降には、社会奉仕の種目が拡大し、病人の看護、医学・生物学分野の研究助成、勤労女性の子どもの世話、老人・長期療養者・病気回復者の看護と医療施設の向上、若年層の不法行為の抑制、世界の緊急人道支援など、多岐にわたるようになった。三〇年代の大恐慌では、貧困層への物的援助を国家とともに担い、第二次世界大戦期は、ショアーの生存者救出とシオニズム支援を大規模に実施するなど、独自の活動を展開した。第二次世界大戦後も、これらの活動の一部が国家の福祉政策へと受け継がれる一方で、その独自の活動領域を広げ、つねに世界の政治や環境問題に深い関心をもって取り組んでいる。それらの資金を提供するのが、アメリカの実業界で成功したユダヤ人たちの強固なネットワークなのである。

4　イスラエル建国までのパレスチナ情勢

民族国家の建設へ

世界シオニスト会議の創設は運動を統合させたことにより、ユダヤ人国家建設の重要な契機となった。ユダヤ人国家という民族国家《ネイション・ステイト》の建設には、二つの条件が必要であり、そのための対応がまさにこの会議によってはかられたからである。二つの条件とは、列強の承認と実質的な共同体の形成である。

国家として承認されるためには、その時代の国際関係を決定する権限をもつ集団の承認が必要であり、現代ならば国際連合、当時であれば、欧米諸国であり、とくに覇権を握る強国を味方につけるか否かが極めて重要な要因となる。その意味で、イギリスからバルフォア宣言を引き出すことができたことは、世界シオニスト会議の方針の賜物であり、個人的にはハイム・ヴァイツマン（ワイズマン）に最大の功績が帰せられる。ロシア出身の化学者でイギリスの市民権を取得し、列強の指導者にシオニズムの大義を説いてまわった豪傑であった。第一次世界大戦後には、イギリスがパレスチナの委任統治を任され、国際連盟がバルフォア宣言を承認するにおよんで、列強による承認はほぼ確保された。

表6　アリヤーの歴史

第1次 1882–1903：	ロシア，ルーマニア。ヒッバト・ツィオン，ビルイーム，25,000人
第2次 1904–14：	ロシア。社会主義シオニズムの若者，40,000人
第3次 1919–23：	ロシア，ポーランド，ルーマニア。ハルーツ，ショメル・ハツァイール，35,000人
第4次 1924–32：	ポーランドから中産階級の避難民，8,800人
第5次 1933–39：	ドイツ，ポーランド，中欧。ナチスの迫害からの亡命者，215,000人
第6次 1939–45：	全ヨーロッパ。ナチス占領からの脱出者，62,000人
第7次 1945–48：	全ヨーロッパ。ショアーの生存者。多くは不法入国した。120,000人

第二の条件は、パレスチナにユダヤ人の実質的な共同体を形成し国家の母体をつくることである。こうしたユダヤ人の入植地をヘブライ語でイシューヴという。西欧からみれば荒野同然の地を開墾し居住地を確保する役割は、ロシアからの波状的移民の手に委ねられた。建国を目的としたシオニストのパレスチナ移民を、ヘブライ語で特別に「アリヤー」（上昇、上京）と呼ぶ。第一次アリヤーは、すでにヘルツルの呼びかけ以前の一八八一年に、ロシアのポグロムを機に始まっていたが、これは失敗に終わっていた。一九〇四年に始まった第二次アリヤーは、社会主義に燃える若きシオニストを中核として、世界シオニスト機構（WZO）による援助にも助けられて、一〇年間にわたる大規模かつ計画性の高いものとなった。この時期以降の入植者から建国の中枢が輩出する。彼らは、荒地ではキブツ（集団農場）組織による農業共産社会を創設し、都市部では、ユダヤ人の手になる最初の都市として、一九〇九年にテル・アヴィヴ市を建設する。港湾都市ヤッフォ（ジャッファ）の北辺で地中海に面した砂丘状の荒地に立った初代市長ディーゼングフは、取り巻く市民に都市建設の第一声をあげた。

さらに、開拓農民はベドウィンの襲撃に対抗する自衛団を結成したが、その一員に若きダヴィッド・ベングリオンがいた。

第一次世界大戦後のパレスチナ

イギリス統治下となったパレスチナの大きな変化は、覇権をもつ国がドイツからイギリスへ変化したことである。それまでのオスマン帝国時代はドイツの影響力が群を抜き、一八九八年に皇帝のエルサレ

キブツ　20世紀初頭，ガリラヤ湖周辺にユダヤ人入植者たちが集団農場(キブツ)を形成し始めた。この「ハツェル・キネレト」は1908年にできた入植者の農村をもとにして，13年以降キブツとして展開した。

テル・アヴィヴ建設宣言　1909年４月11日，ヤッフォ郊外に共同購入した砂丘に66組のユダヤ人家族が集まり，新しい都市の建設を宣言した。土地は区画番号と家族名を記した貝殻のくじによる抽選で分割された。

コラム　小説家シャイ・アグノンの描いたパレスチナの生活

第一次世界大戦前にパレスチナに移住した小説家アグノンは、現地の様子を長編小説『過ぎし日』(原題「トゥモール・シルショム」は昨日、おととい、過去、の意)で活写した。そのなかから逸話を紹介する。

主人公は、作家の分身ともいえるガリツィア生まれのイツハク(イサク)である。当時、ガリツィアはポーランドながら、ユダヤ人解放を実現したオーストリア領だったため、シオニストといえどもパレスチナへ移住する者は皆無に等しかった。中心都市レンベルクには、シオニズムの大物たちが住んでいたので、イツハクは聖地へ出発する前に挨拶に出向いたが、彼らはカフェでビリヤードに興じていて、パレスチナへ行って土地を耕すという若者を驚異の目で見た。ウィーン経由でトリエステへ。船はトリエステを出航後、アレクサンドリアに立ち寄って、一〇日でヤッフォ(ジャッファ)に到着した。

ヤッフォには入植した若いユダヤ人労働者が集まる社交場のようなものがあって、そこで現地の情報が取り交わされていた。現地では、ロシア系ユダヤ人の一〇人中九人はラビノビッチを名乗っていて、そんなロシア出身の男と知合いになった。その家で出された夕食は、パンとオリーブの実とトマトだった。ヤッフォや周辺の農園では、アラブ人労働者が好んで雇用され、ユダヤ人移住者の職探しは困難を極めた。イツハクも日々の職探しに難渋し、やっとペンキ職人のもとで仕事を得た。収入が安定したとはいえ、当初の農耕の希望を捨ててペンキ塗りになったことにひどく後ろめたさを感じていると、友人から、仕事の内容などではなく、イスラエルの地に住むこと自体が大事なのだとさとされる。

言葉も食事も現地の生活になじんでくると、イツハクも他の多くの若者と同様に、シナゴーグへ行かず、テフィリン（祈りで着用する聖句箱）もつけず、安息日も守らず、巡礼も忘れてしまった。当初は戒律のなかでも禁止の戒律だけは守ろうと決めたが、しだいに規範意識も薄れて、罪を犯しても一向に恐れることがなくなった。これも、宗教などは重要なことではないという人々のあいだに暮すようになったためであった。

知り合ったある老農夫の話によると、彼は昔、ハイファでロスチャイルド卿の御者をしていたという。ロスチャイルド卿がズィフロン・ヤーコヴを視察して自分の行為をどう思うか聞いてきたので、無駄に金をばら撒《ま》きなさるな、金ではイシューヴ（ユダヤ人入植地）はできない、土地と労働への愛がなければだめだ、と答えた。しかし、あの親父さんは頑固者で他人の忠告など聞かねえもんだから、めっぽう金をばら撒いたわりには、見返りはほとんどなかったよと。

これまでは困窮や抑圧のゆえに入植した者が多く、職もなく食うにも困ったときにキリスト教のミッションに助けられてそのまま改宗してしまうケースが多かったが、ある時期から事情が違った。ロシアやルーマニアからきた若者たちは、荒地を開墾して集落をつくるというそれまでとはまったく違う方法で新生活を始め、もはやキリスト教へ改宗する者はいなかった。彼らはこの地にきても困難な時期のため職もなかったが、去ることを拒絶して、一群の仲間とともに苦労のすえに農地を開墾して居住地をつくりあげたのである。そうした場所が、ヤッフォの近郊にも、また遠くガリラヤなどの入植地にも広がっていった。その勇敢な行為の裏に、並々ならぬ苦労をして土地を購入し開墾したという記憶がまだ新しく、イッハクは、試練に耐えられず、農耕をあきらめて都会へ逃げた自分が惨めに思われたのであった。

ム訪問の際には、ヘルツルがエルサレムの再建を嘆願している。巡礼者の増加、鉄道の敷設、城壁外の居住地の増加でエルサレムは活況を呈し、アラブ七万人、ユダヤ四万人の人口を擁するまでになった。二十世紀の一〇年代は、ドイツによる建設ラッシュで、シオンの丘で今も威容を誇る聖母マリアの眠りの教会《ドルミシオン》や、オリーブ山の最高点のオーガスタ・ヴィクトリア病院などが次々と建設されていた。それが、戦後は完全にイギリスの影響下に移ることになった。

委任統治による安定した一九二〇年代は、パレスチナ、そしてエルサレムに経済的繁栄をもたらし、各地で建設ラッシュが起こりユダヤ人移民が増大した。これがアラブ・ナショナリズムを刺激し、相互の対立が激化する。事態を憂えた植民地相チャーチルが一九二一年に訪問し、両民族の繁栄を約し、ユダヤ人がこの地に経済的繁栄をもたらすとしてアラブ人を説得した。ユダヤ人社会では、ユダヤ民族の精神的再生の象徴として、エルサレムにヘブライ大学を創設する機運が高まり、二二年初頭には、ノーベル賞を受賞し日本滞在を終えたばかりのアインシュタインがパレスチナを訪れ、記念講演をおこなった。そして、ヘブライ大学は、二五年にスコパス山頂に開校した。

しかし、エルサレムのムフティ(高位のイスラーム法学者で法的見解を表明する権威者)、アミン・アルフセイニは、一九二一年にムスリム(イスラーム教徒)評議会の終身大統領となり、ドイツ支持とパレスチナ分割反対を表明し、ユダヤ移民の増大に反対して、同年にエルサレムを中心に暴動を指揮した。その後も闘争を継続し、二九年と三六年に大規模な暴動を起こした。これを受けて、イギリスは三七年に調停役として、エルサレムをイギリス統治下におくパレスチナ分割案を提示したが、支持は得られなかった。

パレスチナのユダヤ人社会は、第二次世界大戦中、ナチスに対抗してイギリス軍に参加し、連合国軍の一員となって戦った。パレスチナのユダヤ人指導層は、一九四一年のアメリカ合衆国参戦以後、アメリカの影響力の増大とイギリスの影響力低下を予測するにつれ、シオニズム運動に対するアメリカの理解と協力を得ることを重視するようになる。ベングリオンはアメリカのユダヤ人世論をシオニズム支持に転換する方針を推進し、それが功を奏して、四三年のアメリカ・ユダヤ委員会ＡＪＣ（アメリカン・ジューイッシュ・コミティ）の会議においてシオニズム支持が決議されるに至った。さらに、ショアーからのユダヤ人救出に失敗したアメリカ・ユダヤ市民は、その罪の意識も手伝ってシオニズムに対する関係を転換させ、ショアー生存者の避難所としてのイスラエル建国に賛同するようになった。全米のユダヤ人人口のほぼ半分の二五〇万人が、イスラエル建国を支持する諸団体に帰属したとされ、第二次世界大戦終結から四八年の建国までに、アメリカ・ユダヤ人による寄付金は四〇〇万ドルという驚異的な額に達した。こうして、世界シオニスト機構に対するアメリカの影響力は急速に高まり、イギリスとの協力による建国に固執するヴァイツマンの威信が低下した。また、アメリカ・ユダヤ人がアメリカ政府のイスラエル支持を強く働きかけることにもなった。ヴァイツマンはなかば失脚し、孤独ななかで建国を迎え、名誉職としての大統領にすえられる。

イギリスは戦後、ユダヤ人のパレスチナ移民の波に遭遇して受入れを拒絶し、パレスチナは、戦後の地位をめぐって、イギリス、アラブ、ユダヤの三つ巴の争いに陥った。一九四六年には、ユダヤ人がイギリスによる支配への反対闘争を激化させ、イギリス軍司令部がおかれた、エルサレムの名門、キング・デイヴィッド・ホテルの一部を爆破し、九二名の死者を出した。国力の衰えたイギリスは、アラブ、ユダヤ両陣営の調停を試みたが、すでに影響力を行使できる軍事力も政治力も失われていた。労働党内閣の内政重視で海外からの撤退が進んだため、エルサレムをあくまでイギリス統治下におこうとする三七年の調停案を放棄し、後事は国際連合に委ねられ、国連は四七年十一月の総会においてパレスチナ分割案を可決した。

その後は、翌年のイギリスの委任統治終了前にアラブ、ユダヤ双方でなかば戦争状態が始まり、ベングリオンは、西エルサレムを死守して首都とする決意で、エルサレムへの補給路確保に全力を傾けるこ

1942年までにユダヤ人が取得した土地

国際連合のパレスチナ分割案

とになった。一九四八年五月、イギリスの委任統治期限終了による撤退、イスラエルによる独立宣言、アラブ諸国による宣戦布告、そして、翌年の休戦協定、エルサレムの東西への分割とヨルダンによる東エルサレム支配へと続いた。

パレスチナ・アラブ勢力は、一九四八年の第一次中東戦争において、周辺のアラブ諸国と対等な政治力を結集できず、周辺のアラブ諸国によるイスラエル攻撃の陰に隠れるかたちとなり、休戦後には、隣国ヨルダンがパレスチナのアラブ側領土と東エルサレムを領有するに至った。メッカとメディナをサウド家に奪われたハシム家としては、エルサレムを領有する絶好の機会であったが、イスラエルとの和平協定で国境画定を望んだヨルダン国王アブドッラーは暗殺され、目論見は頓挫する。また、休戦による国境は、イギリスや国連の分割案とはおおいに異なり、イスラエルの軍事的優位を大きく反映したものとなった。

イスラエル独立宣言とメシアニズム的要素

シオニズムは、イスラエルの地においてユダヤの民の世俗的な主権国家建設をめざす運動であったが、その理念は、イスラエルの独立宣言に謳われている。ここでその特徴をあげておこう。独立宣言は二つの言語で書かれているが、英語版では建国は民族自決と国連による承認に根拠をもつとするのに対して、ヘブライ語版には、ヘルツルの「預言」(ハゾーン)の成就という表現がみられ、近代の政治的シオニズムにおけるヘルツルの意義が明示されている。多様なシオニズム運動のなかで、ヘルツルの名だけが宣言文にもられ、また、ヘルツルの写真が、独立宣言を報ずる現地のヘブライ語新聞の第一面を飾ったことの理由がわかる。

独立宣言は、宣言部分に先立って、独立に至るまでの歴史的経緯が明示され、宣言に続くいくつかのアピールで締めくくられるが、歴史的経緯の要点を時間順に列挙し、アピールの代表的なものをあげてみると、そこには、ある明確な主張が読み取れる。

歴史的経緯

(1)「エレツ・イスラエル」(イスラエルの地)はユダヤ民族誕生の地である。
(2)強制的に捕囚の身になったが、離散の地でつねに帰還を希求してきた。
(3)どの世代も再建に努め、近年集団で帰還してきた。
(4)ヘルツル主唱の世界シオニスト会議で民族の権利を宣言した。
(5)世界がバルフォア宣言と国際連盟でその権利を承認した。
(6)ナチスの殺戮行為はユダヤ難民問題の緊急性を実証した。
(7)第二次世界大戦では、この地のユダヤ人も自由のために戦った。
(8)国際連合の総会は、ユダヤ民族の自然権とユダヤ人国家建設を承認した。

アピール

(1)世界のユダヤ人へ「捕囚民の帰参」を促し、それを「イスラエルの贖い」とみなす。
(2)全住民の社会的・政治的諸権利の完全な平等を約す。

⑶周囲のアラブ諸国家へ平和と善隣友好の手を差し伸べる。

イスラエル独立宣言の理念には、三つの特徴がみられるといえよう。

第一に、現代の国家理論による正当性の主張である。現代世界において国家形成に正当性を賦与するものとは、民族自決の「自然権」と列強が構成する国際機関の承認である。したがって、それに則って、世界シオニスト会議、バルフォア宣言、国連分割案決議が示されている。また、近代国家の実質的な必

イスラエルの独立宣言　1948年5月14日テル・アヴィヴ博物館でベングリオンが独立宣言を読み上げた。翌日にイギリスの委任統治が終了し，アラブ軍との戦闘が本格化した。

Declaration of the Establishment of the State of Israel

独立宣言文　右側がヘブライ語，左側が英語。建国史や国家理念のほか，ショアーやヘルツルの預言（ハゾーン）にも言及される。最後にベングリオンと評議会委員の署名がある。

要条件である国民、領土、防衛、経済的・文化的繁栄をあげて、それらがすべて満たされたことを確認している。ショアーの避難所としての意義が明示されたことは、まさに民族の生存権への意思表示であり、独立国家による自己防衛への権利と信念が生存の基盤となっている。離散ユダヤ人の苦難を支え、武力によらない生存を指導したのは、ラビ・ユダヤ教の「残りの者に希望を託せ、律法によって生きよ、歴史の証言者たれ」という理念であった。その根底には、つねに自分たちの道義性への反省と正義の追求が脈打っていた。それが、今後どう生かされるのかが課題として残された。

第二には、離散ユダヤ人を包摂する「民族」概念の実体化である。国名を「イスラエル」とすることで、聖書の民イスラエルと等置し、古代イスラエル王国との連続性、アブラハムの子孫に約束された地との連続性が保証され、建国はまさに「二〇〇〇年前の祖国への帰還」と意味づけられる。これによって、エチオピア系ユダヤ人（ファラシャ）などの「失われた一〇部族」とみなされる集団も民の一員に加えられ、ユダヤ人とは、ユダヤ教徒ではなく、イスラエル民族の集合体と捉えられる。

第三に、宗教的意味合いとしてのメシアニズムの諸要素があることである。建国は「捕囚の歴史の終了」として位置づけられ、これまでの離散ユダヤ人社会はすべて捕囚《ガルート》として意味づけられた。離散の民はすべて古代からの捕囚民であり、この国が全イスラエルの贖い《ゲウラー》であるとすれば、世界中の離散の民はイスラエルへ集合するのを要請されたことを意味する。贖いとエルサレムとは不可分であるから、たとえ今日ではダビデ王権の復興やエルサレム神殿の再建は時代錯誤としても、エルサレムの象徴性は不可欠である。これこそは、ベングリオンがエルサレムに固執し、独立にあたって西エルサレムへの補給路を死守した根本動機であった。

イスラエルは、ユダヤ人国家の国是として、不安定極まりない離散ユダヤ人のための避難所であるだけでなく、移民を「捕囚民の帰還」と意味づけた。ユダヤ人の離散状態は、はたして神の罰によるのか、神の試練なのか、そうではなく、それは神が与えた使命なのか——このユダヤ人の実存にかかわる宗教的な問いは、一義的な意味づけを与えられた。イスラエル国家に対するこのような意味づけは、ユダヤ人という概念やユダヤ人の歴史に対する明確な解釈のうえに成り立っている。それは解釈の一つにすぎないともいえるが、国家の成立によってアイディアが歴史的事実となったために、その解釈はある種の権威を獲得した。七〇年のエルサレム神殿崩壊後、二〇〇〇年が経過して、一つの新しい時代が到来したのだと。このことが、離散社会のユダヤ人に衝撃を与えることになるのである。

第6章 ユダヤ人の国民国家と世界市民

ショアーはヨーロッパの六〇〇万人のユダヤ人犠牲者を生んで、世界のユダヤ人人口の三七%を失わせ、人口のうえでは、二十一世紀になってやっと五〇年前の状況が回復されつつあるにすぎない。第二次世界大戦後には、ユダヤ人の世界的分布に大きな変動が起こった。かつての東欧地域はもはやユダヤ教の中心地ではなく、わずかにソ連領内のユダヤ人推定二〇〇万人が残された。それに代わって、アメリカ合衆国と建国されたイスラエルが、二つの極として、ユダヤ人社会の中心軸を形成することになる。いずれも移民国家として、ある意味二十一世紀の新たな人類社会の方向性を示すものでもある。離散ユダヤ人社会は、アメリカ以外では、フランス、ロシア、ウクライナ、そして自由主義的な英語圏の国々カナダ・イギリス・オーストラリア・南アフリカなど、中南米の移民諸国家ブラジル・アルゼンチン・メキシコなどに居住する傾向がみられる。だれをユダヤ人にカウントするかはもはや一定の基準が失われつつあるが、二〇〇二年版『ユダヤ年鑑』によると、世界のユダヤ人は総人口が約一三〇〇万人で、アメリカに五八〇万人、イスラエルに四八五万人、その他の国々に二三五万人という分布になる。

二十世紀の後半の時代は、ショアーとイスラエル国家樹立という歴史的大事件に直面して、それこそ何百万人という同時代のユダヤ人がその意味を問い、かつ自己の生き方を問わざるをえない状況におかれた時代である。しかし、ショアーの体験は、生存者に深い精神的外傷を負わせたため、心の傷が癒されて思想として昇華されるには、二〇年以上の歳月の流れを要した。アメリカでは、一九六〇年代になってはじめて、ショアー(アメリカでは当時、ホロコーストの語が使われた)が社会的に注目されるようになった。これは、ユダヤ人を救済できなかったことに対して、アメリカ国民全体に何らかの罪の意識や責任を自覚させるきっかけとなっている。

今日のイスラエル国家は、ユダヤ人の世俗的民族国家として、二〇〇〇年を経て古くて新しい事態をもたらしたことは事実であり、世界のユダヤ人にとって、そこは一つの重要な中心を形成している。しかし、他方で、世界は科学技術の爛熟《らんじゅく》と戦争の世紀を経過するなかで、国家主権を超えた人類の連帯を模索しているのも事実である。その両方の問題ともっとも深刻にかかわってきた人間集団として、ユダヤ人とその宗教のあり方は今日においてももっとも注目に値する存在の一つであることは疑いがなく、宗教的にもまたもっとも鮮烈な問題を提示しつづけている。その戦後から今日までを概観しよう。

1　ショアー以後における世界のユダヤ人

戦後ドイツをめぐるユダヤ人問題

わずかとはいえナチスを生き延びたドイツ系ユダヤ人の戦後は過酷であった。推定約二万人で、そのうちの一万五〇〇〇人は、アーリア人を配偶者とするユダヤ人であった。彼らは、戦後まもなく、戦前と同様に会衆組織(これをドイツ語ではゲマインデと呼んだ)を形成して相互扶助をめざしたが、その法的身分に関して、二重に屈辱的な扱いを受けることになった。第一には、米英仏の連合国軍にとっては、ナチスの人種政策を絶対に認めることはできないから、ドイツのユダヤ人は、あくまで近代憲法における法の前の平等に基づいた「ドイツ市民」であった。その結果、他の加害者のドイツ人生存者と法律上は区別されない扱いを受けることになった。第二には、相続問題において、相続人不在のドイツ・ユダヤ人の財産の継承権は、彼らの形成したゲマインデには認められず、米英仏に本部をもつ海外のユダヤ人上部組織がつくった財産継承組織に与えられた。

こうした元来のドイツ市民のほかに、東欧諸国出身のユダヤ人難民DP(displaced person)がいた。東欧で戦後も迫害が続いたため、その数は一九四五年の六万八〇〇〇人から四七年には一八万人に増加した。彼らは連合国軍キャンプに収容されたが、連合国軍の兵士に囲まれているものの、終戦後もなおナチス時代の収容所での屈辱的な生活が続いた。アメリカの調査によってその惨状が報じられ、待遇はやや改善されたが、収容所生活が一九五〇年にまでおよんだケースもあった。

国家賠償問題は、西ドイツ(ドイツ連邦共和国)が国際社会に復帰するうえで極めて重大な論点であったが、一九五二年のルクセンブルク協定によって、西ドイツは金銭による個人補償とは別に、イスラエル国家に対して国家賠償をおこなうことを承認した。こうして、戦争時には存在しなかったイスラエル国家が犠牲者を引き継いで西ドイツに国家賠償を要求し、それが認められるという極めて異例な事態になった。

これらの問題をとおして、ユダヤ人概念をめぐる問題は、ユダヤ人とは宗教的帰属というよりも民族的帰属を意味するという方向に強く傾斜した。ユダヤ人の近代は、フランス革命以来、ユダヤ人概念が憲法上まさに宗教的帰属と理解されて市民権取得が認められたことに始まったものである。それが、十九世紀後半以降の民族主義思想、さらには、ヴェルサイユ条約による民族自決の大義、そして、ナチズムの人種差別的政治思想の破綻、そしてイスラエル国民国家の樹立を経て、アメリカやフランスでさえも、ユダヤ人概念を民族的帰属として受け入れる方向に逆転した。

ソ連のユダヤ人とユダヤ教

第二次世界大戦後は、鉄のカーテンによって仕切られた東西冷戦の時代が開始され、情報が途絶えたため、ソ連社会のユダヤ人の状況は不明になった。ボリシェヴィキ体制においては、当初、ユダヤ人への迫害はやみ、むしろ旧体制支持者によるユダヤ人迫害を阻止する動きが認められた。しかし、共産党内にユダヤ人を管轄するユダヤ部門が設置され、ユダヤ人分断がおこなわれ、ユダヤ人労働者とイディッシュ語は認めたが、ブルジョワとヘブライ語を厳しく抑圧したため、ソ連を逃れパレスチナへ移住する者が増大した。その後は、他の宗教と同じくユダヤ教に関係する事柄は抑圧され、ユダヤ人集団は「民族」とみなされた。とくに、スターリン体制においては、宗教のみならず、ユダヤ的アイデンティティにかかわるものは、イディッシュ語の学校や出版社、演劇なども禁止の対象になった。こうした状況は、ユダヤ人のあいだにアイデンティティの葛藤や分裂をもたらすことになった。コミュニストとなったユダヤ人にとっては、自らのユダヤ性は煩わしい定めとみなされたが、ユダヤ的精神を維持することを生きがいとする者にとっては、人生儀礼や公共の礼拝を抑制されたことは精神的自由の抑圧以外の何ものでもなかった。

一九六五年と六六年にソ連を訪問したエリー・ヴィーゼル(二四六頁参照)は、精神的な疲弊に深く心を痛めながらも、贖罪日《しょくざい》にモスクワの中央シナゴーグに数千人のユダヤ人が集ったことに驚嘆の念をいだいている。これらの人々は、世俗教育を受けて共産主義の夢を共有しながらも、自分はユダヤ人だと名乗りたい、ユダヤ教へ戻りたいと願い、墓地で秘密集会をもち、ヘブライ語を学び、イスラエルの歌を習う人々でもあった。六八年のプラハの春、パリ大学に始まるベトナム反戦の大学紛争など、世界に変化の兆しがみられた時期に、西側ユダヤ人によってソ連の人権抑圧に対するキャンペーンが展開され、六八年、六九年には、ソ連からウィーン経由でイスラエルにユダヤ移民が到着した。九一年から九四年にかけて、ペレストロイカ、ソ連邦崩壊によって、一〇〇万人を超えるロシア系ユダヤ人らがイスラエルへ移住するに至った。このなかには、ハラハーや帰還法《ホク・ハシュヴート》(二六五頁参照)からすれば、明らかにユダヤ人に該当しない事例が数多く含まれていたが、特別措置によってイスラエル市民として受け入れられた。

近代ユダヤ哲学とショアー後の神学

ショアーに対するユダヤ教の立場は、直接の加害者への復讐がほとんど見出せない点に第一の特徴がある。加害者のことは加害者自身の責任に委ね、ユダヤ人の関心は被害者となったことへの問いに向けられ、究極的には、神がなぜ介入の手を差し伸べなかったかという根本的な問いへと向かった。ショアーは近代ユダヤ思想にどのような衝撃を与えることになっただろうか。

二十世紀のユダヤ教神学には、神を二人称で語る傾向があることが指摘されるが、それを方向づけたのは、ヘルマン・コーヘンが唱えた神と人との「相関関係の原理」であった。こののち、レオ・ベックが「創造されたという感覚」を提起し、フランツ・ローゼンツヴァイクは、トーラーという恋文によって人に語りかける神との遭遇を語った。その盟友でもあるマルティン・ブーバーは、ただ出会われるべきものとしての二人称の神を謳い、その後継者アブラハム・ヘシェルにおいては、さらに「人を探し求める神」という観念へと展開している。これを通覧すると、ユダヤ哲学は近代に至って、三人称の神から二人称の神へ語りを変えたということが理解でき、神との直接的な出会いや神の臨在を重視する体験主義の傾向が如実に示されている。これは、近代ユダヤ哲学がハシディズムの神学に触発され、現世を神との直接体験が回復される時代と位置づけたことを意味しているといえよう。

そうであるとすると、ナチスによるショアーは、近代に高まったこの神学的方向性を粉砕し、神との出会いを完全に遮断するほどの衝撃を与えたはずである。ブーバーにとって、それは神の蝕、すなわち神が隠れたことを意味した。リチャード・ルーベンスタインは、神の死を唱え、神との契約自体を否定する無神論的神学を表明した。歴史の無意味さに立つことによって、ユダヤ人共同体が歴史的に築いてきた独自の価値に比重をおこうとする立場である。

伝統的なユダヤ教の神学は、どう対応したであろうか。ユダヤ教的伝統の基本は応報思想であり、善行は死後の審判において、きたる世における至福を約束されるのであるが、現世では必ずしも報われず、それゆえ古来、義人の苦難というヨブ的神義論はつねに要請されてきた。あくまでこの神学の枠を壊さない立場として、イグナツ・メイバウムは、ショアーを神の介入の結果であり、犠牲者の死は神の罰ではなく人類の償いとしての死であると捉えた。またエリエゼル・バーコヴィッツは、神は隠れた存在であり、ショアーは人知のおよばない神の計画であるとする。エミール・ファッケンハイムは、ショアーを神がユダヤ人に与えた新たな試練であるとして、生存者は殉教者を決して忘れてはならないと訴える。

今日のユダヤ哲学は、ユダヤ教の伝統それ自体に内在する神学的思考の弱さを克服し、ショアーの深刻な衝撃に対処する思想を紡ぎ出すという課題を負っている。神学的応答の難しさ、しかしそれにもかかわらず、その重大さを深く思い知らされるのである。そのなかで新たな哲学的挑戦がなされているとすれば、その代表は、フッサールの現象学を批判的に継承し、他者性という倫理的概念を現象学哲学に導入したエマニュエル・レヴィナスであろう。ナチスを支持したハイデッガーへの批判は非常に重いものがある。

アメリカ移民とエリー・ヴィーゼルの人道的活動

ショアーの苦難を生き延びた多くの生存者が、苦痛の体験を封印し、日常生活に適応しようと格闘するなかで、使命を自覚して何らかの具体的行動を起こした人々がいた。そうした人々のなかでいち早く自己変革を遂げた思想家にエリー・ヴィーゼルがいる。現在、アメリカを代表する人権活動家である作家ヴィーゼルは、人権闘争の象徴的存在として全米の青少年の模範である。ニューヨークを本拠地にして、世界各地の紛争に対する平和人権活動、自らの体験に基盤をもつ作家活動、ボストン大学での教育活動に携わっている。ノーベル平和賞受賞後は、基金を設立して、紛争国双方の若者の対話と共感のための活動をさらに広範に展開してきた。そうした活動の根本には、ショアーの廃墟で死んだ犠牲者のために証言するという堅固な使命感がある。

彼は現在のルーマニアの小都市スィゲトの典型的なシュテットルに生まれ育ち、一九四四年、ドイツ軍の侵攻によって強制収容所へ送られ、両親と姉を収容所で失う。終戦のとき十七歳になっていたヴィーゼルは、ユダヤ人団体の援助によってフランスで教育を受け、その後、イスラエルの新聞社のヨーロッパ特派員としてパリを中心に各地で活動するが、ヴィーゼルが語り継ぐべき使命を自覚したのは、フランスのノーベル賞作家フランソワ・モーリヤックから、自らの戦争体験を書き記すことを強く促されてからであった。最初の作品は作家のもとへ送られ、感動的な序文がそえられて出版される。それが第一作となる『夜』であった。

ヴィーゼルは、幼少の頃からハシディズムの影響を受けた伝統的ユダヤ教の生活と教育のなかで育っており、そうした生活と思想がその後の活動の精神的な基盤となっている。ニューヨークでは、タルムードの権威、ソール・リーバーマンに師事し、ハバド派ハシディズムの指導者シュニアスンや思想家アブラハム・ヘシェルとも親交を結びながらも、特定の宗派の教えに身をおいてそれを説くことはなく、またイスラエルに定住することもなかった。ヴィーゼルは権威を疑い、根拠に挑戦する側に立つ。

現代の世俗社会において、宗教に根差した精神生活の重要性を訴えつづけるヴィーゼルは、ショアーの加害者としてのキリスト教徒、彼の直截的な表現でいえば、殺人者としてのキリスト教徒を厳しく弾劾しつづける。その矛先は容赦ない。戦時下でユダヤ人の苦難を知っていた連合国軍も、連合国のユダヤ人も、パレスチナのユダヤ人も、だれも救いの手を差し伸べなかった。その無関心さへの懐疑は深い。人間ばかりではない。神にも厳しく責任を問いつづける。しかし、それは信仰をもつがゆえの神への抗議である。アブラハムもモーセも、他の預言者たちも、あえて神に抗議したのはその信仰のゆえであった。体験に裏打ちされたその主張は極めて重い。

イスラエル移民の思想的根拠

イスラエルへ移民する動機にはどのような思想的根拠がありうるのか。思想家アンドレ・ネエールのなかに探ってみたい。彼は、ナチス占領下のフランスで投獄されながら迫害を生き延び、聖書研究をとおしてユダヤ教の真実を弁明する使命を自覚し、ユダヤ思想を体系化する道を自ら切り開いた思想家である。もともとそういう志があったわけではない。ネエールには生きた手本があった。ドイツ系の哲学者フランツ・ローゼンツヴァイクである。ローゼンツヴァイクは、新カント派の雄ヘルマン・コーヘンに師事しつつも、ドイツの同化ユダヤ人の常として、ユダヤ教の信仰をとうに失って、キリスト教への改宗を考えていた。

しかし、第一次世界大戦にドイツ兵として従軍し、東欧ユダヤ人の新年の祈りに接し、魂を根底から揺さぶられるような感銘を受け、それを契機にユダヤ教の信仰に生きようと決意した。その結果、彼はのちに全身麻痺に冒され精神的にも肉体的にも苦難の淵に陥りながらも、信仰による精神の強靭さをもって病を克服し、以後七年間にわたって執筆を続けた。ローゼンツヴァイクのこの実存を賭した思想的実践こそが、ショアーによって絶滅の危機に直面したユダヤ教を救済し、新たな希望と活力を与えたのであった。

ユダヤ人はショアーに死んで、イスラエル建国によって復活した。自分が戦争を生き延び、ユダヤ教そのものも蘇生したことに励まされて、ネエールは、それまでの研究を捨てて、聖書におけるユダヤ的精神の追求へと研究の方向を転じ、これを自己の使命と確信した。そして現代ユダヤ教の問題の核心は政治的シオニズムの行方にあるという確信をもって、戦後建国されたイスラエルに移住するに至った。しかし、ユダヤ教の再生に賭けた彼の望みは、今日その期待通りに進展しただろうか。

2　アメリカのユダヤ人社会

二重の忠誠心をめぐる対決

第二次世界大戦を契機にして、アメリカは自由主義世界の盟主になった。ヨーロッパは、二度の世界大戦で疲弊し、その凋落《ちょうらく》は敗者のみならず勝者をも襲った。アメリカのユダヤ人にとっても、第二次世界大戦終結は新しい時代の到来として迎えることになった。ユダヤ人はアメリカ社会において、歴史上はじめてユダヤ教を認知させることに成功したのである。

そこには対外的・対内的な要因が効果的に働いた。ユダヤ人社会内の視点でみると、ショアーで東欧ユダヤ人社会が壊滅に瀕した結果、一九四五年の時点でアメリカ合衆国の五〇〇万人のユダヤ人は、世界のユダヤ人社会で最大の人口を誇る地域となった。これによって、アメリカのユダヤ人は、ユダヤ教の将来を決定する勢力となり、世界のユダヤ人全体に対する責任を自覚することになった。対外的には、「神なき共産主義」のソ連に対抗すべく、アメリカ全体が宗教に傾斜したことが特筆される。「われら、唯一の神を信ずる」という信仰告白が議会で承認されたのも、この時期のことである。ユダヤ教は、プロテスタント、カトリックに次いで、アメリカにおける第三の宗教としての地歩を確立したのである。世論に押されて、反ユダヤ主義には衰えがみられ、またユダヤ人内部の世俗主義も勢いが削がれた。この時期をユダヤ教の黄金時代と評した者もいた。

一方、ユダヤ人国家イスラエルが建国されたことで、年来の争点であった「二重の忠誠」問題は、切実な議題になりかねない情勢をもたらした。一九四九年、建国を終えたイスラエル首相ベングリオンが、アメリカのユダヤ人青年に向かって大規模な移民を呼びかけたことに、アメリカ・ユダヤ委員会(AJC)は不快感を表明した。それは、かねてから、ユダヤ機関(ジューイッシュ・エイジェンシー)とイスラエル政府に対して、アメリカ・ユダヤ人社会の内情に干渉しないよう再三要請し、確約を得ていた矢先のできごとだったからでもある。アメリカ・ユダヤ委員会は、イスラエル政府がアメリカ・ユダヤ人の

「二重の忠誠」で挑発してくることを危惧したのである。

これを受けて、イスラエル政府は翌年、ＡＪＣ会長のジェイコブ・ブラウステインをイスラエルに招待し、この件で会合をもった。ベングリオンは席上、イスラエル政府の越権行為に遺憾の意を表明して、いくつかの約束をした。そのなかには、イスラエルは諸国のユダヤ人の名誉と尊厳を害する発言や主張をおこなわないこと、アメリカ・ユダヤ人社会の物質的・政治的な支持が、イスラエル国家建設の成功の重要な要素の一つであったこと、今後とも、アメリカ・ユダヤ人社会とイスラエルは、多くの同胞に永久の住居を提供するために、緊密な友好関係をいっそう強化すべきことなどを提示した。そして、イスラエル側の誤解と無理解を戒め、アメリカ・ユダヤ人の忠誠心は合衆国に対するものただ一つであることを認め、イスラエル政府は自国民のみを代表し、他国のユダヤ人の内情にはいっさい干渉しないことを約束した。そのうえで、アメリカ・ユダヤ人に向けて、自由意志による開拓移民を呼びかけた。

これに対して、ブラウステインは、離散社会を代表するアメリカ・ユダヤ人の根本原則を表明した。第一に、ユダヤ教の根本に忠実たろうとするユダヤ人は、全体主義に反対し民主主義の先頭に立つべきであり、アメリカ・ユダヤ人は、アメリカ合衆国市民として、アメリカの民主主義社会の未来を信頼し、アメリカの自由と民主主義の運命と一体である。第二に、アメリカ・ユダヤ人は断じて捕囚の民ではない。そういう示唆や主張は断固拒絶する。イスラエル国家は全ユダヤ人に名誉と敬愛の情を鼓舞し、第二次世界大戦後にあって、ユダヤ人の士気を高めるのにおおいに貢献した。しかし、イスラエル国とリーダーに対し警鐘を鳴らさねばならぬ。市民同士の善意の関係は相互的であり、イスラエルはその発言と行動において、他国のユダヤ人の感情を害さない義務がある。第三に、世界のユダヤ人に対しては、宗教、共通の歴史的伝統、共通の運命の意識によって、互いに強い絆で結ばれているのだから、相応の援助はするが、内政に干渉すべきでない。第四に、イスラエルの未来は、アメリカや他の自由諸国の強力で健全なユダヤ人社会に大きく依存しており、他国の同胞とともにアメリカ市民権の範囲内でイスラエルに対するあらゆる援助をおこなっていく、というものであった。

東欧正統主義の指導者たちの避難

この時期、一九三三年から五〇年にかけて、ショアーの生存者およそ三〇万人が、アメリカに逃れてきた。そのなかには、東欧ユダヤ教の中枢を担う宗教指導者も多く含まれていた。ハシディズム系統とリトアニアのラビ・ユダヤ教系統の二つがあった。ここに、ユダヤ教正統主義とアメリカという近代社会とのあいだの葛藤が引き起こされる。

ニューヨークに本拠をおくようになるハシディズム諸派の指導者であるレッベたちには、ハンガリーのサトマール派のレッベであるラビ・ヨエル・タイテルバオム、帝政ロシア時代にベラルーシのルバヴィッチに拠点をもったハバド派のレッベ、ラビ・ヨセフ・シュネルゾーンなどがいたが、二五以上のハシディズムの集団が、東欧と同様の宗教共同体をニューヨークのブルックリン地区に形成した。ナチスに破壊されたユダヤ教の信仰の要塞を再建して、命脈を伝えるためである。なかでもサトマール派は反近代、反シオニズムを掲げて宗教的に閉鎖された超正統主義《ウルトラ・オーソドクス》を実践し、一九六〇年代には四万五〇〇〇人の信徒を従えた最大級の共同体を構えるに至った。

他方、信仰を失った神なきユダヤ人にハシディズム信仰を布教することに情熱をそそいだのが、ルバヴィッチ派である。レッベであるシュネルゾーンはソ連時代にユダヤ教の地下活動で追放となり、リガを経て、ナチス侵攻時に脱出し渡米した。その没後、娘婿のメナヘム・メンデル・シュニアスンが継承したが、彼は近代を嫌悪することなく、ベルリン大学とソルボンヌ大学で数学と工学をおさめた。指導者としての才能と魅力を備えていたシュニアスンは、熱烈なメシア待望論とユダヤ人の積極的貢献を信徒に鼓舞し、世界中のユダヤ人共同体へ宣教して急成長を遂げた。この人こそ隠れたメシアであるとの確信的信仰が弟子のなかで起こり、逝去後も、霊的生存説や復活説、神との一体化への信仰などがしばらく続き、宣教熱はいっそう高まった。

リトアニアのタルムード学の継承者もまた、アメリカでイェシヴァ（ユダヤ教の学塾）を再建している。その一つが一九三九年にニューヨークにつくられ、さらに四一年にはテルズ・イェシヴァがラビと学生たちとともにクリーヴランドで再建された。とくに大きな影響力をおよぼしたのは、ラビ・アハロン・コットラーであった。彼は、名門スロヴォドカ・イェシヴァで学び、クレックのイェシヴァを指導したのち、弟子たちを救うべく自ら禁止を破って四一年に渡米した。周囲の不純な環境に影響されずに純粋なタルムード研究そのものを目標に設定した徹底ぶりで、四三年にニュージャージー州の避暑地レイクウッドに設立したイェシヴァは、タルムード高等教育のハーヴァードともいわれた。ヴォロジンのラビ・ハイムを髣髴《ほうふつ》させるように、一三人の学生から始まった学塾は、六二年には学生数が一六〇名に、五〇周年には学生一五〇〇人、三七支部へと大成長を遂げた。彼の厳格な超正統主義は、アメリカの正統主義全体を厳格な方向に軌道修正させるほど大きな影響力をもった。

リトアニア出身のジョセフ・ソロヴェイチクは一九三二年に渡米し、三九年にボストンにイェシヴァを設立したが、彼がめざしたのは東欧の超正統主義の再建ではない。自身、キルケゴールやヘルマン・コーヘンの思想を学び、数学や科学哲学にも造詣が深く、タルムード学と近代の世俗的学問の総合による人間造りをめざした。彼は、アメリカのユダヤ教正統派における傑出した指導者として、史上もっとも多くの正統派ラビを叙任したとされる。

精神分析と人間性心理学

精神的障害や神経症は文明病といわれる。事実、近代社会ではそのアイデンティティの錯綜と人間疎外がこの病を生み、患者を激増させた。疎外の克服をめざしたマルクス主義や実存主義がその後の思想と哲学をリードする一方で、精神疾患の解明と治癒をめざしたフロイトの精神分析学も人間理解に新たな活路を開いた。人間疎外は近代の普遍的徴候であるとはいえ、十九世紀における十九世紀末のウィーンやベルリンなどの大都会のユダヤ人に多くの症例がみられたことは、十九世紀におけるドイツ系ユダヤ人のめまぐるしい社会進出と何らかの深い関係があったと考えられる。すなわち、政治的解放、同化とキリスト教への改宗、そして急激な経済的・社会的上昇、それに対する既成社会の反発と抑圧、このような同化を志向するユダヤ人のだれもが体験するアイデンティティの葛藤と文化摩擦である。

精神的な苦難に陥った世俗的ユダヤ人にとって、ユダヤ教の神は助けにならない。フロイトの精神分析療法は、フロイト以後、アルフレッド・アドラー、アブラハム・マスロー、エーリッヒ・フロムなど一連のユダヤ系の学者を次々に輩出し、それが大きな要因となって、当初はユダヤ人の学問と呼ばれた。しかし、第一次世界大戦後、戦争の最前線で恐怖を体験した多くの兵士が精神障害を発症したことから、この学問は飛躍的にその名声を高めることになった。第二次世界大戦後、ユダヤ人社会の中心地となったアメリカは、多くのユダヤ系学者が移住したこともあり、精神分析学の拠点ともなる。

フロムの分析によれば、フロイトは有神論的な考えが放棄された時代にあって、科学的基礎のうえに人間の解放の実現をめざした。非合理的な情念や無意識は、人間の内奥の根源にあって非常に恐ろしい力を発揮して人間を支配する。フロイトは何年もかけて患者一人一人を観察し、リビドー学説という生理学的な理論を構築し、病気の治癒に努めた。しかし、フロイトが主に扱った患者と二十世紀半ば以後の新しい患者とはその種類と症状に変化がある。とくに今日の患者は、「世紀の病」にかかっている。不安や憂鬱、気力の喪失、疎外などの危機であり、自分が何のために生きているかがわからない状態である。このような病に対しては、リビドー説では限界がある。仲間からも自然からも自分自身からも疎外された人間に「健全なる生の現成《ウェル・ビーイング》」を実現させねばならない。ここに、精神病理からではなく、人間精神の積極的な働きに注目する心理学説が主張されることになった。

一九五〇年代のアメリカでは、ヨガや禅などの東洋的実践に癒しの実証が求められた。これは、西欧近代の人間理解に基づく唯物論的な対症療法とは違って、東洋思想は、人間をトータルに捉え、精神と肉体を不二《ふじ》と捉えているという想定に基づくものである。代替医療や包括的認識への関心は増大し、六〇年代に、マスローが心理学の現状を痛烈に批判し、宗教や神秘体験の心理学的な研究への関心が急速に高まり、人間性心理学やトランスパーソナル心理学の領域を開くことになった。そして、それまで東洋宗教にしかないと思われた包括的人間理解がじつはユダヤ教のなかにも深く浸透しているという発見が、カバラー研究のルネサンスと呼応して登場した。

カバラーといえば、それまでは迷信の権化とされ、科学的知識によってまともに研究される価値をいっさい認められてこなかった。ブーバーのハシディズム論を嚆矢《こうし》として、一九三八年に、ゲルショム・ショーレムがニューヨークのユダヤ宗教研究所でユダヤ神秘主義の歴史を講義して、カバラーの学問的研究の意義を高らかに宣言した。第二次世界大戦期以降には、東欧からハシディズムの諸集団が避難してきた。ルバヴィッチ派やサトマール派などが、ニューヨークのブルックリンに集団で共同体を形成し、世俗社会に対峙して、さかんに魂の救済をおこなっていた。ハシディズムのキー概念でいえばドゥヴェクートの実践である。ユダヤ系の心理学者のあいだで、カバラーの救済論のなかに、東洋思想と共通する魂の癒しの源泉を発見する動きが広がり、これが人間性心理学の理論的基盤のさらなる探求を促した。そのあとには、ルバヴィッチ派のハバド・センターで「ユダヤ式瞑想法」も教授されるまでになる。

注目される新たな運動は、会衆組織を小規模にして、信徒の日常的な悩みの相談にあてるような会合である。ハシディズムの祈りの小部屋から発した集まりシュティーベル運動は、少人数で祈りや瞑想をとおした密接な精神的交わりを重視する運動である。また、仲間というヘブライ語に由来するハヴラーの語で呼ばれる集会は、ユダヤ人会衆組織のなかの少人数の集まりで、保守派や再建《リコンストラクショニスト》派の運動に共通にみられる傾向でもあるが、世俗化した人々に魂の安らぎを与えるものとして機能している。

普遍主義と特殊主義

アメリカ全体が自由と人権の大国として普遍主義を標榜する時期と、アメリカ固有の問題に収斂して孤立化する時期とが繰り返されるように、アメリカのユダヤ人社会もそれを如実に反映して、普遍主義と特殊主義への振幅があるとされてきた。第二次世界大戦後には、アメリカが世界の秩序の保持者としての自負と責任、国際連合による平和の創設など、一九五〇年代から六〇年代にかけて、普遍主義志向がアメリカ全体にも、またユダヤ人社会にも広がる。

世界平和のためのジェノサイド(集団虐殺)禁止、人権闘争と黒人公民権運動、第二ヴァティカン公会議の諸宗派間の対話ともかかわる宗教間の対話と協調、ベトナム反戦運動、ソ連のユダヤ人への人道支援など、普遍的関心がつねに先行する時代であった。このなかでは、アブラハム・ヘシェルの活動が突出している。豊かなひげをたくわえて、キング牧師らと肩を組んでデモ行進するヘシェルの姿は、ユダヤ普遍主義の象徴でもある。また、ショアーを記憶し忘れない勇気を鼓舞したヴィーゼルもまた、人権と人道主義の機運の高まりを導いた象徴的人物であろう。

アメリカ・ユダヤ人が特殊主義へと向かう機運は、イスラエル建国の時期ではない。一九五〇年代は、アメリカ・ユダヤ人社会ではイスラエル建国に対する関心はむしろ低下し、周縁的なままであり、『ユダヤ年鑑』は、イスラエル建国を高らかに宣言しながら、イスラエルよりは戦後のドイツ事情にはるかに多くの注意をはらっていた。一九五〇年代の終りに、ユダヤ教教育に携わる者への統計で、一〇〇〇人以上の教師のうち、イスラエルを教育の主題として教えたと回答した人がたったの四八人であった。また、イスラエル建国以来、イスラエル国内で起こっている主要な事件の社会的諸側面を取り上げる書物が、五一年の調査で一冊も書かれていなかったと指摘されている。イスラエルは郷愁を誘うユダヤ教の故地とみなされ、あくまで情緒的あるいは象徴的にかかわる存在とされた。

一九六〇年代後半から、アメリカ国内のユダヤ人社会で、伝統の再生とか儀礼への回帰という現象が台頭する。そうしたユダヤ的特殊主義への関心は、六七年の第三次中東戦争によるイスラエルの大勝利とあいまって、イスラエルに対する強い関心を呼び起こすことになった。この戦争による勝利は、ショアーを忘れてはならないというアメリカ・ユダヤ人の強い規範意識に加えて、イスラエルに対する熱烈な支持をいだかせる契機となった。それはまた、アメリカ的価値との一体化に対する自分自身の危機感と重なった結果でもあった。アメリカ的自由主義と一体化したユダヤ人は、ベトナム戦争と黒人公民権運動によって搾取する者として批判の対象となり、弱者がいつか強者とみなされる自己イメージの矛盾を突きつけられた。それがパレスチナを征服し占領する者としてのイスラエルと二重写しになった。しかも、アメリカで黒人の運動が人種的擁護を公然と主張しえたことは、アメリカ・ユダヤ人にイスラエルを公然と支持する開放感を与えた。

アメリカ・ユダヤ人は、イスラエルの内政に対しては無関心を示してきた。それは、先進国の離散社会が苛烈な環境にあるイスラエルを批判することの道義的不謹慎を自覚し、国際的な反ユダヤ主義を助長することを避けたためである。しかし、一九七七年にイスラエルの長期労働党政権が敗北し、保守系のメナヘム・ベギンが首相になったことは、対イスラエルとの関係に新しい局面をもたらすことになった。イスラエルの政治的多様性は、アメリカ・ユダヤ人のイスラエルに対する相対的自立性を高め、独自の態度をもって対応する傾向が高まったのである。八二年以降、レバノン戦争、パレスチナ難民虐殺疑惑、八七年からの第一次インティファーダ(イスラエルの占領政策に反対する占領地のパレスチナ人による抵抗運動)など、イスラエルの占領政策における負の面が顕在化すると、イスラエルに対する義務の心情が減殺された。

このように、イスラエルの保守政権が占領地の入植活動を活発化させ、大イスラエル主義政策を実行するにおよんで、イスラエルに対するアメリカ・ユダヤ人による批判的言説も公然と主張されるようになった。そして、ユダヤ的普遍主義の視点から、預言者的ユダヤ教の理想が叫ばれ、また世界に向けて、かつて旧ソ連のユダヤ人抑圧への抗議運動が展開されたときのように、強権的イスラーム国家によって抑圧されるイスラーム教徒の大衆への共感と彼らが受ける抑圧への抗議の声をあげて、ユダヤ的普遍主義を実践しようとする主張が展開された。このように、アメリカ市民としてアメリカの自由と民主主義の大義と一体化したアメリカ・ユダヤ人社会は、普遍主義的傾向を決して失うことはない。

一九八〇年代からは、アメリカ政治の場で保守主義が主張され、キリスト教原理主義によるイスラエル支援が、キリスト教的な終末論的解釈をともなって強調されるようになった。また、国家主義的な熱狂的シオニストも、アメリカからイスラエルへ移住して、ヨルダン川西岸地区など占領地域の入植地に進出する例も顕著になった。その傾向は二十一世紀に至るまで続いている。

アメリカ・ユダヤ人の宗教的傾向

今日、アメリカのユダヤ人社会におけるユダヤ性を定義することは困難といわれる。理由は、ユダヤ人と宗教との関係が極めて多様化しているうえに、各宗派の会衆組織においても多様化が著しいためである。しかし、多様化しているなかでも、帰属意識に関して、ある種の共通性がみられる。すなわち、ユダヤ人として世界のユダヤ人社会とイスラエルに対する義務を感ずる一方で、アメリカ市民として自由を享受するという態度である。そして、アメリカ国内の宗教と人種の枠組に関して、個人としては宗教的な集団に帰属するが、集団としてはエスニックの意味での少数民族として自己を意識する点が独特である。その宗教集団の傾向が多様化し、規範性よりも魂の開発や霊性に関心が向かい、家族との繋がりよりも個人の自由な選択に比重が強まることで、多様化が促進されることになる。

これは、アメリカの伝統的なプロテスタント・キリスト教社会において、キリスト教の諸団体がセクトとして互いに拮抗する段階から、さらに個々の集団内部で共存する教派的共同体デノミネーションに細分化される傾向が指摘されてきたが、その傾向がユダヤ人社会にもおよんでいることの現れでもある。しかし、そうした多様化の流れのなかで、ひときわ顕著な現象は、ユダヤ人社会が正統派と非正統派の二極に完全に分断されかねない事態である。戒律、他宗教との共存、ユダヤ人の定義などのユダヤ教神学に関する諸問題、これらのいずれもが互いに没交渉なままに決められて、異なる二つのユダヤ系集団に分裂してしまうのではないかという脅威である。これらの諸問題は、離散社会の市民として同化を義務づけられたユダヤ人には、アメリカ以外のどこにおいても共有されるはずの問題である。

現在、ユダヤ人社会の二極化と並んで、アメリカのユダヤ人社会が全体としてかかえているもう一つの重要な問題は、混合婚の問題である。この問題は古くて新しい問題であるが、一九九〇年に、ユダヤ人と他の人種や宗教に帰属する人との混合婚の割合が五二％に達したことで一挙に注目されることになった。これは、アメリカのユダヤ人社会の存続を危ぶむ声となって、イスラエルのユダヤ人から深刻な同化現象として厳しく批判されている。混血の増大によってユダヤ人社会が変容するとしても、それは新たな変革の徴候として肯定すべきか、それとも、これをユダヤ人社会が内部から崩壊する脅威と捉えるべきか。この問題は、具体的には、個人の結婚に際して現実問題として強く意識される。とくに、世俗的なユダヤ人男性がキリスト教徒の女性と結婚するときに、その子孫が定義上ユダヤ人ではなくなること、また姻戚関係に他宗教、とくにキリスト教徒との姻戚関係が生まれることに対して、本人や家族がいだく躊躇《ちゅうちょ》である。改革派が子どものユダヤ性は男女を問わず片親がユダヤ人であればよいと決定したのも、混合婚の増加に対する対処の一つであった。

しかし、他面では、ユダヤ教を考える場合に、あまりにもエスニック集団としての側面で捉えがちな昨今の傾向に対しての批判も強い。アメリカは、一九六五年に移民法を改正して国別移民割当を撤廃した。これによって、アメリカでは新しい人間関係を構築することが常態となりつつあり、それを忌避して閉鎖的集団でいることに対する批判もある。そして何よりも、そこには、改宗者が組織に新たな息吹を吹き込むことへの強い期待がある。したがって、問題は最終的には個人がどう考えるか、その選択に任されることになるため、初等教育段階からユダヤ教教育の質的充実をはかることの重要性が再認識されている。

3　イスラエル国民国家の建設とユダヤ教

主権国家と法体系の整備

シオニズム思想は、イスラエル建国によって新たな段階を迎えた。国民国家建設の主導理念だったものが、既存の国家の政治理念に変化したからである。主権国家成立にともなって、さまざまな法的措置が講じられねばならなかった。イスラエルは憲法を制定せず、その代わりにいくつかの基本法を制定し、主権の所在、市民権、選挙制度などを定めているが、いかなる法体系を整備するかによって、シオニズム理念のあり方が顕在化する。ユダヤ人が国民国家を形成したことにより、ユダヤ教と国家との関係にも新たな局面が生まれた。

一九四七年十一月、国際連合総会でパレスチナ分割案が可決された直後、パレスチナのユダヤ人社会では、国家の法体系を検討する特別委員会が設置された。しかし、防衛を最優先せざるをえない状況のなかで、敵対勢力による干渉が頻発し、委員長がテロで落命するなど、十分整備できないまま、短期間で建国を迎えた。翌年五月十四日、イスラエルは独立を宣言し、翌日イギリスの委任統治は終了するが、建国と同時に法の空白が生じないように、独立宣言の時点で効力を有した法は、建国にともなう新たな制定法に抵触しない限り、引き続き効力を有することが定められた。

その結果、イスラエル国家の法体系は、四つの要素が混在することになった。第一は、イスラエル固有の制定法、第二は、旧オスマン帝国法の残存部分。例えば、売買や保証、担保はシャリーア（イスラーム法）に基づくトルコ語のメジェレ（民法典）であった。第三は、イギリス委任統治時代の法で、損害賠償はイギリス法で言語は英語である。そして第四は、各宗教法である。結婚や離婚など、私的身分を管轄するのは各宗教固有の法で、ユダヤ人の場合には伝統的なユダヤ法であった。また、紛争処理にはイギリス法の衡平の原則が適用された。イスラエルはこれらを引き継ぐに際して、タルムード以来のユダヤ市民法を復帰させることに取り組んできたが、イギリス法の影響力が浸透した世俗の法曹界にとって、伝統的なユダヤ法の適用は困難とみられてきた。

建国後、法の分野で唯一、タルムード以来のユダヤ法が通用したのが、私的身分の決定に関する分野である。イスラエルは市民婚制度ではないため、結婚と離婚は、一般の法曹とは別に存在する宗教的権威の統制下にあり、国内のユダヤ人は正統派ユダヤ教のラビ法廷、イスラーム教徒スンナ派はムスリム（イスラーム教徒）法廷カーディ、キリスト教徒はそれぞれの宗教権威によってそれぞれ認定された。宗教法廷としてイギリス統治時代の法規ですでに認定された団体は、ギリシア正教、ローマ・カトリック、シリア正教、マロン派、グレゴリオ・アルメニア教会、ギリシア・カトリック、シリア・カトリック、アルメニア・カトリック、カルデア教会、バハイ教、福音教会、ドゥルーズ教である。それゆえ、異なる宗教に所属する者同士の結婚は認められない。このような場合には、海外で結婚し、国際的取決めに従うイスラエル世俗法体系を通じて結婚を承認させる方法があるが、この場合でも、誕生した子どもの身分が不安定となり、問題が残る。これは、ユダヤ人の市民権取得の問題と密接に関連する事柄である。

ユダヤ人の身分決定に権威をもつのは、ユダヤ法の裁判を管轄する宗教機関で、ラビによって構成される。これをヘブライ語でラッバヌート、英語ではチーフ・ラビネイト（主席ラビ体制）という。イスラエル以外の諸国においては、ユダヤ人はその国の市民として各国の市民法に服しているため、ユダヤ法は公法上の実効性を失って、ラビはいわばユダヤ人会衆の世話役であり、儀礼の司式、礼拝の先導、説教と聖書の教授などを職務としている。ところが、イスラエルにおいては、ユダヤ人の身分決定と結婚や離婚などの家族関係は、ラビ法廷が公的な法的権威を行使する。主席ラビ法廷の制度は、十九世紀のオスマン帝国の制度に由来し、帝国内のユダヤ人社会を代表する筆頭賢者「ハハム・バシ」と、エルサレムのスファラディ系ユダヤ人の主席ラビ「リション・レツィオン」（シオンの筆頭者）による自治制度である。その制度が、イギリス統治時代にも継承され、一九二一年には、聖地を代表する主席ラビが一名から二名に増えて、おのおのがアシュケナジ系とスファラディ系のユダヤ人社会を代表し、また私法の法的権威を行使することとなり、その体制が建国後も継承された。ここにおいて、世俗国家でありながら、市民の身分決定にユダヤ教のラビが介在することによって、特異な宗教性を帯びることになった。

ユダヤ人の帰還と国民のアイデンティティ形成

イスラエルは、建国によって国内にユダヤ人以外のさまざまな宗教集団や異なる民族からなるイスラエル市民をかかえることになった。彼らは、基本法によって基本的人権を保障され、普通選挙権を有している。また、アラビア語はヘブライ語とともにイスラエルの公用語である。すでに独立宣言のなかで、国家が「宗教、人種、性の別なく、すべての市民に完全な社会的・政治的な権利の平等を実現する」と謳っているのである。

イスラエルという世俗的な主権国家は、民主主義国家であるとともに、ユダヤ人国家という基本的性格をもっている。そのためには、国家を構成する市民の圧倒的多数をユダヤ系市民が占めるという人口構成が必要である。一二〇名で構成される一院制の国会であるクネセトの議員は、市民の普通選挙によって選出されるが、少数派の最大勢力であるアラブ系市民の人口が急増しユダヤ系市民の人口を上回ることになれば、ユダヤ人国家という本来の意図が失われることにもなりかねない。そこで、イスラエルは、シオニズムを実現した国家であることを顕著に示す法を一九五〇年に制定した。それが、帰還法《ホク・ハシュヴート》である。これは、世界中のすべてのユダヤ人に対してイスラエルへ帰還する権利を賦与することを定めたものである。そして、帰還法に則ってイスラエルに戻った者にはただちにイスラエル市民権が賦与されることが、五二年の市民権法によって規定された。イスラエル国家は世界中のユダヤ人に向けて開かれたのである。

では、この法律でいう「ユダヤ人」とはだれか。この問いを考えるうえで留意すべきことは、ユダヤ人か否かの判断がユダヤ教正統派のラビによる専権事項とされた点である。世俗国家を掲げるイスラエルの宗教問題の根がここにある。何度かの法改正を経たのち、現在では、「ユダヤ人の母親から生まれた者もしくはユダヤ教に改宗した者で、なおかつその者が他宗教に所属していない者」である。個人レベルでは、生まれはユダヤ人だがキリスト教へ改宗した者の事例や、正統派ユダヤ教以外の宗派による改宗儀礼を経てユダヤ人になった者がイスラエル市民を希望するという事例において、ユダヤ性への懐疑が問題にされてきた。

個人のユダヤ性判断とは別にして、ある地域からの移住者全体のユダヤ性が問題にされた事例は、過去に三件あった。イエメンとエチオピアと旧ソ連からの移民である。ユダヤ性判断の基準になるのは、血縁的事実ではなく、ラビ・ユダヤ教のハラハーであり、タルムードの伝統の有無が決定的に重要となる。国が長く閉ざされていたイエメンの出身者は、ラビ・ユダヤ教の伝統を長く保持してきた事実が明らかになると、敬意をもって迎えられた。エチオピア出身者は、ラビ・ユダヤ教とは異なる祭司ケッスィームが指導してきたため、全員がマムゼル(ユダヤ法に違反した婚姻で生まれた子のことで、他のユダヤ人との通婚が禁じられている)の疑惑をもたれ、一九七七年より、入国時には浸礼(ユダヤ教で定められた儀礼的沐浴)が課された。しかし、八四年に実施された「モーセ作戦」(イスラエル政府主導による大規模な移民の移送計画)により、エチオピア・ユダヤ人の大規模移民が実現した際に、この浸礼が政治問題へと発展した。原因は、キリスト教の迫害を逃れて帰還したのに、洗礼を思わせる浸礼を課されたことへの怒りと不信であった。また、旧ソ連からの移民には特別の規定が適用され、父親のみがユダヤ人の場合などであっても受け入れられた。

戦後の国際問題を考えるうえで見落とせないのが、中東イスラーム圏のユダヤ人の動向である。イスラエルの独立によって、中東諸国からユダヤ人が続々とイスラエルに移住してきた。文化摩擦や文化的ギャップと呼べるような事態は至るところであらわれた。例えば、中央アジアの出身者が電気や水道に驚くとか、のどかな農村の労働から、突然、キブツの集団農場の時間に管理されたシステムに放り込まれた農夫が、自由を阻害する労働管理の実態をさらけだすことなどである。一時期のイスラエル映画には、それらを主題とした作品が流行した。また、子どもの人数、教育水準、伝統的生活慣習への態度、職業選択などの違いから、アシュケナジ系とスファラディ系、ミズラヒ系（東方系の意で、中東・アジア系ユダヤ人の総称として使われる）で社会的な序列や階層の分化が生じた。顕著な事例では、一九六七年以降、占領地のアラブ人労働者の流入が、単純労働のユダヤ人を失業に追い込むことで、ユダヤ人内部の階層化を社会問題化させた。他方で、こうした諸集団の出会いは、移民二世や三世を中心に、忘れかけた各自の固有の伝統への自覚と関心を呼び起こし、八〇年代には、『ペアミーム』（刻まれた時の数々）という雑誌を中核にしてフォークロア研究の豊かな実りをもたらした。

このように、イスラエル国家は、成立後二〇年足らずのあいだに、欧米諸国からの移民と中東や北アフリカ諸国からの移民をかかえ、パレスチナの一画に共同体を営むに至ったのである。移民国家として最大の課題は、歴史的・地理的・宗教的な背景を異にした移住者を糾合して、いかに国民の一体感を創出するかであった。ユダヤ人であるという共通点以外はほとんど共有物のない諸集団を統合するのは、

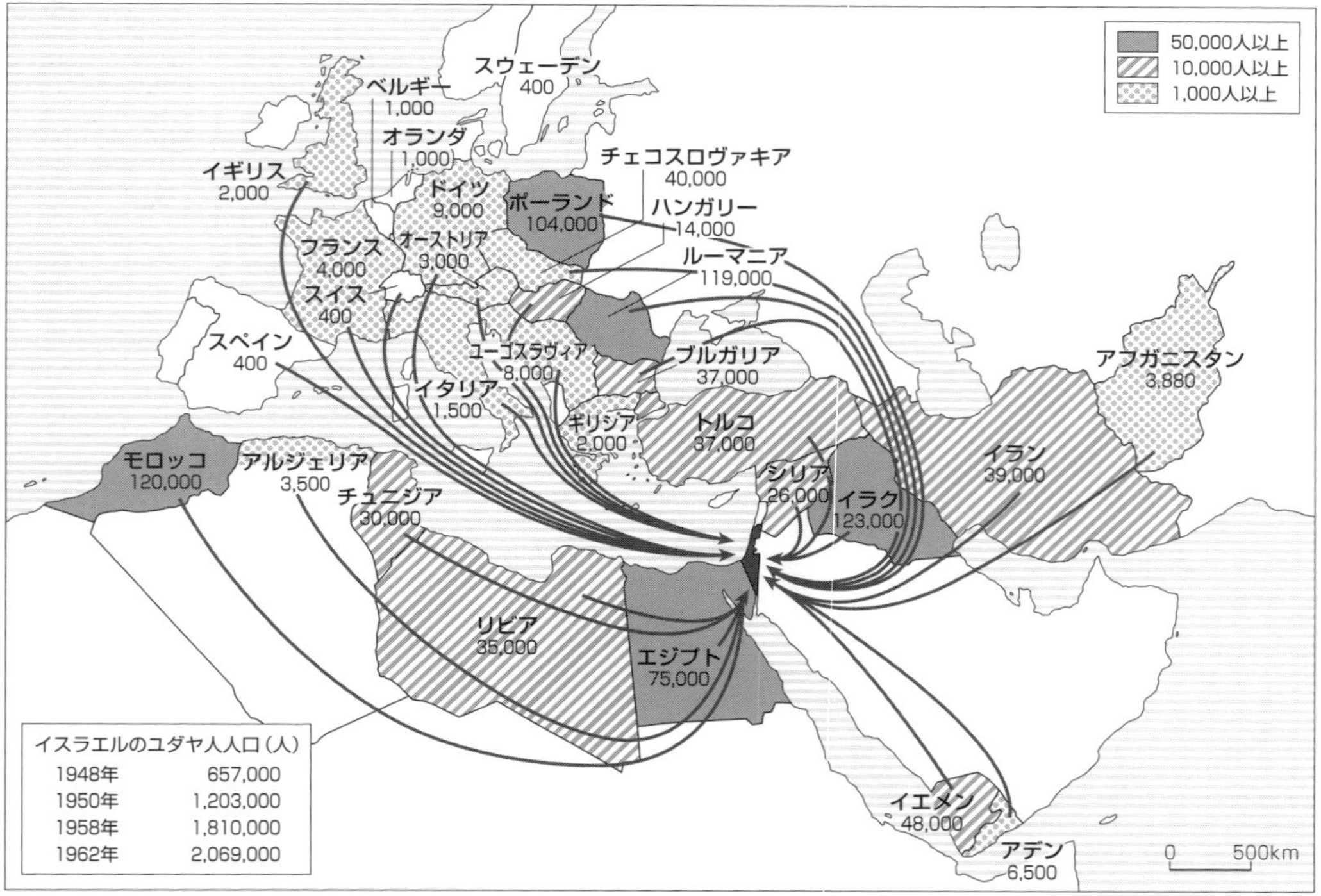
50,000人以上
10,000人以上
1,000人以上
スウェーデン 400
ベルギー 1,000
オランダ 1,000
イギリス 2,000
チェコスロヴァキア 40,000
ドイツ 9,000
ポーランド 104,000
ハンガリー 14,000
フランス 4,000
オーストリア 3,000
ルーマニア 119,000
スイス 400
スペイン 400
ユーゴスラヴィア 8,000
ブルガリア 37,000
アフガニスタン 3,880
イタリア 1,500
ギリシア 2,000
トルコ 37,000
イラン 39,000
モロッコ 120,000
アルジェリア 3,500
チュニジア 30,000
シリア 26,000
イラク 123,000
リビア 35,000
エジプト 75,000
イスラエルのユダヤ人人口(人)
1948年 657,000
1950年 1,203,000
1958年 1,810,000
1962年 2,069,000
イエメン 48,000
アデン 6,500
0 500km
ユダヤ人の帰還(1949 ～ 64年)

この国の新しさであり、挑戦であり実験である。すでにルソーが『社会契約論』で市民宗教の概念を指摘したように、近代国家は、新たな国民統合のために代替宗教的な機能をもつ方策を実施することが必然的に要請されてきたが、新興国家であるイスラエルも、国家への忠誠、徴兵制、殉国精神の育成、建国の神話、国家行事の儀礼などを導入することで、擬似宗教的諸要素を含む国家を構築した。そのとき、ユダヤ人の宗教的・民族的伝統のなかからいくつかの要素が、意図的に選択され抽出されている。

そのうちとくに宗教と密接にかかわる観念が、シオニズム国家のメシア性である。この点はすでにユダヤ系アメリカ人の反応でみたとおり、シオニズムのもつイデオロギー性が離散社会のユダヤ人に強い衝撃を与えた。イスラエル国内においては、建国時からしばらくは、世俗国家に否定的でユダヤ教の中世的伝統を掲げた超正統派ユダヤ教の活動や、グーシュ・エムニームのような国家主義的な宗教思想運動は、とくにめだった存在ではなく、国是を脅かすものではなかった。メシア性の指摘は、ユダヤ人同士の連帯意識の創設や国家の大義に生きる犠牲的精神の育成のために、新国家における市民宗教的機能としての役割をはたしていた。

第三次中東戦争後のイスラエルとパレスチナ

イスラエル国家は、世界のユダヤ人にとってアイデンティティの拠り所の重要な要素になっていることは確かである。しかし、その意義を考察するとき、一九六七年の第三次中東戦争、いわゆる六日戦争の前と後で区別しなければならない。

ヨルダン川西岸地区は、ガザ地区と並び、一九四七年の国連パレスチナ分割案でアラブ人国家の中心部分と目されていた地域であり、古都ヘブロンのユダヤ教徒などを除けば住民の圧倒的多数はアラブ系であった。四八年五月にイスラエルが独立を宣言したとき、アラブ諸国がその存立を承認せず、交戦状態に入り、四九年の兵力分離ラインによって、この地域は、分割案より相当領土を縮小されてヨルダン王国に帰属した。

ヨルダン川西岸地域は、標高が五〇〇〜一〇〇〇メートルのなだらかな山地が中央を南北に貫き、その稜線伝いに、エルサレム、ベツレヘム、ヘブロンなどの聖書以来の古都をはじめ、ナブルス、ラマッラなどの都市が点在する。エルサレムは標高七〇〇メートル、ヘブロンは九八〇メートルにもおよぶ。地中海沿岸から約五〇キロの距離でありながら、山岳地のため海岸平野の政治権力がおよびにくく、この地域一帯は、古来自立的な集団が出現しやすいところであった。古代に遡れば、海岸に定住したペリシテ人の都市国家群に対抗した山岳地の集団がイスラエル諸部族であったし、それ以前の古代エジプトのアマルナ時代に、ハビルと呼ばれる自立集団がこの山岳地帯に勢力を伸長させていた。また、オスマン帝国時代にも、政府派遣の代官の命令に服さない自立集団が存在したことが知られている。

イスラエル軍は、一九六七年の第三次中東戦争で東エルサレム、ヨルダン川西岸、そしてガザ地区を占領し、講和を結ばないままに占領を継続した。このアラブ人人口の稠密《ちゅうみつ》な地域の占領は、当初こそ防衛という大義によって正当化されたとしても、占領の長期化によって、占領地区のアラブ人に対する政治的抑圧と社会的差別を生んだ。そればかりでなく、占領していること自体が、必然的に差別意識を助長し、差別感情を増幅した。これによって、当のイスラエル国内の社会正義、法のもとの平等、社会のモラル、社会の安寧、そういう基本的な価値が根底から侵害される危険性が生じた。

例えば、男女の徴兵制度を敷くイスラエルでは、占領地の国防軍兵士たちが祖国防衛と占領のジレンマにさいなまれる。軍事的支配への不信に対して、軍は、国際的にみて高い道義的規律を厳格に実施することで対応しているが、国民全体の道徳感情への深刻な影響が危惧されてきた。また、占領地での抑圧や差別は、シオニズムを人種差別主義とみなす主張を助長する原因となり、イスラエル政府批判が反ユダヤ主義に拡大される恐れが現実化してきた。

それでも政府は占領地内への入植運動を活発化させ、自国領土へと併合する意図を露骨に示した。父

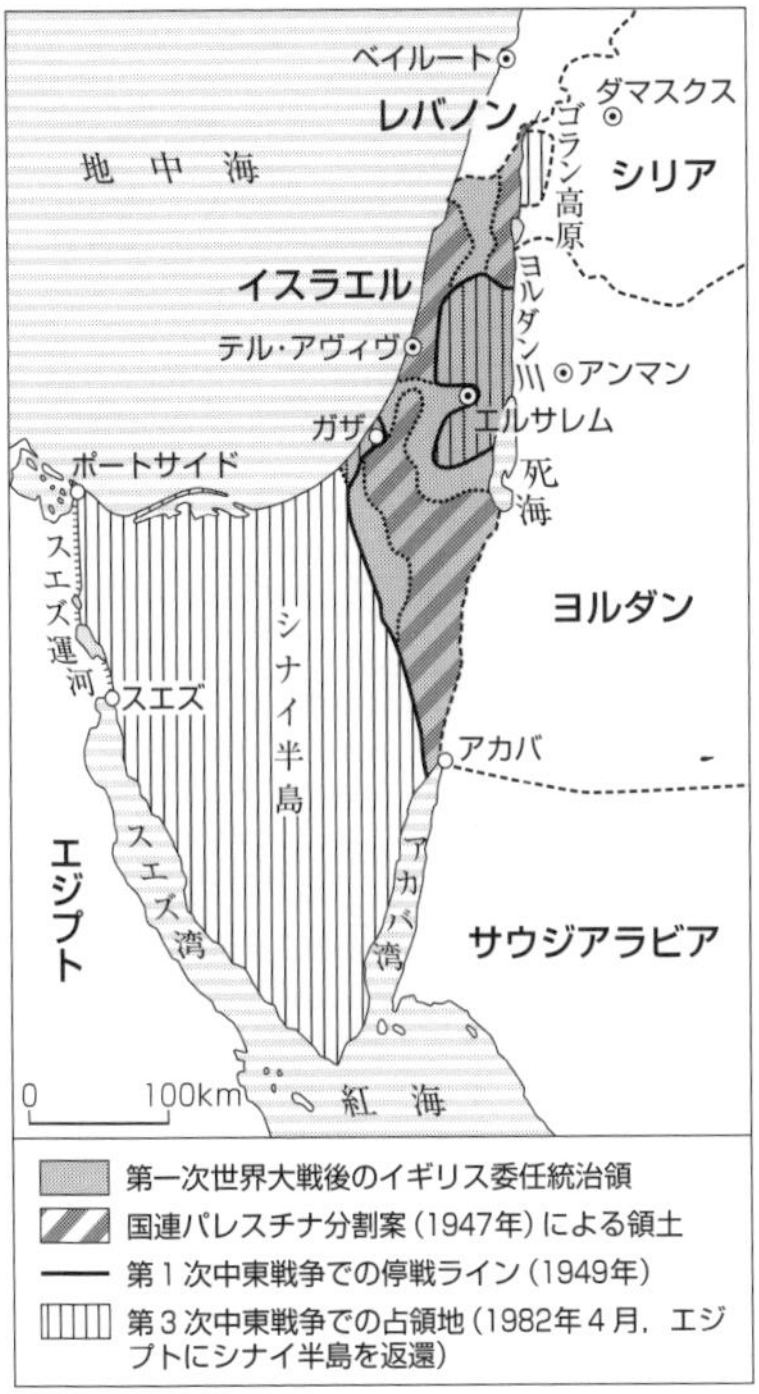

イスラエル国境の推移

祖アブラハムに約束された「イスラエルの地」と結びついてイスラエル国家の国境を拡張する大イスラエル主義である。万年野党であったリクード党はこの大イスラエル主義を掲げていたが、一九七七年に、イスラーム圏出身のスファラディ系、ミズラヒ系のユダヤ市民の圧倒的支持を受けるようになり、イスラエル国会クネセトで第一党に躍進し、政界に激震をもたらした。さらに、こうした強硬な政治姿勢が、国家主義的ユダヤ教徒の活動を活発化させてきた。八〇年代前半には、アラブ人に対する人種差別を公然と掲げたメイル・カハナが国会議員に選出されるまでに支持者を増加させた。また、アメリカのペンテコステ派、バプティスト派などの原理主義的キリスト教のメシアニズムを活気づかせている。このような不安定な精神状況は、ユダヤ民族主義の変質、ユダヤ人自身のアイデンティティの分裂といった危機を生み出したといわねばならない。

パレスチナのアラブ人は、一九四八年の時点では十分な政治勢力が結成できなかったが、六七年の戦争の結果、隣国への大規模な難民が生じ、パレスチナ人解放運動は明確な政治目標を標榜するに至った。六九年に、ヤーセル・アラファトがPLO（パレスチナ解放機構、一九六四年結成）の議長に就任し、武力闘争に訴えてパレスチナ・アラブ人の主権国家建設運動を活性化させた。議長は、ヨルダン、レバノン、チュニジアへと移動しつつ、七四年には国連総会決議三二三六号でPLOをパレスチナ人の唯一正当な代表とする民族自決権の確認を得た。さらに、八七年からは、占領地でインティファーダ（第一次）が開始され、ガザでハマース（イスラーム抵抗運動）が結成された。翌八八年に、パレスチナ国民評議会（PNC）によるパレスチナ国家独立宣言がおこなわれ、テロ放棄が宣言されたことによって、アメリカはP

コラム　世俗と宗教との対立――ある宗教調査

世俗と宗教によって国内が二極化する傾向が指摘されるイスラエルにおいて、一九九四年に宗教状況の調査がおこなわれた。その結果、約二四〇〇人のヘブライ語を話すイスラエルのユダヤ人都市居住者のうち、ユダヤ教の戒律を「厳格に守る」のは一四%、「かなりの程度守る」のは二四%、「幾分かは守る」のは四一%、「まったく守らない」のは二一%という回答が得られた。この分布は、少数の宗教者と大多数の世俗者への二極化というよりは、「厳格に守る」者から「まったく守らない」者まで一つの連続性があるとして、イスラエル社会を世俗と宗教に二極化する説明は誇張であって事実認識を誤らせると解釈された。しかし、これに対立する解釈もあった。中間の六五%を占める伝統保持者は、世俗派と同様に、厳格な宗教者とは対立する図式ができあがるとする。

一九九九年五月のイスラエル総選挙の議席数をこれに対比させてみよう。一二〇議席中多い順に、労働党は二六議席、リクード党は一九議席、超正統主義のシャス党が一七議席（一四・二%）で、超正統派三党の合計は二七議席（二二・五%）である。先の調査でユダヤ教の戒律を「厳格に守る」人は、政党別では超正統派の支持者と考えられる。彼らは、ユダヤ人国家の世俗化が促進されることに危機感を募らせ、民主的な議会政治をとおしてユダヤ教のハラハーが支配する国家を回復しようとする。そうだとすれば、「厳格に守る」人とその他の人々には、国家観について断絶があるとみるべきであろう。二〇〇〇年以降には、入植地の存続問題や第二次インティファーダとの対立の問題を背景にして、国家主義的な超正統派の進出が顕著となって、分断の危機は予断を許さない状況である。

LOを交渉相手と承認した。そして、ヨルダン王国がヨルダン川西岸地区の主権を放棄する。ここに至ってはじめて、パレスチナ分割案のアラブ側主権者が明確になった。

一九九四年、ときの首相イツハク・ラビンは、アメリカの仲介でPLO議長アラファトとパレスチナ自治拡大協定に調印するに至ったが、翌年十一月四日に暗殺され、和平交渉は一進一退を続けた。二〇〇〇年九月からの第二次インティファーダ以降になると、ガザでハマースの台頭がめざましく、パレスチナ内政の主導権争いが中心的な政治課題になりつつある。パレスチナ地域におけるアラブ系キリスト教徒の減少の問題、イスラエル国内のアラブ市民とパレスチナ自治区のアラブ人への対応の問題などが、難民帰還問題やエルサレムの処遇問題、国境画定問題とともに重要な政治的・宗教的問題として解決が求められている。

イスラエルは、パレスチナ問題と並行して、アラブ国家との和平を推進し、一九七〇年代にエジプトと、九〇年代にヨルダン王国との和平を達成したが、それは双方の側で犠牲をともなった。政治家の暗殺である。キリスト教、イスラーム、ユダヤ教の相互の共感と信頼の醸成に向けた努力は、双方の社会内からも、また日本を含めて諸外国からもなされている。相互理解の回復には、互いの文化の違いを承知することが前提されるから、偏見から自己を解放する勇気が求められる。

パラダイム転換とユダヤ人の自己帰属性

イスラエル国家の建国五〇年を経過するなかで、イスラエルのユダヤ人社会は三つの要素を対立軸とする構図で理解されてきた。政治的イデオロギーにおける大イスラエル主義、出身地域別の社会階層化問題、そして世俗派と宗教派による対立である。これらの三要素は互いに深く関連しているが、近年つとに意識されるのが、第三の要素である。宗教に対する見解の相違に起因する社会分断の脅威が顕在化したのである。その背景には、国家理念をめぐる大きなパラダイム転換がある。

建国以来、イスラエル国家の政治的争点は、シオニズムの国家理念における対立、すなわち、ユダヤ人の世俗的国民国家の運営をめぐる左派と右派の対立であった。これは、労働党とリクード党によるナショナリズムの対立軸によってまわっていた。しかし、昨今の対立軸は、世俗国家か宗教国家かをめぐる世俗派と宗教派の対立という新たな次元の対立軸へと転換あるいは推移したのである。

シオニズムという政治的実験が現実になったとき、政治の争点となったのは、国家の方針をめぐって社会主義的な方向性か修正主義かという問題であった。一九四八年の建国以来、人口の大半を占めた国民は、代々ユダヤ教の伝統的生活に深くなじんだユダヤ人という範疇《はんちゅう》であって、宗教と世俗の対立は顕在化していなかった。第一にめざすべきは、生活の全領域に共通のユダヤ性を復活させることだったからである。七〇~八〇年代には、イスラエル生まれのユダヤ市民が人口の半数を超え、彼ら若年層は、祖父母や両親の出身地の古き良きユダヤ文化の遺産を掘り起こして後世に伝えようとすることに関心をはらった。

しかし、一九七七年に保守リクード党が第一党に躍進する頃から八〇年代の前半にかけて、パラダイムの転換が表面化してきた。それまでめだたなかった新しい宗教政党が議会政治に参入し始めた。とりわけ、スファラディ系・ミズラヒ系出身者を支持基盤とするいわゆる超正統派ハレディームが政治に参入し、八二年にシャス党（超正統派のラビを中心とした宗教政党で、シャスとはタルムードの別名）が躍進し、厳格な宗教法を立法化して国民に強制するという方針が実行された。それと並んで、国家政策を宗教的に支持する国家主義的ユダヤ教徒（レウマニーム）が出現することになった。以来、二十一世紀に向かって、世俗的ユダヤ市民と正統派ユダヤ教徒との対立が国論を二分するほどに先鋭化し、前者がユダヤ的伝統の全遺産と断絶することが危惧される状況に至った。世界的傾向とも共通するが、対立を先鋭化させ妥協を軽視する風潮が強くみられる。

このパラダイム転換の原因は何であるか。またそれは、国家と宗教の問題とどのようにかかわるのであろうか。直接的な原因は、占領の継続、入植地の増加、大イスラエル主義の政策など国家の右傾化であるが、より根本的には、ユダヤ人のアイデンティティ問題に起因する。建国でイスラエルに集まってきた人々のユダヤ性は、それまで外部の異邦人との差異によって決定されていた。ところが、ユダヤ人国家においては、ユダヤ人同士でユダヤ人たることとは何によって決まるのかを議論し始めた。そのとき、イスラエルという国はユダヤ性のどういう要素をもつべきであるか、という問いに向かわざるをえない。ある者は中世のラビ・ユダヤ教にモデルをみ、ある者は古代のユダヤ国家にモデルをみ、またある者は現代の世俗的市民社会にモデルをみた。

ユダヤ人同士が、自分たちのアイデンティティについて議論を闘わすのは、それ自体健全なことであって、シオニズム国家の国是が民主主義的な手続きによって改正されていくことが政治的日程にのぼったということである。その場合、明らかなことは、ユダヤ人のアイデンティティにおいて、正統派の人々がユダヤ教をトーラーの宗教的規範によって人を律するものと捉えているのに対して、世俗的なユダヤ人は、ユダヤ教を人種的・民族的出自の決定要素として認識していることである。両者のあいだでユダヤ教の概念が異なっていて、それが国家論の対立に繋がっている。

多元的社会の実現可能性

パラダイム転換は、イスラエル社会における超正統派ユダヤ教徒ハレディームの台頭と強く結びついている。超正統派は、一九八〇年代半ばから、大規模な「改悛運動」(ハザラー・ビ・テシュヴァ)を展開した。この宗教運動は、抑圧を感じていた東方系出身の若者や世俗文化に翻弄される無気力な若者に、ユダヤ教本来の信仰に目覚めるよう説得し、かつてのハシディズムに類似した指導者崇拝をともなう熱烈な根本主義を鼓吹するものであった。その結果、この運動は無視しえない社会的影響力を発揮して、若者の自尊心の回復や社会的上昇志向を満足させる機能をはたすようになった。これまで政治に距離をおいていた超正統派の宗教勢力が政治に進出したとき、彼らは強力な政治勢力を形成するに至った。したがって、この改悛運動は、社会的に不当な扱いを受けていると自覚した集団による、真の秩序をめざして現状を否定し社会的上昇を志向する宗教運動という性格をもっている。

ここで対立が助長されるのは、世俗主義のユダヤ人が、このような根本主義運動を真のユダヤ教の継承者と認めて、自ら進んでユダヤ文化を放棄しようとする点である。なぜ世俗派の人々でさえもが、彼らを真のユダヤ教の継承者と認めているのか。これについては、イスラエルのユダヤ人のほとんどだれもが共有するある感情、「失われたもの」への郷愁に根ざすものである、とする指摘がある。それは、ユダヤ教の伝統そのものであった東欧ユダヤ世界がナチス・ドイツによって壊滅したことに対する強烈な喪失感と郷愁である。彼らは伝統に忠実であったがゆえに離散社会で壊滅させられたのに対して、自分たちは、それを否定して故郷を脱出したがゆえにイスラエル国家を建設しえた。しかし、東欧ユダヤ世界は中世以来のユダヤ教の継承者であり、まさに自分たちの父祖の世界であるがゆえに、郷愁は募る。このことは、一九七〇、八〇年代になって、イスラエル人のショアーに対する関わり方が積極的になることとも繋がっている。ショアー記念日はすでに五一年に国会で承認されたが、生存者が実際に体験を語り始めるのは八五年頃からである。教科書が作成され、学校教育で指導が徹底され、また八〇年代後半から、高校生のアウシュヴィッツ見学旅行も実施されている。その東欧の宗教世界を代表するとみなされたのがハシディズムであった。

失われたものとされる東欧ハシディズムは、しかし決してユダヤ教本来の教えではなかった。今日のハシディズムは、実際の教団としての活動では諸派に分かれ、少数で、主流の正統派からは孤立し、過去の栄光の名残を留めるのみとする見方もある。しかし他面では、ユダヤ教の礼拝全体に根強い影響力をおよぼしており、「現代の信者の精神よりも魂に訴えて」人々の信仰を下から形成しているとされる。思想や論理を重視するラビ・ユダヤ教に足りなかった情緒と感情に訴えた影響力は衰えていないわけである。

イスラーム圏からイスラエルに戻ってきたスファラディ系・ミズラヒ系のユダヤ人社会が育んだ信仰態度には、ハシディズムとの親和性が見出される。神と人との仲介者としての聖者・聖者廟崇拝、信仰治癒者（バアル・シェム）への信頼、スファラディ系祈禱書《スィドゥール》の共有などである。イスラエル社会で屈辱を味わったスファラディ系の人々が、正統派ユダヤ教の根本主義をとおして、自分たちの信仰態度はまさに失われた真実のユダヤ教であるとの自覚に至り、自尊心の回復を実現したと理解できる。ここに、真のユダヤ教の遺産とは東欧ユダヤ人社会であって、それは失われたハシディズムの世界であったが、それが現在、スファラディ系のユダヤ人の正統派集団によって継承されているという図式が成立する。

宗教指導者であるオバデア・ヨセフに対する崇拝ともいえる熱烈な支持と、政治的な示威運動による団結力の誇示は、この集団がデモクラシーと異なる価値を掲げていると受け取られているが、彼らの側にすれば、伝統的なユダヤ的生活様式を脅かす世俗化の脅威に危機感を募らせ、残されたわずかな手段を最大限有効に行使しているだけなのかもしれない。しかし、その正統派と世俗主義者との価値観の対立は、社会を分断するほどの脅威として実感されている。はたしてその調停は可能なのであろうか。

ユダヤ教正統派根本主義者は、自己を歴史的に中世ラビ・ユダヤ教の伝統を直接継承する唯一の存在と考え、これをもって彼らはユダヤ教の真実の継承者たることを自認する。彼らの自己認識の仕方は、内面的・主観的で自己完結的である。これに基づいて、世俗的・シオニスト的な支配集団の価値を恣意《しい》的なサタンの見解であるとして激しく非難する。それゆえ、正統派の宗教者にとって、世俗派は意味ある他者ではないどころか、あってほしくない存在、仕方なく我慢するしかない相手である。

世俗派はこれに対して、ユダヤ教正統派の掲げる価値を否定するところに自己規定の基礎をおく。ユダヤ人が中世に離散の淵に沈んでいたのはラビ・ユダヤ教のせいであり、これを否定するところに新しいユダヤ文化の創造があると。聖書は、彼らにとっては唯一神の啓示の典拠ではなく、古代ユダヤ民族の歴史的叙事詩であり、ハスモン朝やバル・コフバの反乱など、のちのユダヤ教が否定した世俗的な事件や人物に重きをおく。したがってこれは、両集団とも相手を妥協の余地のない敵対者として位置づけている。

では、相互理解への道は閉ざされているのか。両者は現在、ユダヤ人・ユダヤ性なるものをめぐって、質的な一元論を展開する。しかし、ユダヤ人のアイデンティティ問題は、どれか一つが「真のユダヤ性」をもつとは決定しえないものであり、自分の認識が歴史的であり相対的なものであることの自覚を促すことが期待される。イスラエル社会の現実は、文化相互の分断が進展し、世俗的な文化はますます浸透している。多元的社会実現のために必要なものとは、既成の自己規定や先入見を排して、自己の既存のアイデンティティを積極的に投げ打つ覚悟で互いの存在の意味づけを見つけ出そうとする営みであるとすれば、求められるのは、ユダヤ教の用語であらわせば、「伝統の偶像化を排除せよ」ということである。中世的正統主義しかり、宗教的根本主義しかり、シオニズムしかり、世俗的市民社会しかり、である。そして共有される「喪失感」に立ち戻ってみよう。そのときに多様なる可能性が開けてくるのではないだろうか。それは、ある意味で、タルムードがめざした思惟方法だったのではなかろうか。

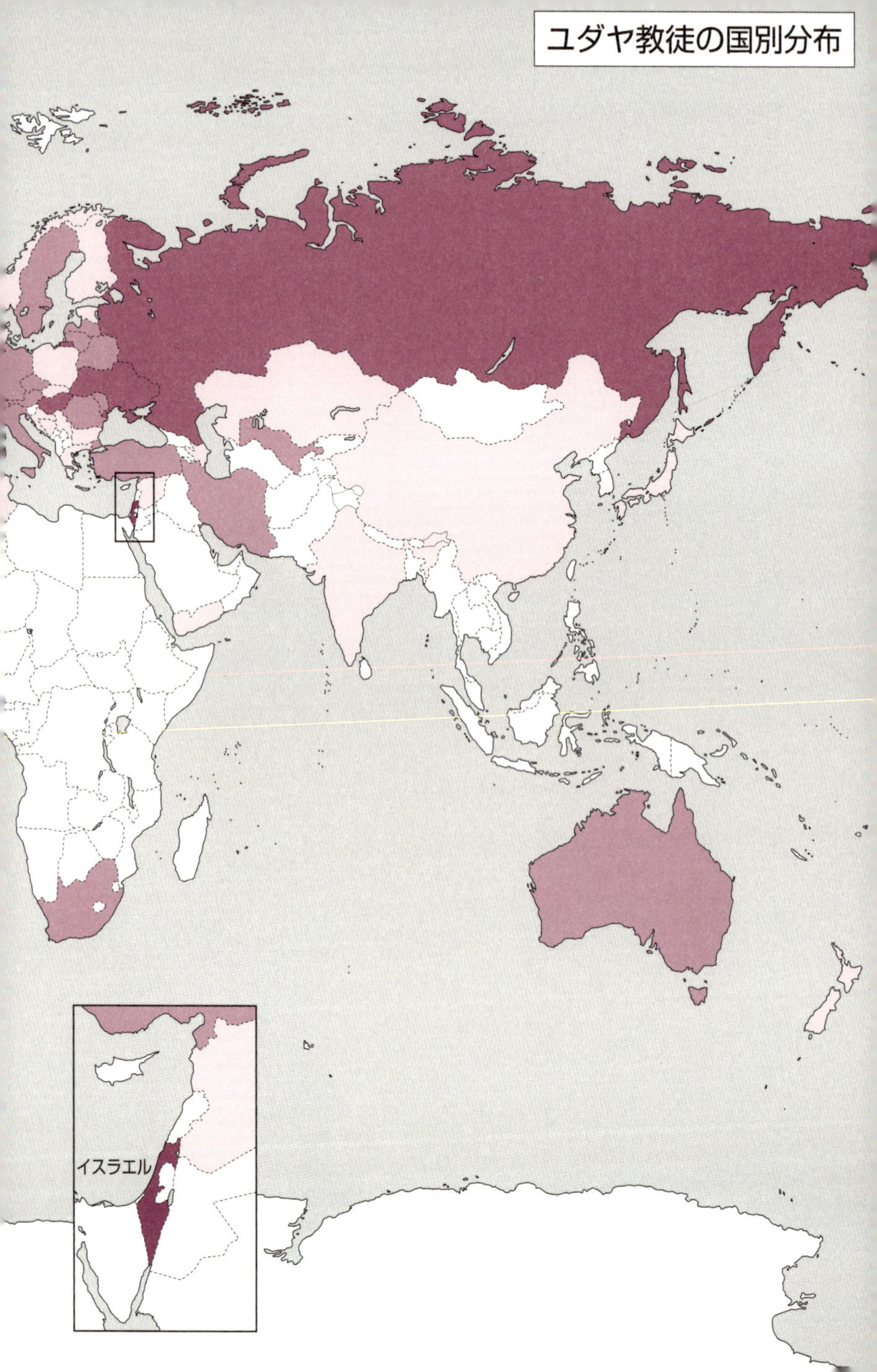
ユダヤ教徒の国別分布
イスラエル

ユダヤ教の歴史

宗教《しゅうきょう》の世界史《せかいし》 7　ユダヤ教《きょう》の歴史《れきし》
2009年11月10日　1版1刷 発行　　2018年9月30日　1版3刷 発行
著者　市川《いちかわ》 裕《ひろし》　　発行者　野澤伸平
発行所　株式会社 山川出版社　〒101-0047 東京都千代田区内神田 1-13-13
電話 03-3293-8131(営業) 8134(編集)　振替 00120-9-43993　https://www.yamakawa.co.jp/
印刷所　明和印刷株式会社　　製本所　株式会社 ブロケード　　装幀　菊地信義

ISBN 978-4-634-43137-9

執筆者紹介

市川 裕　いちかわ ひろし

1953年生まれ。東京大学大学院人文科学研究科博士課程満期退学

現在，東京大学大学院人文社会系研究科教授

主要著書：『バビロニア・タルムード・マッコート篇』(翻訳監修・解説，三貴 1996)，『ユダヤ教の精神構造』(東京大学出版会 2004)，『ユダヤ人と国民国家』(共編，岩波書店 2008)

図版・付録作成協力

嶋田英晴　しまだ ひではる

東京大学大学院人文社会系研究科博士課程修了

現在，國學院大學神道文化学部非常勤講師

志田雅宏　しだ まさひろ

東京大学大学院人文社会系研究科博士課程修了

現在，東京工科大学ほか非常勤講師

付録

用語解説

ア

アガダー Aggadah (Haggadah)
ヘブライ語で「物語」を意味し，口伝律法のうちで規範(ハラハー)に相当しない物語や逸話，寓話などの一群を指す。その成立年代や形式は多様で，そのテーマも世界の創造や神と人間との関係，倫理的振舞い，イスラエルの民の位置づけなど多岐にわたる。アガダーは規範的な権威を有しないため，否定的な定義をされることもあるが，20世紀の詩人H・N・ビアリクはアガダーの選集をつくり，大衆へ普及させ，その価値を改めて示した。

アシュケナジ系 Ashkenazi
ドイツを中心とする中部ヨーロッパ出身のユダヤ人，もしくはその子孫で東部ヨーロッパ(例えばポーランドやリトアニアなど)の国々を出自とするユダヤ人のこと。聖書に出てくるヘブライ語名，アシュケナズに由来し，これは中世においてはドイツと同一視された。長らく人口や影響力の面でもスファラディ系やミズラヒ系におよばなかったが，17世紀以降その数や重要性を増大させたが，ショアーの最大の犠牲者となった。

アリヤー Aliyah
ヘブライ語で「上昇，上京」の意。建国を目的とし，パレスチナに入植するためにやってきたシオニストのユダヤ人移民および彼らの移住のこと。ユダヤ人のパレスチナへの移住の願いは，ローマ帝国へのユダヤ人反乱以降祈りに込められたが，アリヤーという語が適用されるのは，とくに近代におけるユダヤ人のパレスチナの地への帰還と関連する場合のみである。アリヤーの波は，大きく分けて1882年の第１次からイスラエル建国時の第７次までである。

イェシヴァ Yeshivah
ヘブライ語で「座すこと」を意味し，複数形はイェシヴォート。元来はアモライーム期にパレスチナとバビロニアでミシュナを教授した学塾を意味し，その学び舎でそれぞれエルサレム・タルムード，バビロニア・タルムードが生まれた。また，ゲオニーム期にはスーラとプンベディータにあった学塾を指し，ディアスポラのユダヤ人の学問の中心であった。ゲオニーム期以降，イェシヴァは各地に建てられるようになり，タルムードを学ぶためのラビ学院のことを指す。

イェフディ Yehudi
ヘブライ語で「ユダヤ人」を意味する。もともとはユダ部族の人々を指す語であり，ダビデによる統一王朝が南北に分裂してからは，ベニヤミン部族も含めた南のユダ王国の人々を指す語として用いられた。ハラハー(ユダヤ教の法規範)では，ユダヤ人は「ユダヤ人を母親にもつ者，あるいはユダヤ教に改宗した者」という原則が立てられている。この表現はすでにエステル記にみられるが，「ユダヤ人」の定義をめぐっては，とりわけ近代に至って，民族的・宗教的あるいは政治的なさまざまな意味づけが与えられ，いっそう複雑化した。

イスラエル Israel
創世記32章29節，「お前の名はもうヤコブではなく，これからはイスラエルと呼ばれる。お前は神と人と闘って勝ったからだ」に基づき，天使との格闘に勝利したのち，天使から族長ヤコブに与えられた呼び名。また，ヤコブの12人の子らを「イスラエルの子」や「イスラエルの人々」と呼ぶ。さらに，ダビデ・ソロモンの王国をイスラエルと呼び，その後分裂した王国の北側を北イスラエル王国と称す。現代では，1948年に建国されたユダヤ人国家をイスラエルと呼ぶ。

イスラエル12部族 shivtei Israel
イスラエルの民は，族長ヤコブの12人の子を祖先とする12の部族から成っていた。それぞれの名は，ルベン，シメオン，レビ，ユダ，ゼブルン，イッサカル，ダン，ガド，アシェル，ナフタリ，ヨセフ，ベニヤミンである。ただし彼らがカナンの地で領地をもったとき，祭司の部族であったレビ族は領地をもたなかったので，代わりにヨセフ族がエフライム族とマナセ族の２つに分かれ，それぞれ別の領地をもった。

カ

カヴォード Kavod
ヘブライ語で「栄光」を意味する。荒野での40年間の彷徨において，神がモーセに対し天幕の内部に臨在し，語りかけたことを表現する用語で，天幕あるいはエルサレムの神殿における神の臨在を指す。神殿崩壊後，カヴォードは天に戻り，地上における顕現はシェヒナーの語が用いられた。しかし，カヴォードは離散後も信仰の伝統に根ざして，ユダヤ教の神秘主義的な概念としても改めて構築され，この世界における神の顕現の様式として，裁きや救済の信仰と結びついていった。

ガオン Gaon
古代末期以来，ユダヤ人社会の法的権威を担ったのは口伝トーラーの権威に依拠したラビたちであり，６世紀のバビロニア・タルムードの編纂から11世紀の半ばまで，バビロニアの２都市に存在した学塾（イェシヴァ）がトーラーの権威の頂点であった。学塾の塾長はガオンと呼ばれ，彼らの指導体制が有効に機能していた時代をゲオニーム（ガオンの複数形）期と呼ぶ。また後代には，ガオンは偉大な学者に対する称号としても用いられた。

割礼 Brit Milah
→祭礼（付録13頁）を参照

カバラー Kabbalah（Qabbalah）
12世紀にプロヴァンスからイベリア半島にかけて発祥したユダヤ教の神秘思想。カバラーは中世ユダヤ教の思想において重要な一部をなし，スペイン追放（1492年）以後はパレスチナをはじめ地中海各地にも広がっていった。伝統的なユダヤ教聖典の註解という形式を踏まえつつ数多くの重要な著作が書かれ，セフィロートやティクーンなど独自の概念が構築され，シャブタイ派運動ではメシアニズムと結びついた。一方，その研究においては，G・ショーレムが学術的な研究の必要性と方法論を提唱した。

カライ派 Karaīm
カライとはアラム語で「文字を読む者」「文字の解釈に精通する者」という意味で，カライ派とは，トーラーとタルムードの両方を権威とするラビ・ユダヤ教に対し，タルムードの権威をいっさい認めないユダヤ教分派の総称である。その起源は８世紀にまで遡り，一時はパレスチナやエジプトを中心に大きな勢力を維持した。10世紀にラビ・ユダヤ教の側から，カライ派に対してサアディア・ガオンが論駁《ろんばく》書を著したことで有名。

コーヘン Cohen
ヘブライ語で「祭司」の意。古代イスラエルには祭司，レビ人，平信徒のイスラエルという３身分が存在したが，だれが祭司階層を構成するかをめぐり，聖書を構成する諸資料によって違いがある。Ｐ資料（祭司資料）によれば，祭司はレビ族に属するアロンとその子孫のみに限られる。メシアが到来したときに神殿も再建されるとする信仰から，レビ人や祭司の子孫は勝手に姓を変えることが禁じられているため，ユダヤ人のあいだでは今日までレビ姓とコーヘン姓が保持されている。

コンヴェルソ（コンベルソ） Conversos
→マラーノ

✻✻✻✻✻✻✻✻✻✻✻✻✻✻✻✻✻✻✻✻✻✻✻✻✻✻✻✻✻✻

サ

サマリア人 Samaritan
ユダヤ教に対抗して特別な集団を形成していた，サマリア地方の人々を指す。サマリア地方は，紀元前9～前8世紀における北イスラエル王国の首都のあった地のこと。前721年アッシリアの王サルゴン2世のサマリア攻略後，アッシリアの各地から集められた人々がサマリアに移住し，自分たちの宗教とイスラエルの宗教とを混交したものを信じた。そのことからユダヤ人はサマリア人を正統信仰から離れたものとみなし，交わりを絶った。

サンヘドリン Sanhedrin
ユダヤ教における政治的・宗教的・法的な最高決定機関。そこではナスィ（首長）とアブ・ベイト・ディーン（法廷の長）が中心的な人物であった。この機関は，ギリシア人支配とローマ人支配の期間，立法権と行政権とを掌握したとされるが，権限や機能の詳細は不明である。タルムード中の「サンヘドリン」篇には，71人のメンバーから成る大サンヘドリンと，23人のメンバーから成る下級サンヘドリンがあがっている。

死海教団 Dead Sea Sect
第二神殿時代に，死海付近のクムランを中心に厳格な信仰生活をおこなっていたとされる教団。彼らのなかにもさまざまな様式があったと考えられているが，20世紀半ばの死海写本の発見によって，この名称が生まれた。この教団の特定に関しては諸説がある（エッセネ派とみなす説が有力）が，彼らは独自の宗教的法規を体系化し，また光と闇の二元論的な黙示思想をもっていたことが写本から明らかになった。死海教団はローマ軍の侵攻により，神殿崩壊と同時期に姿を消した。→本文コラム（40-42頁）も参照

シナゴーグ Synagogue/Bet Knesset
ユダヤ人コミュニティの中心的な機能をもつ公共の集会・礼拝所を指す。「集会」を意味するギリシア語を起源とした用語で，ヘブライ語では「ベイト・(ハ)クネセト」と呼ばれる。内部にはトーラーの巻物が納められた聖《せい》櫃《ひつ》があり，エルサレムの方角に向けて造られる。シナゴーグでは安息日ごとのトーラーの朗読をはじめ，多くの宗教儀礼がおこなわれる。また「ベイト・(ハ)ミドラシュ」として，信徒たちが聖典を学ぶ場所としても活用される伝統がある。なお，シュテットルでは別々の建物で構成される。→口絵4頁も参照

シャバット Shabbat
→祭礼（付録10頁）を参照

シュテットル Shtetl
イディッシュ語で「町」「小都市」を意味し，東欧のユダヤ人コミュニティの典型をなす。その規模は1000人程度のものから，2万人を超えるものまであった。16･17世紀のポーランドではユダヤ人の自治組織が発展し，王侯貴族との良好な関係を築きつつ，ポーランドとリトアニアに数多くのシュテットルが形成された。その内部ではユダヤ教の法および慣習に根ざした伝統的な生活が営まれた。

ショアー Shoah（Sho'ah）
ヘブライ語で「滅び」を意味し，第二次世界大戦時に起きたユダヤ人迫害・虐殺を指す。「ホロコースト」という用語は「焼きつくす捧げ物」を指すギリシア語表現を由来としており，供犠的なニュアンスを避けるべき，などの理由から「ショアー」という語が使われることが少なくない。約600万人のユダヤ人が殺されたという未曾有のできごとは，ユダヤ人およびユダヤ教の歴史に決定的な変化をおよぼした。現代ユダヤ哲学や神の死の神学，収容所から生還した人々の文学活動，イスラエル建国とそのあり方を問う論争など，その

影響は多岐にわたっている。

ショヘット Shohet (Shoḥet)
ヘブライ語で「屠畜をおこなう者」を意味する。ユダヤ教では律法で定められた方法に従って，できるだけ動物に苦痛を与えない仕方で屠畜したものだけを食用とすることができる。ショヘットは原則として男性のみで，一定のナイフの技能が求められ，ラビの認可が必要とされる。ユダヤ教では規定を満たした食物（コシェル）が日常生活にも浸透しており，屠畜は重要な役割として認識されている。

スファラディ系 Sephardī
スファラド出身のユダヤ人のこと。スファラドとは，聖書のオバデヤ書１章20節にある地名で，中世以降イベリア半島を指して用いられた。とくに1492年のスペイン追放以前にスペインとポルトガルに居住していたユダヤ人の子孫を指す。イベリア半島にユダヤ人が住みついたのはソロモンの時代まで遡るとされ，その後の西ゴート王国時代の迫害を経て，中世のイスラーム支配下ではおおいに栄えてユダヤ人の「黄金時代」を現出させた。

世界イスラエル同盟（AIU）
Alliance Israélite Universalle
パリを中心とし，1860年に創設された初の国際的ユダヤ人組織。その創設はナポレオン３世によるフランスの覇権や，19世紀後半の国内外の政治状況を反映し，また1840年にダマスクスで起こったユダヤ人への暴動（血の中傷事件）もその背景にある。この組織はユダヤ人の市民権獲得のための外交活動やユダヤ人移民の支援をおこない，さらにユダヤ人への近代教育実施のために中東や北アフリカにフランス語系の学校を数多く設立した。

タ ナ

タルムード Talmud
ヘブライ語で「（トーラーの）学習」を意味し，ラビ・ユダヤ教の聖典を成す書物のこと。タルムードはミシュナと，それについての賢者たちの議論（グマラ）から成る。タルムードはパレスチナとバビロニアでそれぞれ議論が集成され，その編纂後も数多くの註釈者たちが解釈を付加していった。15世紀にヴェネツィアで印刷された初版にはラシとトーサフォートの註釈が併記され，現行のヴィルナ版にはさらに註釈が追加され，議論と解釈というラビ・ユダヤ教の学習精神を体現している。

長老会 Consistoire Israélite de France
1808年にフランスで設立されたユダヤ人の公的組織。1905年（政教分離令施行）まで存続した。フランス国内では主にアルザス地方にアシュケナジ系，ボルドーやアヴィニョンにスファラディ系ユダヤ人が居住していたが，それぞれの地域的な共同体を解体し，「フランスのユダヤ人」としての政治的な地位を確立する目的で創設された。長老会は平信徒とラビの代表者で構成され，パリを中心として各地に支部がつくられた。

トーラー Torah
トーラーとはヘブライ語で「教え」を意味する。ギリシア語では法（ノモス），日本語では律法と訳された。通常は聖書冒頭のモーセ五書，創世記，出エジプト記，レビ記，民数記，申命記とそれが記された書物（巻物）を指すが，ヘブライ語聖書全体を指すこともある。ユダヤ教の伝統では，シナイ山で神からモーセに与えられた教えを指し，そこにはモーセ五書すなわち成文律法と，師から弟子へと受け継がれた口伝律法とが含まれる。

ナスィ Nasi
ヘブライ語で「首長」を意味し，第二神殿時代にはサンヘドリンの議長に対して捧げられた称号。70年以降は，パレスチナではヒレル家がナスィ（パトリアルク）を承認された。バビロニアのレシュ・ガルータとともにダビデ家の末裔《まつえい》とされるが，ナスィは母方がダビデ王家に由来するとされた。中世以降は共同体の優れたラビに対しても捧げられたほか，カライ派においても18世紀に至るまで彼らの首長に対してナスィの称号が用いられた。現在は，イスラエル大統領を指す。

ハ

ハシディズム Hasidism (Ḥasidism)
18世紀に東欧で発祥したユダヤ教神秘主義の運動。バアル・シェム・トーヴの遍歴運動に端を発し，説教師たちの活動を通じて発展した。ハシディズムでは内面の状態が重視され，ツァディーク（義人）の指導のもとで日常生活や祈りにおいて神に仕えよという教えが実践された。ハシディズムは指導者の世代交代とともに大きな変動をみせたが，東欧のユダヤ人民衆に深く根ざし，大きな影響をおよぼした。ハシディズム研究では，M・ブーバーが重要な業績を残した。

ハスカラー Haskalah (Haśkalah)
18世紀後半から19世紀後半にかけてヨーロッパのユダヤ人のあいだで広がった啓蒙運動。トーラーの学習と世俗の諸学問との関係については中世にもさかんに議論されたが，近代においてM・メンデルスゾーンがその総合をめざした。この運動では，聖書のドイツ語翻訳などの事業が展開された。ハスカラーは，ユダヤ人がそのコミュニティを出て，ヨーロッパの近代社会において解放される歴史的経過のなかで，ユダヤ教あるいはユダヤ人の近代的意味づけに寄与した。

ハゾーン Hazon (Ḥazon)
ヘブライ語で「幻」を意味する。聖書においては，預言者イザヤが腐敗したユダ王国に対する神の審判の預言をハゾーンと表現した。1948年のイスラエル独立宣言の際に，T・ヘルツルによるユダヤ人国家建設の宣言（1896年）が「ハゾーン」としてヘブライ語版の独立宣言に記された。これは，単にヴィジョンの訳語として以上の意味を帯びている。

ハラハー Halakhah
ヘブライ語で「行く，歩む」を意味する動詞に由来し，字義通りには「行くこと，従うこと」を意味する。そこから派生して象徴的に，人が歩むべき法もしくは規則，すなわちユダヤ啓示法の体系の総称という意味をもつ。単数で用いるときには，モーセ五書の規範的部分を指して「モーセの法」を意味することもあるが，主として口伝の教えの体系の総称を指す。複数形はハラホートというが，これは一群の法や行為規範の総称として用いられる。

パリサイ派 The Pharisees/Perushim
第二神殿時代に活動していたユダヤ人の学派の１つ。その名の起源は定かではないが，「パラシュ」（離れる）に由来し，儀礼実践の清浄さの保持あるいは異教徒との接触回避などの理由で自らの規定に基づく宗教集団を形成した，とされている。パリサイ派はときに戒律に固執する者たちとして否定的に描かれるが，モーセ以来の律法伝承を自覚し，聖書解釈の様式を確立した点で，その後のラビ・ユダヤ教の形成に決定的な役割をはたした。

ピユート Piyyut
ギリシア語の「詩」に由来し，公的・私的にかかわらず，通常の祈禱やその他の宗教儀式を美しく飾る目的でつくられた叙情的な詩や聖歌のこと。複数形はピユティーム。神殿の崩壊とともに音楽が消滅したわけではなかった。それどころか，音楽はシナゴーグでの信

仰の中心として残ったのであり，典礼歌すなわちピユティームも1世紀からハスカラーの初期までさかんに歌われた。ピユティームは6世紀以後，祈禱書の一部となった。

ベイト・ミドラシュ Bet Midrash

ヘブライ語で「学びの家」を意味し，ユダヤ教の聖典学習の場所を指す。第二神殿時代に賢者たちの言葉を聞くために人々が集った場所を起源とし，その後独立した1つの制度として確立された。伝統的にベイト・ミドラシュは，人々が祈りを捧げるシナゴーグと一体になっていることが多いが，「トーラーが高められる場所」といわれ，シナゴーグよりも高い地位を有すると考えられ，その神聖さにふさわしい姿勢が学徒たちにも求められた。

ペイル Pale of Settlement

ロシア帝国内のユダヤ人居住区域。18世紀後半のポーランド分割以降，国内のユダヤ人人口が増えたことを受けて，ロシア皇帝がユダヤ人の居住地を国内西部（バルト海から黒海にかけての諸州）に定めた。この法的制限は19世紀を通じて徐々にその圧力を増し，ユダヤ人は居住区域のさらなる縮小を強いられただけでなく，就労・就学や徴兵などに関しても差別的な扱いを受けることとなった。

ヘブラー・カディシャー
Hevra Kaddisha (Ḥevra Qaddisha)

アラム語で「聖なる同胞団」を意味し，死者の埋葬をおこなう慈善組織を指す。その起源はタルムードにみられ，慈善活動全体をおこなう集団という広義の意味から，ラビたちの法規範に基づく埋葬作業をおこなう集団へと限定されていった。彼らは私的営利のための活動はおこなわず，ボランティアで埋葬を取り仕切る。この組織の一員となることは大きな名誉であると考えられていた。

マ

マラーノ Marrano

スペインとポルトガルでキリスト教に強制改宗させられたユダヤ人（新キリスト教徒〈コンヴェルソ〉）を指す蔑称。その語源は不詳だが，「卑しい（人）」や「豚」を意味するスペイン語から派生したものとされる。強制改宗したユダヤ人は家庭などでひそかにユダヤ教の儀礼を守っていたため，あるいはそう疑われたため，主に15世紀以降，彼らを宗教裁判にかける異端審問や，旧来のキリスト教徒との差異化を図る「血の純潔」の法令などの制度が発展していくこととなった。

ミクヴェ Mikveh

儀礼的清めのための公的な水浴設備。死体その他の穢《けが》れた対象との接触（民数記19章）や，月経をはじめとする体からの穢れた漏出など（レビ記15章）から儀礼的に身を清めるために用いられる。神殿崩壊以後，儀礼的不浄がもはや適用されなくなったため，現在ではミクヴェの用途は主に月経に対するものであるが，改宗者に対しても，改宗の儀礼の一環としてミクヴェでの浸礼が要求されている。

ミシュナ Mishnah

成文律法（モーセ五書）と並ぶ口伝律法の集成。預言者モーセが神の啓示を受けて以来，成文化された教えとは別に，師弟の口承で伝えられた教えがあるという伝統に基づく。ラビ・ユダヤ教の律法は成文トーラーと，それを補完するミシュナによって構成されている。1世紀初めから2世紀にかけて「タンナイーム」と呼ばれるパレスチナの賢者たちによってこの口伝が学習され，最終的に200年頃ラビ・ユダ・ハナスィによって6部（「種子」「祭日」「女性」「損害」「聖物」「清浄」）63編に集成された。

ミズラヒ系 Mizraḥi
アシュケナジ系にもスファラディ系にも属さず，主として北アフリカを含む中東・イスラーム世界に居住し，あるいはそこからイスラエルに移住したユダヤ人のこと。ミズラヒは「東」(ミズラハ) に由来する言葉で，彼らは「東洋のユダヤ人」や，単純にミズラヒーム(ミズラヒの複数形)と自己表現することが多い。現在，全世界のユダヤ人に占める割合は小さいが，中世ではユダヤ人の90%以上がイスラーム圏に居住していたと考えられる。

ミツヴァ Mitzvah
ヘブライ語で「命令」の意味で，複数形はミツヴォート。ユダヤ人の行為を律する613の法的・宗教的規定のこと。248は「肯定的」すなわち命令の条項であり，365は「否定的」すなわち禁止条項である。613の戒律は，すでに古代のラビ文献にみられるが，トーラーのどの規定を数に入れるかで統一があったとはいえず，中世最大のユダヤ人思想家マイモニデスの著書を通じて，はじめて613のおのおのの内容が確定された。

ミニヤン Minyan
公的に唱える祈りやトーラーの朗読のために必要な人数の定数。テフィリン(聖句箱)を身に付けることができる，13歳以上のユダヤ人成人男性が少なくとも10人集まった集団。その根拠については諸説あるが，一般的には創世記18章32節において，神がソドムを滅ぼそうとした際に，少なくとも10人の正しい者があったならば町を滅ぼさないと神がアブラハムに約束した故事に由来する。タルムードによれば，成人男性10人がともに祈ると神が臨在するという。

ムーサル運動 Musar Movement
イスラエル・サランターが主導して19世紀から20世紀にかけて展開された倫理教育運動。その舞台となったリトアニアは，現行のタルムードがその中心都市ヴィルナで印刷された版であるように，タルムードの学習の拠点であった。ムーサル運動は西欧のハスカラー運動に影響を受け，学塾(イェシヴァ)における教育を通じてユダヤ教の倫理的な側面の習得と覚醒をめざした。この運動で教化を受けた学生たちは，タルムード学習に情熱を傾け，各地で団結・組織化していった。

メノラー Menorah
ヘブライ語で「燭台」の意。七枝の燭台はユダヤ教の象徴的存在で，古代の「会見の天幕」やエルサレム神殿で使用された。その形状は，出エジプト記25章31～40節にあるように，シナイ山で神がモーセに，アーモンドの枝を型取ってつくるように命じた。灯火はアーモンドの開花を示唆する。メノラーはユダヤ教の主要なシンボルとして，墓碑やシナゴーグの入り口や種々の祭具の装飾デザインなど，多様な場で広く用いられている。

メルカヴァ Merkabah
メルカヴァは，出エジプト記15章４節ではファラオの戦闘用二輪馬車を意味し，エゼキエル書１章15節では，預言者エゼキエルが幻視した「神の乗り物」を意味する。とりわけエルサレム第一神殿崩壊後，このモチーフは神秘的なものへの願望や幻想と結びついてマアセー・メルカヴァ(御車のわざ)という神秘主義の潮流を生み出し，神の乗り物はすなわち「神の玉座」との理解が生まれ，秘儀によって到達すべき究極の世界とされた。

ヤ

ヤハウェ YHWH
唯一絶対神の呼称。ヘブライ語の表記をラテン文字に置き換えると，神の名は「神聖四文字」(テトラグラマトン)と呼ばれるYHWHとなるが，この表記自体には母音符号が指示されていないため当時どう発音されていたのか

はっきりしない。そこで，現代の学者が母音を補い，学問的想定でヤハウェと発音している。ユダヤ人はこの名をみだりに唱えることが許されなかったため，代わりに「主」(アドナイ)，「聖名」(ハシェム)と発音する。

ユダイスモス Iudaismos
紀元前332年頃のアレクサンドロス大王の征服以後，パレスチナからアレクサンドリアにかけて流入したヘレニズム文化への対抗的な概念。ギリシア語の用語であり，第二マカバイ記などにみられる。この語はトーラーを中心とする信仰と実践の集団，あるいはその宗教的な文化の領域を自己規定したものとして，「ユダヤ教」あるいは「ユダイズム」の起源に相当するものと位置づけることができる。ユダイスモスとしての自覚は，その後ローマとの壮絶な戦争や分派の形成など，歴史的なできごととして具現化されることとなった。

ユダヤ Yehudah
ヘブライ語のユダ(Yehudah)のラテン語形が Judea で，その邦訳がユダヤである。ローマ帝国支配下のイスラエルの地(エレツ・イスラエル)の南部州がこれに相当する。しかし，Judea という実際の表記はヘレニズム時代にあらわれる。アリストテレスの弟子であるクレアルクスがこの語を用い，アブデラのヘカテウスとマネトが，バビロン捕囚から帰還したユダの民がエルサレムを中心に居住していた地域を指すのに用いた。2度のユダヤ戦争後，ローマはこの地域をパレスチナと呼び換えた。

ラ

ラビ Rabbi
ヘブライ語で「偉大な」を意味するラヴに由来し，ラビは「私のラヴ」の意。伝統的には，ハラハーの内容を教授し，裁定をおこない，そこに記された法解釈への疑問を解消することでユダヤ人社会を運営する指導者を指す。また，シナゴーグでのトーラーの朗読をはじめとする儀礼の執行なども兼務する。ラビの最高位を尊敬して呼ぶ称号として，タンナイームの数人のラビがラバンと呼ばれた。また，アモライーム時代以降，バビロニアの学者はラヴの称号で呼ばれた。→付録22-24頁も参照。

レシュ・ガルータ Resh galuta
アラム語で「捕囚民の長」の意。紀元前6世紀のバビロン捕囚以来，バビロニアにはユダヤ人社会が根づいたが，そこではダビデ家の直系で男系の子孫がユダヤ人社会の代表者として承認されていた。この制度が史料によって確認されるのは2世紀以降だが，イスラーム期には，カリフからイスラーム支配下の全ユダヤ教徒を代表する絶大な権限が与えられ，アッバース朝の滅亡まで存続した。

レビ人 Levi
族長ヤコブ(イスラエル)の息子である12族長の1人レビの子孫で，イスラエルにおける祭司階層。はじめはレビ人と祭司は同意語であったが，祭司がモーセの兄で，レビ族の1人アロンの子孫に限定されるようになってからは，祭司の下位にあって宗教的公務をはたす階層を指すようになった。レビ人には，嗣業の土地は与えられず，48の町に分散して住み，他の部族の人から農産物と家畜の10分の1を受けて生活していたとされる。

祭礼・儀礼

ユダヤ教の１週間

ユダヤ教では創世記の世界創造の物語に基づいて，１日が日没で始まり，１週間を基本的な単位とする。１週間は第１日から第６日まで数えられたのち，７日目に「シャバット」（安息日）がめぐってくる。

毎日の礼拝

▶ユダヤ教では１日に３度祈りを捧げるが，朝の祈りがもっとも長く，勤行のように祈禱書を１時間近く読み続ける。その中心をなすのはエルサレムの方角を向いておこなわれるアミダー「立禱」であり，18祈禱文（シュモーネ・エスレ）とも呼ばれるが，実際には伝統的な19の祈りによって構成される。また朝夕には申命記の句などから成るシュマアの朗読も重ねて唱えられる。

シャバット「安息日」

▶安息日は，神が世界創造の７日目に休んだことに由来し，ユダヤ教のもっとも重要な規定の１つである。安息日は金曜の日没前に始まり，土曜の日没までいっさいの労働が禁じられる。シナゴーグでは，金曜の日没時に，花嫁としての安息日を迎えるカバラト・シャバットの祈りがおこなわれ，翌朝には，その週のトーラー指定箇所の全文が朗読される。家庭では安息日直前に，ろうそくを点灯して安息日を迎える儀礼をおこない，晩餐の際には，特別なテーブルクロスの上でパンとワインを用意し，聖別の祈り（キドゥーシュ）が捧げられる。土曜の夕空に３つの星があらわれると安息日が終わり，その際に，安息日と次の週との区切りの儀式（ハブダラ）がおこなわれる。

ユダヤ教の暦と年間行事

ユダヤ教の暦は日本の旧暦と同様，太陰太陽暦である。１カ月は月の満ち欠けで数えられるが，太陰暦では１カ月が29日ないし30日になるため，１年間の日数において太陽年と約11日の誤差が生じる。そのため，閏《うるう》年を設けて，その年には１カ月を挿入することで，太陽年との誤差を調整する。閏年の算定は，西暦４世紀に，19年間に７度という周期で確定され，閏年には第二アダルの月を挿入する。

１年の始まりは，ユダヤ教においては主に２つの伝統がある。１つは聖書の記述に基づく伝統で，「この月をあなた方の正月とし，年の初めの月としなさい」（出エジプト記12章２節）に由来する。この伝統においては，春のニサンの月（西暦では３～４月）が「年の初めの月」とされ，この月の14日からの１週間は，エジプト脱出を記念した過越《すぎこし》祭を祝う。もう１つは，「ローシュ・ハシャナー」（新年）の祝祭がおこなわれる秋のティシュレの月で，悔い改めのためのさまざまな儀式がおこなわれる。１年を振り返り，身を清めたうえで新たな１年を迎えるという意味でも，ローシュ・ハシャナーを年の始まりと考える。また，ユダヤ教では年数の数え方も西暦とは異なり，創世記の冒頭に記された世界創造から年数を数える（ちなみに西暦2009年は，前半が5769年で，ローシュ・ハシャナーから5770年になる）。

月名と主な行事

ティシュレ（9～10月）

◎ローシュ・ハシャナー「新年」（1～2日）

ユダヤ教における新年。シナゴーグではショーファル（角笛）が吹き鳴らされ，2日間にわたって新年の到来が祝される。またこの日は1年間を振り返って悔い改めをおこなう機会でもあり，審判者である神に対して赦しを求めるための儀礼が10日間にわたっておこなわれる。

◎断食日（3日）

新年の翌日に，ユダ王国の総督ゲダリヤの死を悼んで断食がおこなわれる。ゲダリヤはバビロニアから派遣され，荒廃した王国の国土再興をめざしたが，ユダ王家の子孫に暗殺された。この日は悔い改めの10日間の1日を構成しており，贖罪《しょくざい》の祈りが捧げられる。

◎ヨーム・キップール「贖罪日」（10日）

新年の悔い改めの10日間の最終日に位置する。断食や労働禁止の規定のほか，罪の赦しを神に求めるために数々の祈りが捧げられる。贖罪日はユダヤ教の年間行事のなかでももっとも重要な行事の1つであり，ユダヤ人の信仰の中核をなすものといえる。

◎スコート「仮庵祭」（15日から8日間）

出エジプトのあと，荒野の40年間に仮庵（スッカー）で暮したことに由来する。9日間（イスラエルでは8日間）にわたって家の外に仮庵を建て，そこで寝泊まりをする。この間シナゴーグでは毎日行列をなして，詩編を唱え4種類の植物（エトログ・ルーラブ・ミルトス・ヤナギ）の束を振るホシャナ（救い給え）の儀式があり，7日目には，ビマー（説教台）やトーラーの回りを7回巡回するホシャナ・ラッバが壮重な雰囲気をかもしだす。

また，秋の収穫物を祝う農耕祭としての由来ももつ。

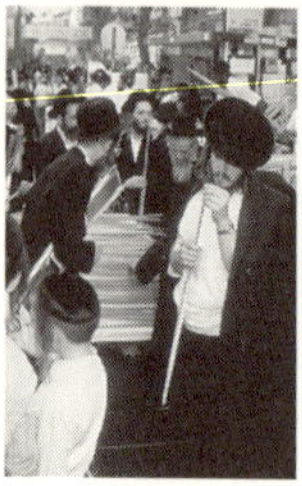

ルーラブの選定

ホシャナ・ラッバ

仮庵（スッカー）

◎シムハット・トーラー「トーラーの歓喜」（23日）

ユダヤ教では毎週の安息日にトーラーの朗読をおこない，1年間をかけて読了する。その読了の日を祝って，トーラーの巻物をシナゴーグの外へ持ち出すことを許され，行列になって担いで祝う。

ヘシュヴァン（10～11月）

キスレヴ（11～12月）

◎ハヌカー祭（25日から8日間）

パレスチナのヘレニズム化によって，神殿での異教礼拝がおこなわれていたことに対し，祭司ハスモン家が中心にな

ハヌキヤ

ってエルサレムを奪回して神殿を清めた故事に由来する祭り。ハヌカーは８日間続き，ハヌキヤ（八枝の燭台）に毎日１枝ずつ点火していく。

テヴェト（12～１月）

◎断食日（10日）

バビロニアによるユダ王国およびエルサレムの包囲を記念した断食日。ザカリヤ書で語られた断食日についてのラビたちの解釈に由来する。

シュヴァト（１～２月）

◎トゥ・ビシュヴァト「樹木の新年」（15日）

果実の十分の一税の年度を確定する新年で，イスラエルの土地と関連の深い15の果物を食べるという慣習がある。イスラエルでは学校が休みになり，生徒たちは植樹をおこなう。

アダル（２～３月）

◎断食日（13日）とプリム祭（14・15日）

エステルとモルデカイがアケメネス朝によるユダヤ人滅亡の企てから民を救ったという，エステル記に由来する祝祭。前日に断食が，当日にはエステル記の朗読がおこなわれる。この祭りはカーニヴァル的な雰囲気に満ちており，仮装や宴が催される。

エステル記の巻物

バルセロナ・ハガダー

第二アダル：閏年に挿入される月。

ニサン（３～４月）

◎ペサハ「過越《すぎこし》祭」（14日から８日間）

エジプト脱出を記念する祭り。神がモーセに命じた戒律に倣って，住居からハメツ（酵母）を取り除き，酵母を入れないパンが食される。かつてエルサレム神殿では子羊の犠牲が捧げられたが，神殿崩壊後はおこなわれず，祭りの中心は初日の晩餐で，セデルと呼ばれる家庭での儀礼が普及した。晩餐は，ハガダーと呼ばれる儀礼テクストに従って進められ，出エジプトの故事，賢者の伝承，象徴的な食べ物，子どもたちとの質疑などが含まれる。→口絵８頁を参照

セデルの皿

イッヤール（4～5月）

スィヴァン（5～6月）

◎シャブオート「七週祭」（6日あるいは7日）

スコート，ペサハとともにユダヤ教の三大巡礼祭の1つをなす。シナイ山でモーセに十戒が与えられたことを記念し，また神殿では穀物や果物の初物が捧げられた。シナゴーグではトーラーの十戒の部分が朗読され，また異教徒の女性が改宗した物語であるルツ記も重ねて読まれる。

タンムズ（6～7月）

◎断食日（17日）

この断食日は，モーセが民の放埒《ほうらつ》を見て神から授かったトーラーの板を割ったこと，またバビロニアやローマのエルサレム侵攻を悼む日とされている。

アヴ（7～8月）

◎断食日（9日）

前月（タンムズの月）の断食日から続く集中的な服喪の期間の最後に置かれた断食日。この日はエルサレム第一・第二神殿の崩壊日とされ，ユダヤ人がこうむってきた苦難を記憶する日としてシナゴーグでも特別な追悼の儀礼がおこなわれる。

エルール（8～9月）

割礼器具

人生儀礼

割礼

▶割礼（性器の包皮を切り取る儀礼）は男児の生後8日目におこなわれる。これは神とユダヤ人の契約のしるしとしておこなわれ，その際に子どもにヘブライ語の名前がつけられる。これが一生を通じて彼がシナゴーグで呼ばれ，ケトゥバー（結婚契約書）と墓石に記される名前となる。割礼は現在では病院でおこなわれることが多いが，伝統的には家庭やシナゴーグでおこなわれていた。その日がシャバット（安息日）であってもおこなわれる。手術はモヘルという専門家がおこなう。割礼の際には，子どもの近親者の1人がサンダックという名親になって，キッセ・エリヤフー（「エリヤの椅子」，預言者エリヤが降臨していることを示す）に子どもを膝に乗せて座る。手術の際に，名親はブドウ酒を割礼用のカップ（コス・ハブラハ）で飲み，乳児に数滴含ませる。割礼は創世記17章の「体に記され」（13節），「契約のしるし」（11節）を根拠として，神とアブラハムの契約（ブリート）の際に，神がアブラハムに対してすべての男児の割礼を命じたことに由来する。

エリヤの椅子

バル・ミツヴァ

▶男子は13歳になると成人となり，トーラーに従った生活を始めるようになる。バル・ミツヴァの祝いではじめてタリート（肩衣）とテフィリン（聖句箱）を身に着けてシナゴーグに入り，トーラーのふさわしい章節を朗読することが慣習となっている。現代では，12歳の女子を成人とみなすバト・ミツヴァの祝いをおこなう宗派もある。→口絵１頁を参照

結婚

▶ユダヤ教において結婚は義務とされている。結婚についての法律は，ユダヤ教の聖典のさまざまな箇所で論じられている。通常，ユダヤ教の結婚式は２つの手順で構成される。第１は「婚約」（キドゥシーン）であり，花婿からの贈り物や婚約の宣誓，祝福などがおこなわれる。第２は「結婚式」（ニッスイーン）であり，花婿の家に入ることを示すために，婚礼用の天蓋（「フッパー」，礼拝所の庭などにつくる）に両者が入り，祈禱や指輪の授与，結婚契約書（ケトゥバー）の朗読がおこなわれる。それから，エルサレム神殿の崩壊を悼むために，ワイングラスを割る儀式がおこなわれ，披露宴へと続く。

ケトゥバー

ケトゥバーは事前に用意しておく必要があり，女性の権利の保護を目的としている。具体的には，結婚生活における夫の責任についての規定，離婚した場合に夫が妻に支払う生活扶助についての記載が不可欠となる。また，契約書には２人の証人の署名が必要であり，式においてその文面が読み上げられたのちに，花嫁の手に渡される。

結婚式

葬儀

▶ユダヤ教では通常，「ヘブラー・カディシャー」（聖なる同胞団）と呼ばれる互助組織が一連の作業をおこなう。遺体は埋葬に先立って清められ，経帷子《かたびら》に包まれてから，墓地に運ばれて埋葬される。土葬が基本だが，派によっては火葬がおこなわれる場合もある。服喪の期間は伝統的に７日間（「シヴア」）と，それに引き続く死後30日までの緩やかな服喪（「シュロシーム」）で構成され，親の死については１年間続くとされる。遺族は葬儀に先立って，深い悲しみを象徴するしぐさとして自分の上着を引き裂く。また，「シヴア」の服喪のあいだは，床に直接座るか，背の低い椅子に腰かけ，労働や仕事，入浴や散髪，革靴の使用を慎む。

トーラーの朗読

ユダヤ教でもっとも重要な聖典はトーラーであるが，シナゴーグにおける礼拝でトーラーが朗読されるのは月曜，木曜，安息日，祭日であり，そのなかでも安息日におけるトーラーの朗読が中心である。毎週金曜日の日没から始まる安息日には，男性たちがシナゴーグで夕べの礼拝をおこなってから家に帰る。そして，夜が明けた土曜の朝の祈りではその週のトーラー指定箇所全部を朗読する。安息日の午後の祈りには，翌週の指定箇所の冒頭部分のみが朗読され，安息日はトーラーの朗読と祈りで満たされる。

ユダヤ教徒のあいだで程度の差はあれほぼ普遍的におこなわれているシステムによれば，聖務日課(「パラシャト・シャヴーア」，どの週にトーラーのどの箇所を読むかを定めたもの)に従って1年をかけて，安息日の朝ごとに朗読され，それぞれの安息日の名前もその朗読箇所の聖句に由来する。この1年のサイクルは，「シムハット・トーラー」(トーラーの歓喜)という祭りで完結され，翌週からすぐに最初から再び読み始められ，つねに絶えることなく続けることが義務づけられている。これ以外にも，トーラーを3年間かけて朗読するサイクルも古くから存在したが，現在の主流は1年サイクルである。トーラーのくだりは，手書きの巻物から読まれるが，これは厳粛な雰囲気のなかで聖櫃《せいひつ》から取り出され，シナゴーグ中を巡回し，会衆のなかから公式に指名された者によってよく見えるように高く持ち上げられる。また，朗読するよう指名された者は登壇して名誉を受け，返礼として喜捨(ツダカー)をする慣わしとなっている。

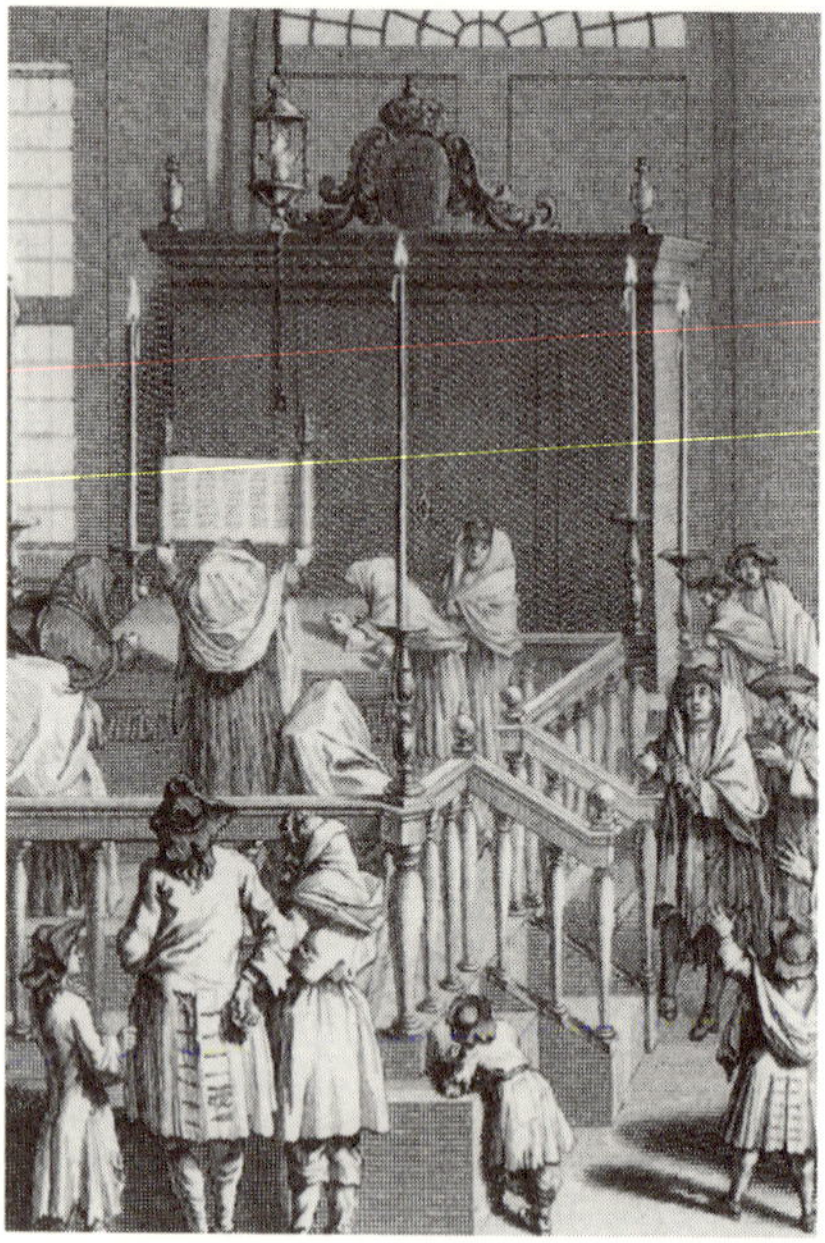

ハーグのポルトガル系シナゴーグで，司式者がその週のトーラー朗読箇所を，読む前に会衆に示している。フランス人のプロテスタント画家，B・ピカール作，18世紀前半。

安息日の聖書朗読

モーセ五書(パラシャト・シャヴーア)		預言書(ハフタラー)
創世記		
ベレーシート Bereshit	1:1-6:8	イザ 42:5-43:11(42:5-21)
ノアハ Noach	6:9-11:32	イザ 54:1-55:5(54:1-10)
レフ・レハー Lekh Lekha	12:1-17:27	イザ 40:27-41:16
ヴァイェーラ Va-Yera	18:1-22:24	2 王 4:1-37(4:1-23)
ハッイェー・サラ Chayyei Sarah	23:1-25:18	1 王 1:1-31
トーレドート Toledot	25:19-28:9	マラ 1:1-2:7
ヴァイェーツェ Va-Yetse	28:10-32:3	ホセ 12:13-14:10(11:7-12:12)
ヴァイシュラハ Va-Yishlach	32:4-36:43	ホセ 11:7-12:12(オバ 1:1-21)
ヴァイェーシェヴ Va-Yeshev	37:1-40:23	アモ 2:6-3:8
ミッケーツ Mi-Kets	41:1-44:17	1 王 3:15-4:1
ヴァイッガシュ Va-Yiggash	44:18-47:27	エゼ 37:15-28
ヴァイヒ Va-Yechi	47:28-50:26	1 王 2:1-12
出エジプト記		
シュモート Shemot	1:1-6:1	イザ 27:6-28:13;29:22, 23(エレ 1:1-2:3)
ヴァエーラ Va-Era	6:2-9:35	エゼ 28:25-29:21
ボー Bo	10:1-13:16	エレ 46:13-28
ベシャッラハ Be-Shallach	13:17-17:16	士師 4:4-5:31(5:1-31)
イトゥロ Yitro	18:1-20:23	イザ 6:1-7:6;9:5(6:1-13)
ミシュパティーム Mishpatim	21:1-24:18	エレ 34:8-22;33:25, 26
トゥルーマー Terumah	{25:1-27:19	1 王 5:26-6:13
テツァヴェ Tetsavveh	27:20-30:10	エゼ 43:10-27
キー・ティッサー Ki Tissa	30:11-34:35	1 王 18:1-39(18:20-39)
ヴァヤクヘル Va-Yakhel	{35:1-38:20	1 王 7:40-50(7:13-26)
プクーデイ Pekudei	38:21-40:38	1 王 7:51-8:21(7:40-50)
レビ記		
ヴァイクラー Va-Yikra	1:1-5:26	イザ 43:21-44:23
ツァヴ Tsav	6:1-8:36	エレ 7:21-8:3;9:22, 23
シュミニ Shemini	9:1-11:47	2 サム 6:1-7:17(6:1-19)
タズリーア Tazria	{12:1-13:59	2 王 4:42-5:19
メツォーラー Metsora	14:1-15:33	2 王 7:3-20

① モーセ五書の朗読箇所にみられる括弧{ は，その箇所が年によってつなげて1日で読まれる場合があることを示す。
② 預言書の括弧( )はスファラディ系の礼拝がアシュケナジ系の礼拝と違う場合を示す。
③ 申命記の最後の「ヴェゾート・ハブラハー」のみは，安息日にではなく，スィムハト・トーラー(律法歓喜)の祭日に読まれる。
④ 出エジプト記の「イトゥロ」では朗読が第20章23節までとなっているが，これはヘブライ語聖書の節の区分に従ったものであり，日本語訳聖書でいえば第20章26節までに相当する。

モーセ五書(パラシャト・シャヴーア)		預言書(ハフタラー)
アハレー・モート Acharei Mot	16:1-18:30	エゼ 22:1-19(22:1-16)
クドーシーム Kedoshim	19:1-20:27	アモ 9:7-15(エゼ 20:2-20)
エモール Emor	21:1-24:23	エゼ 44:15-31
ベハル Be-Har	25:1-26:2	エレ 32:6-27
ベフッコータイ Be-Chukkotai	26:3-27:34	エレ 16:19-17:14
民数記		
ベミドバル Be-Midbar	1:1-4:20	ホセ 2:1-22
ナーソー Naso	4:21-7:89	士師 13:2-25
ベハアロテハー Be-Haalotkha	8:1-12:16	ゼカ 2:14-4:7
シュラハ・レハー Shelach Lekha	13:1-15:41	ヨシュ 2:1-24
コラハ Korach	16:1-18:32	1 サム 11:14-12:22
フッカト Hukkat	19:1-22:1	士師 11:1-33
バラク Balak	22:2-25:9	ミカ 5:6-6:8
ピンハス Pinchas	25:10-30:1	1 王 18:46-19:21
マットート Mattot	30:2-32:42	エレ 1:1-2:3
マスエー Masei	33:1-36:13	エレ 2:4-28;3:4 (2:4-28;4:1,2)
申命記		
デヴァリーム Devarim	1:1-3:22	イザ 1:1-27
ヴァエトハナン Va-Ethannan	3:23-7:11	イザ 40:1-26
エケヴ Ekev	7:12-11:25	イザ 49:14-51:3
ルエー Reeh	11:26-16:17	イザ 54:11-55:5
ショーフティーム Shophetim	16:18-21:9	イザ 51:12-52:12
キー・テーツェ Ki Tetse	21:10-25:19	イザ 54:1-10
キー・ターヴォ Ki Tavo	26:1-29:8	イザ 60:1-22
ニッツァヴィーム Nitsavim	29:9-30:20	イザ 61:10-63:9
ヴァイェーレフ Va-Yelekh	31:1-30	イザ 55:6-56:8
ハアズィーヌー Haazinu	32:1-52	2 サム 22:1-51
ヴェゾート・ハブラハー Ve-Zot Ha-Berakhah	33:1-34:12	ヨシュ 1:1-18(1:1-9)

⑤ 預言書の略号は50音順で以下の通り。アモ(アモス書),イザ(イザヤ書),エゼ(エゼキエル書),エレ(エレミヤ書),1 王(列王記上),2 王(列王記下),オバ(オバデヤ書),1 サム(サムエル記上),2 サム(サムエル記下),士師(士師記),ゼカ(ゼカリヤ書),ホセ(ホセア書),マラ(マラキ書),ミカ(ミカ書),ヨシュ(ヨシュア記)。

学問

ラビ聖書の1頁

ラビ聖書（ミクラオート・グドロート）は，註解付きヘブライ語聖書で，ルネサンス期のヴェネツィアで1525年にはじめて印刷された。図は創世記（セフェル・ベレーシート）の冒頭頁。

ラビ聖書はこのような本文，翻訳，註解，註記などを１頁に収める体裁を踏襲し，ナフマニデスやダヴィッド・キムヒなどの註解を追加して今日に至っている。図中の番号は成立順。

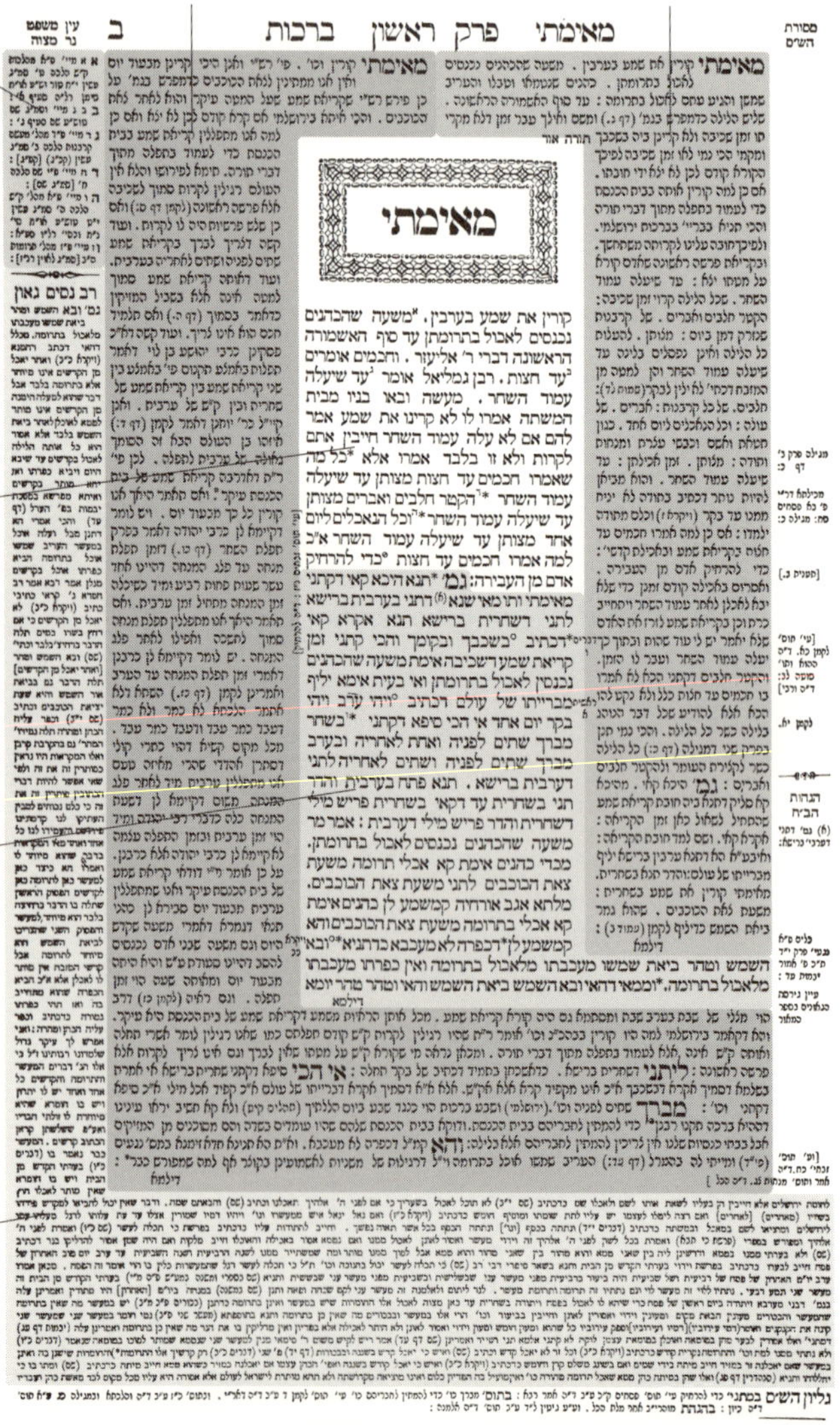

①〜④が最初に印刷されたヴェネツィア版。⑤⑥はのちに追加された。ベラホート（祝福）篇冒頭頁2a（ヴィルナ・ロム版）。

タルムード全巻一覧

ミシュナ(Mishnah)　63篇(マセホート)と内容

ズライーム(種子)の巻	1	ベラホート篇	祈り
	2	ペアー篇	畑の一画(レビ 19:9-10)
	3	デマーイ篇	十分の一の取分けが疑わしい穀物
	4	キルアイム篇	異種交配(申命 22:9-11)
	5	シュヴィイート篇	休耕の年, いわゆる安息年(出エ 23:10-11)
	6	テルモート篇	祭司への贈物(レビ 22:10-14)
	7	マアスロート篇	十分の一の税(民数 18:21)
	8	マアセル・シェニー篇	神殿へ捧げる第二の十分の一(申命 14:22以下)
	9	ハッラー篇	練り粉の供物(民数 15:17-21)
	10	オルラー篇	果樹の若木の扱い(レビ 19:23-25)
	11	ビックリーム篇	初物の果樹(レビ 26:1-11)
モエード(祭日)の巻	1	シャバット篇	安息日に禁じられる仕事
	2	エルヴィーン篇	安息日の移動制限の融合
	3	ペサヒーム篇	過越《すぎこし》祭
	4	シュカリーム篇	命の代償額(出エ 30:11-16)
	5	ヨーマ篇	贖罪《しょくざい》日
	6	スッカー篇	仮庵祭
	7	ベーツァー篇	祭日の規則
	8	ローシュ・ハシャナー篇	新年祭の祝い
	9	タアニート篇	断食
	10	メギラー篇	エステル記とトーラーの朗読
	11	モエード・カタン篇	半祭日(祭の中間日)の規定
	12	ハギガー篇	3つの巡礼祭の供物(申命 16:16-17)
ナシーム(女性)の巻	1	イェヴァモート篇	レヴィラート婚(申命 25:5-10)
	2	ケトゥボート篇	結婚契約書
	3	ネダリーム篇	誓い(民数 30)
	4	ナズィール篇	ナジル誓願(民数 6)
	5	ソーター篇	女の不倫の疑惑(民数 5:11以下)
	6	ギッティーン篇	離婚
	7	キドゥシーン篇	結婚
ネズィキーン(損害)の巻	1	バヴァ・カマ篇	不法行為
	2	バヴァ・メツィア篇	市民法
	3	バヴァ・バトラ篇	財産法
	4	サンヘドリン篇	法廷・裁判組織
	5	マッコート篇	体罰(申命 25:2)
	6	シュヴオート篇	法律上の誓言
	7	エドゥヨート篇	証言
	8	アヴォダー・ザラー篇	異教崇拝
	9	アヴォート篇	父祖の遺訓
	10	ホーラヨート篇	法廷の誤審と民の責任(レビ 4:22以下)

コダシーム(聖物)の巻	1	ゼヴァヒーム篇	家畜の生贄
	2	メナホート篇	血の生贄以外の供物
	3	フリーン篇	食用のための屠畜
	4	ベホーロート篇	家畜の初子(申命 15:19以下)
	5	アラヒーン篇	誓言の実行(レビ 27:1-8)
	6	テムラー篇	生贄の交換(レビ 27:10)
	7	ケリトート篇	追放罰(レビ 18:29)
	8	メイラー篇	神殿財産の誤用(レビ 5:15-16)
	9	タミード篇	日々の捧げ物(民数 28:3-4)
	10	ミッドート篇	神殿の構造
	11	キンニーム篇	鳥の捧げ物(レビ 5:7以下)
トホロート(清浄)の巻	1	ケリーム篇	器の不浄
	2	オホロート篇	死者による天幕内の穢《けが》れ(民数 19:14-15)
	3	ネガイーム篇	重い皮膚病の清め((レビ 13, 14)
	4	パラー篇	赤い雌牛(民数 19)
	5	トホロート篇	儀礼的な清浄
	6	ミクヴォオート篇	儀礼用水槽
	7	ニッダー篇	女性の生理の不浄
	8	マクシリーン篇	食物を不浄にする液体(レビ 11:37-38)
	9	ザヴィーム篇	男性の不浄な流出(レビ 15)
	10	テヴール・ヨーム篇	日没まで穢れる不浄(レビ 22:6-7)
	11	ヤダイム篇	手の不浄と清め方
	12	ウクツィーン篇	穢れを伝染させる植物の部位

預言書の略号はレビ(レビ記), 申命(申命記), 出エ(出エジプト記), 民数(民数記)。

タンナイーム系図

太字は学院の長、＊印は学院の所在地、═線は親子関係、─線は師弟関係、□はアモラの第一世代を示す

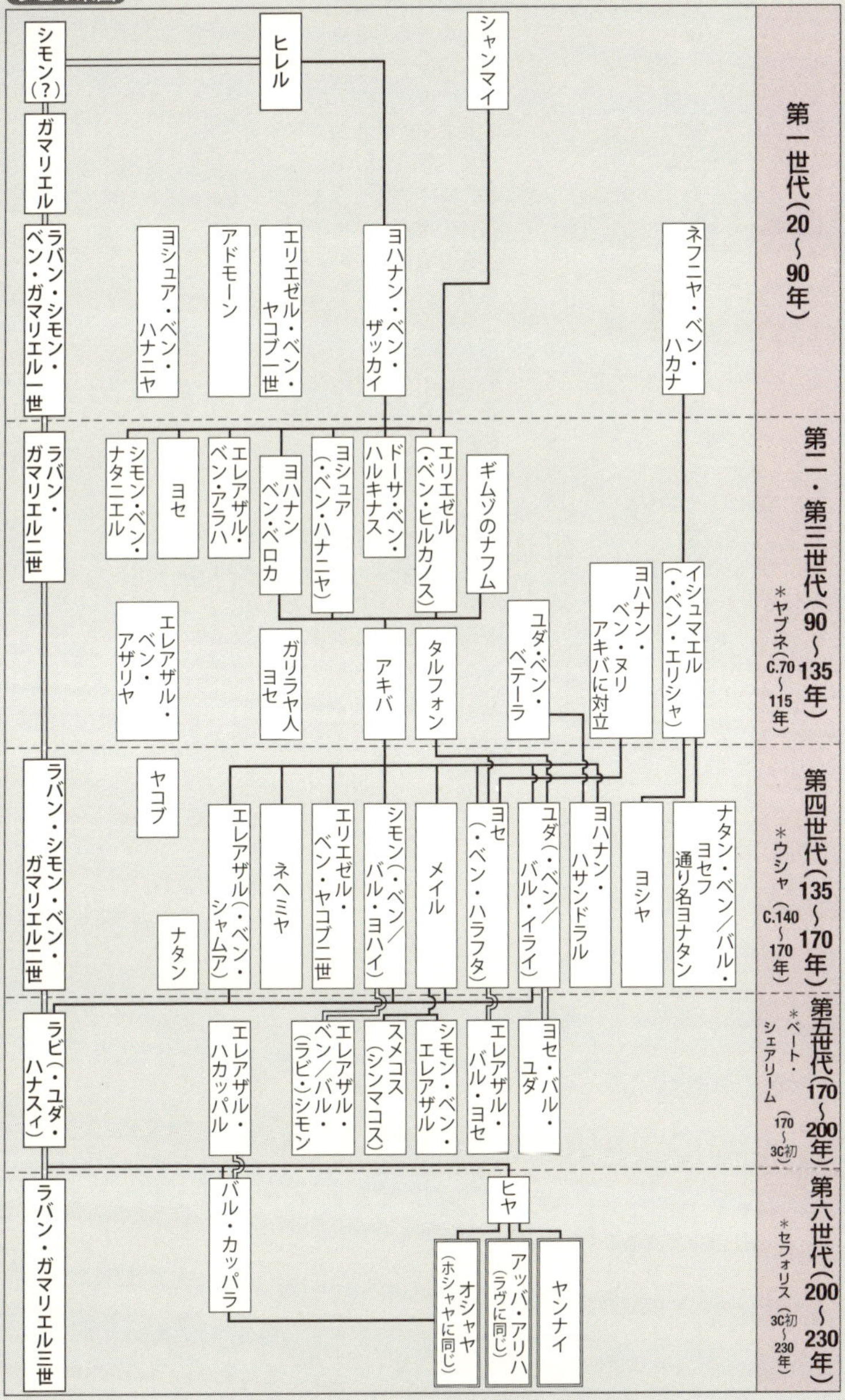
第一世代(20~90年)
シモン(?)
ヒレル
シャンマイ
ガマリエル
ラバン・シモン・ベン・ガマリエル一世
ヨシュア・ベン・ハナニヤ
アドモーン
エリエゼル・ベン・ヤコブ一世
ヨハナン・ベン・ザッカイ
ネフニヤ・ベン・ハカナ
第二・第三世代(90~135年)
＊ヤブネ(c.70~115年)
ラバン・ガマリエル二世
シモン・ベン・ナタニエル
ヨセ
エレアザル・ベン・アラハ
ヨハナン ベン・ベロカ
ヨシュア(・ベン・ハナニヤ)
ドーサ・ベン・ハルキナス
エリエゼル(・ベン・ヒルカノス)
ギムゾのナフム
エレアザル・ベン・アザリヤ
ガリラヤ人ヨセ
アキバ
タルフォン
ユダ・ベン・ベテーラ
ヨハナン・ベン・ヌリ アキバに対立
イシュマエル(・ベン・エリシャ)
第四世代(135~170年)
＊ウシャ(c.140~170年)
ラバン・シモン・ベン・ガマリエル二世
ヤコブ
ナタン
エレアザル(・ベン・シャムア)
ネヘミヤ
エリエゼル・ベン・ヤコブ二世
シモン(・ベン/バル・ヨハイ)
メイル
ヨセ(・ベン・ハラフタ)
ユダ(・ベン/バル・イライ)
ヨハナン・ハサンドラル
ヨシヤ
ナタン・ベン/バル・ヨセフ 通り名ヨナタン
第五世代(170~200年)
＊ベート・シェアリーム(170~3C初)
ラビ(・ユダ・ハナスィ)
エレアザル・ハカッパル
エレアザル・ベン/バル・(ラビ・)シモン
スメコス(シンマコス)
シモン・ベン・エレアザル
エレアザル・バル・ヨセ
ヨセ・バル・ユダ
第六世代(200~230年)
＊セフォリス(3C初~230年)
ラバン・ガマリエル三世
バル・カッパラ
ヒヤ
オシャヤ(ホシャヤに同じ)
アッバ・アリハ(ラヴに同じ)
ヤンナイ

アモライーム系図〈パレスチナ〉

太字は学院の長、＊印は学院の所在地、═線は親子関係、─線は師弟関係、┅線は友人関係を示す

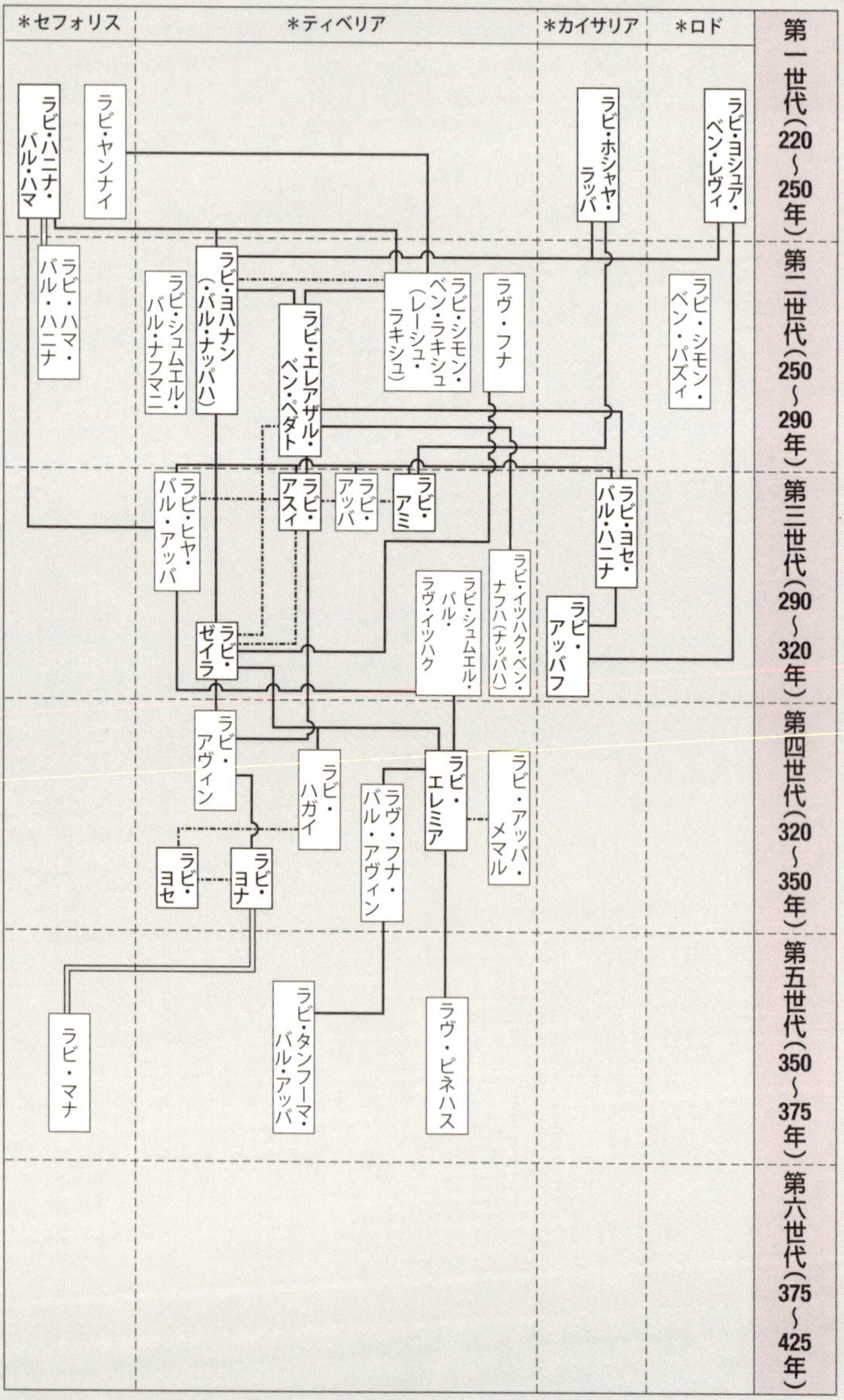

アモライーム系図〈バビロニア〉

太字は学院の長、＊印は学院の所在地、═線は親子関係、─線は師弟関係、┈線は友人関係を示す

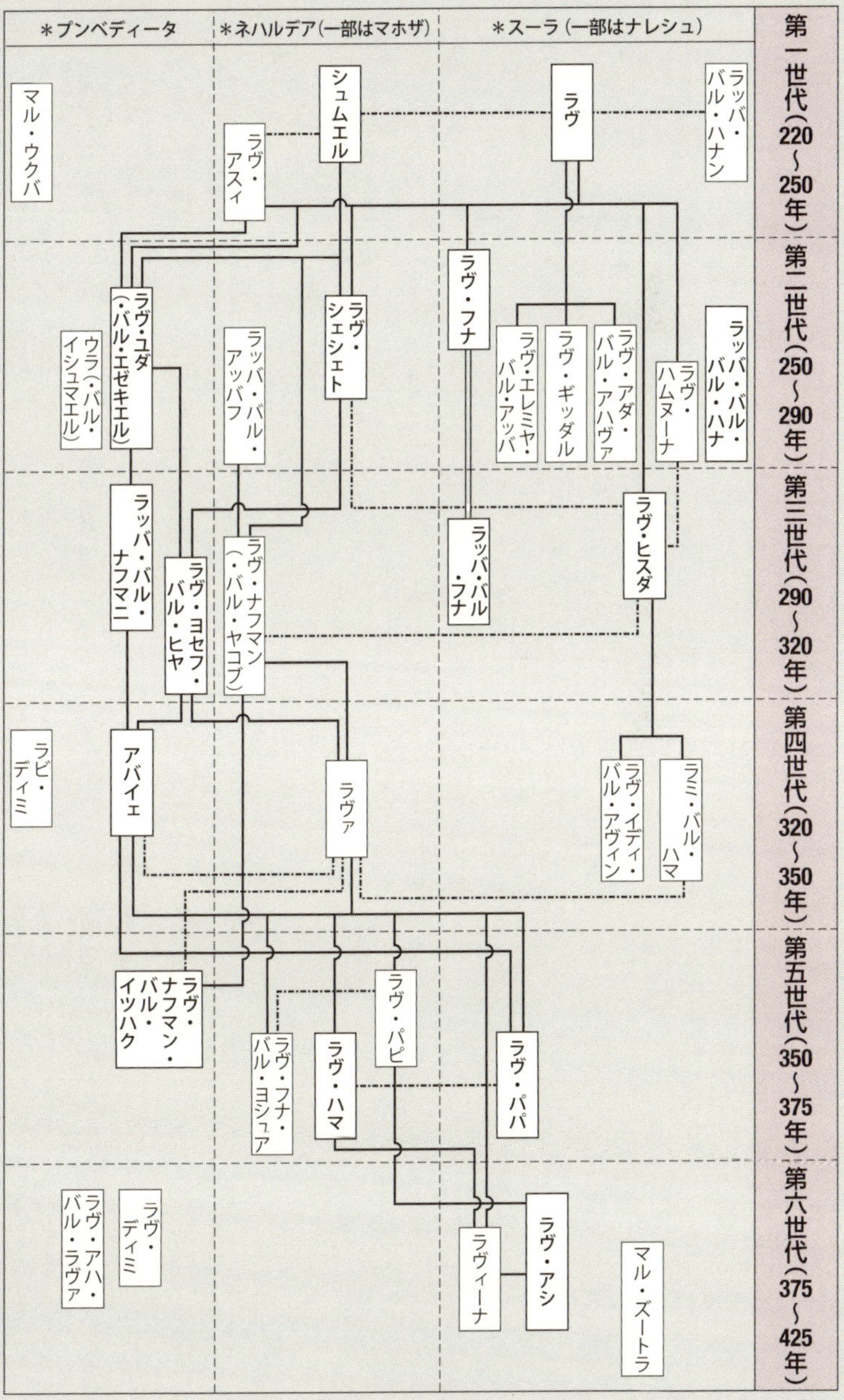

エルサレム旧市街図

- ❶ キリスト教徒地区
- ❷ アルメニア人地区
- ❸ ユダヤ教徒地区
- ❹ イスラーム教徒地区
- ❺ ヤッフォ（ジャッファ）門
- ❻ ヘロデ大王の要塞（シタデル）
- ❼ 聖ヤコブ教会
- ❽ カルド
- ❾ フルヴァ（廃墟）・シナゴーグ
- ❿ 西の壁（嘆きの壁）
- ⓫ 神殿の丘
- ⓬ 岩のドーム
- ⓭ アル・アクサ・モスク
- ⓮ 悲しみの道（ヴィア・ドロローサ）
- ⓯ 聖ステパノ門（ライオン門）
- ⓰ 聖アンナ教会
- ⓱ 鞭打ちの教会
- ⓲ 聖墳墓教会
- ⓳ ギリシア正教会主教座
- ⓴ 救世主教会（ルター派）
- ㉑ ラテン教会司教座
- ㉒ ダマスクス門
- ㉓ シオンの丘
- ㉔ 聖母マリアの眠りの教会（ドルミシオン）
- ㉕ ダビデの町
- ㉖ オリーブ山

年表

年代	事項
前18C頃	アブラハム，イサク，ヤコブの時代(？)(創世記12～50章)
前13C頃	モーセ率いるイスラエル人がエジプトを脱出(出エジプト記)
前13C末	ヨシュア率いるイスラエル人諸部族がカナーンに入り，定住(ヨシュア記)
前12C頃	士師時代。デボラ，ギデオンが活動(士師記)
前1010頃	イスラエル王国に王制導入。預言者サムエルがサウルを王に任命(サムエル記上)
前997頃	ダビデ王がエルサレムに遷都。統一王朝の開始(サムエル記下)
前967頃	ソロモン王即位(列王記上)
前948頃	ソロモン王がエルサレムに神殿を建設(～前928頃)
前926頃	王国が南北に分裂。北はイスラエル王国，南はユダ王国を名乗る(列王記上12章)
前878頃	イスラエル王国の首都がサマリアに遷都
前9C半ば	預言者エリヤとエリシャが活動(列王記上17～21章，列王記下2～13章)
前750頃	預言者アモスが活動
前747頃	預言者ホセアが活動。イスラエル王朝は政情不安定に
前735頃	預言者イザヤが活動開始
前722	イスラエル王国がアッシリアに滅ぼされる
前701	ユダ王国がアッシリアに包囲されて攻撃を受ける。預言者ミカが活動
前627	預言者エレミヤが活動開始
前621	大祭司ヒルキヤが神殿の修理中に古代の文書を発見。神殿礼拝の強化
前597	新バビロニアがエルサレムを包囲。第1次バビロン捕囚
前587	ユダ王国が新バビロニアに滅ぼされ，第一神殿が崩壊。第2次バビロン捕囚(～前586)
前586	捕囚時代(～前538)。預言者エゼキエルが活動。申命記史書や祭司文書などが成立
前538	ペルシア王キュロスにより，バビロニアからパレスチナへ捕囚民が帰還(エズラ記)
前520	エルサレムで神殿の再建開始。預言者ハガイ，ザカリヤが活動
前515	エルサレムの第二神殿が完成
前480	第2次ペルシア戦争でアテナイ軍が大勝(サラミスの海戦)
前458頃	エズラがバビロニアからエルサレムに派遣され，改革運動を開始
前445頃	ネヘミヤがペルシアからエルサレムに派遣され，城壁を再建
前430頃	エズラによるトーラー朗読。ユダの民の悔い改めがおこなわれる
前400頃	成文トーラーの編纂が始まる
前332頃	アレクサンドロス大王がパレスチナを征服
前301	プトレマイオス朝によるパレスチナ支配が始まる(第一マカバイ記)
前280頃	聖書のギリシア語訳(セプチュアギンタ)がアレクサンドリアで完成
前198	セレウコス朝によるパレスチナ支配が始まる(第二マカバイ記)
前175	セレウコス朝のアンティオコス4世エピファネスがユダヤ人を迫害し，ヘレニズム化を強制(～前167)
前166頃	マカベアのユダが反乱を起こし，ハスモン家がエルサレムを奪回(～前164)

前164	マカベアのユダが神殿を清める(ハヌカー祭の起源)
前152	ハスモン家のヨナタンがセレウコス朝により大祭司として認められる
前142	ヨナタンが暗殺され，シモンが大祭司となる
前140	シモンがセレウコス朝から独立し，ハスモン朝を建設
前129	パリサイ派結成
前128	ゲリジム山上の神殿が破壊され，サマリア人がユダヤ人と決裂して独自の教団を形成
前125頃	クムラン宗団結成
前103	アレクサンドロス・ヤンナイオスの治世開始(ハスモン朝の最盛期)
前64	ローマがセレウコス朝を滅ぼし，ハスモン家の後継者争いに介入
前63	ローマがエルサレムを占領し，パレスチナを支配。ハスモン家を王位からエトナルケースに降格
前48	ヘロデがガリラヤ知事に任命される
前40	アンティゴノス・マタティアがパルティアより王と大祭司に任命され，ハスモン朝を再興。ローマ元老院はヘロデをユダヤ王に任命
前37	ヘロデがローマ軍の援助を受けてパルティアからエルサレムを奪回し，王朝を樹立
前10頃	ヒレルがサンヘドリンの議長(ナスィ)として活動。ヒレル学派とシャンマイ学派が活動。タンナイーム時代の開始
前4	ヘロデ王没。ローマによって王権がエトナルケースに格下げされる
6	ヘロデ家の統治権廃位により，ユダヤがローマの属州化
20頃	ヒレル家のガマリエルがサンヘドリンの議長に就任
30頃	ナザレのイエス処刑
66	カエサリアでのユダヤ人迫害により，ユダヤ人による対ローマ戦争勃発
70	ローマ軍によって第二神殿が崩壊
	この頃ヨハナン・ベン・ザッカイがヤブネにおいてユダヤ人共同体を再建
73	マサダの要塞が陥落し，対ローマ戦争が終結
75頃	フラウィウス・ヨセフス，著作活動を開始
90頃	ヤブネにおいてヘブライ語聖書(タナッハ)が正典化
95頃	ラバン・ガマリエル(２世)がヤブネに加わり，「パトリアルク」の称号を得て，サンヘドリンに君臨
115	アレクサンドリアなどでユダヤ人が反乱(～117)
132	バル・コフバによる対ローマ戦争(～135)。ラビ・アキバらが殉教する。鎮圧後，エルサレムは「アエリア・カピトリーナ」に改称され，ユダヤ人の出入りが禁止される
135	ローマ帝国ハドリアヌス帝がユダヤ人を迫害し(～138)，多数の学者がバビロニアへ移住
200頃	ラビ・ユダ・ハナスィ，ミシュナを編纂
3C初め	アモライーム時代の開始
210	シュムエルがネハルデアに学塾(イェシヴァ)を創設
219	ラヴがバビロニアに学塾を創設
242	ササン朝シャプール１世の治世開始。「捕囚民の長」(レシュ・ガルータ)がユダヤ人の代表として認められる

259	ネハルデアの学塾がプンベディータとマホザに移動
3～6C頃	神秘主義的テクスト『イェツィラーの書』が書かれる
313	ローマ帝国コンスタンティヌス1世がキリスト教を公認（ミラノ勅令）
324	パレスチナが東ローマの支配下に入る
325	第1回ニカイア公会議。ローマ帝国内でユダヤ教に対する反感が生じてくる
339	ローマ帝国コンスタンティウス2世がユダヤ人とキリスト教徒の結婚や奴隷に関する禁令を発布
359	ヒレル2世がユダヤ暦の算定法を公表し，各地のユダヤ人コミュニティに通達
395	ローマ帝国が東西に分裂
4C末頃	エルサレム・タルムード編纂
	初期のミドラシュ編纂（～640頃）。ヘーハロート文学の成立
425	ビザンツ（東ローマ）帝国テオドシウス2世が「パトリアルク」制度を廃止
438	テオドシウス2世が反ユダヤ的な禁令を発する
500頃	バビロニア・タルムード編纂
6C頃	宗教詩（ピユート）が最盛期を迎える
520	バビロニアの捕囚民の長マル・ズートラが武装蜂起し，マホザで処刑
527	ビザンツ帝国ユスティニアヌス帝の治世開始。反ユダヤ法を刷新し，ローマ法典に編入
570頃	ムハンマド誕生
6C後半	ゲオニーム時代の開始
610	ムハンマド最初の啓示
613	西ゴート王国で反ユダヤ法制定
614	ペルシア人によるエルサレム征服（～618）
622	メッカからメディナへのムハンマドの聖遷（ヒジュラ）
624	メディナからユダヤ教徒のカイヌカー族が追放される
625	メディナからユダヤ教徒のナディール族が追放される
627	メディナでユダヤ教徒のクライザ族が虐殺される
628	フランク王国でユダヤ人追放がおこなわれる（その後再流入）
	ムハンマドがハイバル（パキスタン）のユダヤ人を服従させる
629	ビザンツ帝国ヘラクレイオス帝がエルサレムに入城し，ユダヤ人を追放する命令をくだす
630	ムハンマドがメッカを征服
632	ムハンマド没。アブー・バクルが初代カリフに就任
633	アラブ軍がシリアとイラクを征服（～638）
634	ウマルが第2代カリフに（在位～644）。ヒジャーズ（アラビア半島北西）からユダヤ教徒を追放
638	アラブ軍がエルサレムを征服
639	アラブ軍がエジプトを征服（～642）
640	中期のミドラシュ編纂（～1000）
651	ササン朝滅亡。ササン朝最後のシャーの娘が捕囚民の長に嫁す
656	第3代カリフ・ウスマーン暗殺。イスラーム最初の内乱が勃発
658	プンベディータの学長（ガオン）が第4代カリフ・アリーを歓迎
661	アリー暗殺。内乱が収束し，ウマイヤ朝成立
688	エルサレムで岩のドームの建設開始（692　完成）
711	イスラーム勢力がイベリア半島をほぼ征服

717	ウマイヤ朝カリフ・ウマルがイスラーム改宗を奨励し，庇護民（ズィンミー）を圧迫（～720）
740	ハザール王国がユダヤ教に改宗
750	アッバース朝成立
756	後ウマイヤ朝成立
762	アッバース朝，バグダード建都
767	ユダヤ教の権威をめぐる論争が起こる。アナン・ベン・ダヴィッドがカライ派を創設
787	バビロニアの学塾が，家財による負債処理を義務づける文書を各地のコミュニティに伝達
797	フランク王国カロリング朝カール大帝の使節が，アッバース朝カリフ・ハールーン・アッラシードを訪問
800	カール大帝が教皇レオ３世より皇帝戴冠を受ける
801	ハールーン・アッラシードの使節がカール大帝を訪問
813	アッバース朝カリフ・マアムーンのもと，ギリシア文化を組織的に導入（～833）
825	イスラーム支配者が捕囚民の長以外の代表者を立てることを認める
	この頃，カロリング朝でユダヤ人商人に対する法的保護に関する憲章が発布される
	この頃，リヨン大司教アゴバールが，ユダヤ人商人による奴隷売買に抗議
873頃	ビザンツ帝国でユダヤ人の強制改宗が大規模化
909	北アフリカでファーティマ朝成立。カイラワン（チュニジア）がユダヤ人コミュニティの中心に
928	サアディアがスーラの学長に任命される
929	イベリア半島の後ウマイヤ朝がカリフを名乗る
930	スーラの学長の任命に関して，サアディアとダヴィッド・ベン・ザッカイが論争する
	アレッポ写本が書かれる
935頃	サアディア・ガオン，『信仰と知識』を著す
	南イタリアで年代記『ヨスィポン』が著される
940	ハスダイ・イブン・シャプルートが後ウマイヤ朝の高官に就任
942	サアディア没。まもなくスーラの学塾が閉鎖される
946	ブワイフ朝がバグダードに入城
969	ファーティマ朝がエジプトを征服
973	ファーティマ朝がカイロに遷都。エジプトでユダヤ人コミュニティが繁栄
1000	後期のミドラシュ編纂（～1200）
	この頃，ラビ・ゲルショム・ベン・ユダがラビたちを召集する
1007	ファーティマ朝カリフ・ハーキムがキリスト教徒を迫害（～19）
1008	カリフ・ハーキムが反ユダヤ法令を発布
	この頃，レニングラード写本が書かれる
1012	マインツ（ドイツ）でユダヤ人が追放される
	カリフ・ハーキムがユダヤ人を迫害（～19）。フスタート（エジプト）のシナゴーグが破壊される
1015	アブラハム・ベン・アターがカイラワンで最初のナギードに就任
1031	後ウマイヤ朝滅亡

1038	シュムエル・ハナギッドがグラナダ（スペイン）のベルベル人王朝の宰相に就任（〜56）
1050	ベドウィンのヒラール族がイフリキーヤ（チュニジア）に侵攻（〜57）。カイラワンが衰退
1055	セルジューク朝がバグダードに入城
1066	ノルマン人がイギリスを征服。直後にユダヤ人がフランスから移住してくる
1070	セルジューク朝がパレスチナを征服
	この頃，ラシがトロワ（フランス）に学塾を創設
1084	シュパイエル（ドイツ）で，マインツから追放されたユダヤ人を誘致する憲章が出される
1085	レコンキスタにより，トレドがキリスト教圏に入る
1090	シュパイエルの憲章が神聖ローマ皇帝によって更新される
	ムラービト朝がイベリア半島を征服し，グラナダのユダヤ人を迫害
1096	第１回十字軍がライン地方でユダヤ人を虐殺
	神聖ローマ帝国ハインリヒ４世が教皇に反対し，ユダヤ人棄教者のユダヤ教復帰を許可する
1099	第１回十字軍がエルサレムを征服
12〜14C	トーサフォートの聖典註釈活動がおこなわれる
1139	イェフダ・ハレヴィ，哲学書『クザリ』を著す
1141	イェフダ・ハレヴィがパレスチナへの巡礼に出発
1144	ノリッジ（イギリス）で血の中傷事件が起こる
1146	ヴァルケンブルク（ドイツ）で，ユダヤ人が暴動からの自衛のために要塞に立てこもる
1147	ムワッヒド朝がマグリブとイベリア半島を征服し，ユダヤ人を迫害（〜60）
1159	トゥデラのビンヤミンが地中海一帯の大旅行をおこなう（〜72）
1165	マイモニデス一家がパレスチナに移住
1169	サラーフ・アッディーンがファーティマ朝の宰相となり，アイユーブ朝を建国
1171	カリフの死によってファーティマ朝滅亡。エジプトにスンナ派が復活
1172	イエメンでユダヤ人によるメシア運動が起こる
1177	マイモニデスがエジプトのユダヤ人社会の指導者になる
1178	マイモニデス，法典集『ミシュネー・トーラー』を著す
1179	第３回ラテラノ公会議。ユダヤ人の職業が限定され，金貸し業者が増大
1187	アイユーブ朝サラーフ・アッディーンが十字軍を破り，エルサレムを征服
1190	ヨーク（イギリス）でユダヤ人迫害が起こる
12C後半	アシュケナジ系のハシディームの活動
12C末	神秘主義的テクスト『バヒールの書』が著される
1198	イエメンのユダヤ人が強制改宗させられる（〜1202）
1199	教皇インノケンティウス３世が「ユダヤ人のための憲法」を発布
13C初め	盲目のラビ・イツハクが「エイン・ソフ」の概念を発展させる
1204	マイモニデスの哲学書『迷える者たちの導き』のヘブライ語訳が出版される
	マイモニデス没。その息子が指導者の地位を継承
1205	教皇インノケンティウス３世がユダヤ人の身分，ユダヤ人に対する態度を宣言
1211	イギリスとフランスのラビが大勢でパレスチナへ巡礼
1215	第４回ラテラノ公会議。反ユダヤ的な諸制度が制定される
1220	ユダヤ人コミュニティのシュム（シュパイエル・ヴォルムス・マインツ）協議会

	が開かれる
1223頃	さまよえるユダヤ人の伝説が『ボローニャ年代記』に登場
1230頃	教会でユダヤ人の金融業に関する取締り開始
1232	南フランスとスペインでマイモニデス論争が激化。著作の一部が焚書になる
1240	パリでユダヤ人とキリスト教徒による公開討論がおこなわれる
1241	フランクフルトでユダヤ人迫害が起こる
1247	アラゴン王国でユダヤ人移住者を全面的に保護する法令が出される
1250	エジプトでマムルーク朝建国
1255	リンカン(イギリス)で血の中傷事件。イギリス各都市でユダヤ人への暴動が起こる
1258	モンゴルの侵入によりアッバース朝滅亡。カリフの子孫がマムルーク朝へ逃亡
1263	バルセロナでユダヤ人とキリスト教徒との公開討論がおこなわれる
1269頃	メナヘム・ハメイリ,『悔い改めに関する論考』を著す
1275	イギリスのエドワード１世がユダヤ人の高利貸しを禁止する法を発布する
1286頃	モシェ・デ・レオン，神秘主義的テクスト『ゾーハルの書』を著す
1288	南イタリアでユダヤ人追放令が出される
1290	イギリスからユダヤ人が追放される
	南イタリアで大規模なユダヤ人迫害が起こる(～96)
1291	モンゴルのイルハン朝下でユダヤ人の高官が殺害される
1294	南イタリアでキリスト教に改宗したユダヤ人に免税措置がとられ，多くの改宗者が出る
1298	レッティンゲン(ドイツ)のアシュケナジ系ユダヤ人居住地区で暴動が起こる
1301	マムルーク朝でウマルの協約が厳格に適用される
1305	マイモニデス論争を受けて，イブン・アドレットが哲学などの学習に関する禁令を出す
1340頃	ヤコブ・ベン・アシェル，法典集『アルバアー・トゥリーム』を著す
1348	ペスト(黒死病)の流行。ヨーロッパ各地でユダヤ人が迫害される
1354	ユダヤ人迫害を受けて，アラゴン王国でユダヤ人コミュニティの協議会が開かれる
	再びマムルーク朝でウマルの協約が厳格に適用される
14C	アシュケナジ系ユダヤ人が東ヨーロッパへ大移動
1391	セビリャをはじめスペイン各地で大規模なユダヤ人迫害が起こる。カタロニアとマジョルカのユダヤ人避難民が北アフリカに到着
1394	フランスからユダヤ人が追放される
1413	トルトーサ(スペイン)でユダヤ人とキリスト教徒の公開討論がおこなわれる
1415	教皇ベネディクトゥス13世がタルムードの検閲を命じる
1419	再びマムルーク朝でウマルの協約が厳格に適用される
1432	バリャドリード(スペイン)でユダヤ人コミュニティの総会が開かれ，自治の規約がつくられる
1449	トレドでキリスト教徒の血の純潔条項「リムピエサ・デ・サングレ」を定める勅令が出され，新キリスト教徒(ユダヤ教からの改宗者)が公職を追放される
1453	オスマン朝がコンスタンティノープルを征服。ビザンツ帝国の滅亡
1475	トレント(ドイツ)で血の中傷事件が起こる
1478	ローマ教皇が異端審問官設置を認可
1480	２名のドミニコ会修道士が異端審問の長に任命される

1483		トルケマーダが異端審問の長官に任命される
1488		ラビ・オバデア・バルテヌーラがエルサレムに到着し，ユダヤ人コミュニティの再建に尽力
1490		ラグアルディア（スペイン）で新キリスト教徒に対する血の中傷事件が起こる
1491		セビリャで異端審問が開始され，以後，各地で審問所設置が盛んになる
1492	*3-31*	グラナダ征服によりレコンキスタが完成。スペインで王朝が統一され，ユダヤ人追放令が発布される
1496		ポルトガルからユダヤ人が追放される（～97）
1500		フェラーラ（イタリア）でラビ・アブラハム・ファリソールがキリスト教徒と論争する
1503		ポーランド王室が国内の主席ラビにラビ・ヤコブ・ポラックを任命
1506		リスボンで新キリスト教徒への大規模な迫害が起こる
1509		イスタンブル（コンスタンティノープル）でマイモニデスの『ミシュネー・トーラー』が印刷出版される
1516		オスマン朝がパレスチナを支配
		J・ロイヒリンがカバラー研究について教会の承認を得る
		ヴェネツィアでゲットー（ユダヤ人居住区画）の政策が始まる
1517		オスマン朝がエジプトを征服。マムルーク朝滅亡
1519		ポーランドでケヒラーによる組織的な自治が整えられる
1520		ヴェネツィアでバビロニア・タルムードが印刷出版される（～23）
		この頃，イブン・ヴェルガ，離散ユダヤ人の年代記『ユダの王杓』をイタリアで著す
1525		ヴェネツィアでラビ聖書が印刷出版される
1530		ロスハイムのラビ・ヨセフが神聖ローマ帝国の国会に，国内ユダヤ人の代表として規約を提出
		この頃，ツファトでカバラーの運動が始まる
1538		ヤコブ・ベラブがツファトで伝統的な叙任制度（スミハー）の再興を試みる
1543		M・ルター，『ユダヤ人と彼らの虚偽について』を著す
16C半ば		ポーランドで「ピルプル」というタルムードの学習方法が確立
1556		アンコーナ（イタリア）で新キリスト教徒が教皇によって宗教裁判にかけられる
1560		ドナ・グラシアとドン・ヨセフ・ナスィがティベリアをユダヤ人の中心地として再建
1565		ヨセフ・カロ，法典集『シュルハン・アルーフ』を著す
1567		リトアニアで２名の代表者が徴税を担当する体制が整えられる
1569		教皇ピウス５世が教皇領からユダヤ人を追放
1570		イツハク・ルリアがツファトに到着。カバラー思想を展開
1577		プラハのユダヤ人コミュニティにおいて，主席ラビ選出の規約が制定される
1582		トレントでの血の中傷事件の犠牲者と噂された幼児シモンが，カトリックで列聖される（1965年に撤回）
1586		エルサレムのラムバン・シナゴーグがムスリム当局に没収される
1595		クラクフのユダヤ人コミュニティで，全国的な協議会の規約が制定される
1598		プラハのマハラル，『捕囚の井戸』を著す
1603		全ドイツのユダヤ人コミュニティによる協議会が開かれる
1614		フランクフルトで暴動が起こり，ユダヤ人が追放される
1639		オスマン朝がイラクを征服

1642		ユダヤ人がブラジルに入植
1648		フミエルニツキの指揮によってカザークの反乱が起こり，多くのユダヤ人が迫害される(～49)
1651		モラヴィアで全国的な協議会の規約が制定される
1654		ニューアムステルダム(ニューヨーク)にブラジルからポルトガル系ユダヤ人が入植
1656		B・スピノザがアムステルダムのユダヤ人コミュニティから破門される
1665		シャブタイ・ツヴィのメシア運動が起こる(～66)
1670		スピノザ，『神学・政治論』を著す
1678		ユダヤ人がロードアイランドで共同墓地を購入
1683		オスマン帝国がウィーン征服に失敗。以後オスマン帝国の敗戦が続く
1697		４人のユダヤ人がサウスカロライナに定住し，市民権を与えられる
1730		ニューヨークのマンハッタンにシナゴーグがはじめて建設される
		この頃，バアル・シェム・トーヴが布教開始
1734		ウクライナ各地で武装集団ハイダマクがユダヤ人を迫害(～36)
1755		ウクライナでヤコブ・フランクのメシア運動が起こる
18C中頃		ポーランド・ウクライナでハシディズムが興る
1761		大祭日用の最初の英語訳祈禱書がニューヨークで印刷される
1768		ウマン(ウクライナ)でハイダマクがユダヤ人を迫害
1772		ラビ・ドヴ・ベールの死後，ハシディームとミトナグディームの対立が激化する
1784		M・メンデルスゾーン，『エルサレム』を著す
1789	*7-14*	フランス革命が起こる
		ニューヨークのスファラディ会衆の代理人がG・ワシントンの大統領就任式に招かれる
1790		フランスでユダヤ人に市民権が付与され始める
1798		ナポレオンがエジプトを征服(～1801)
1802		ヴォロジンのラビ・ハイムが学塾を設立
1807	*2～3*	ヨーロッパ全土を対象にパリでユダヤ人議会(サンヘドリン)開催。ユダヤ法の政治的規定の破棄が宣言される
1808	*3-17*	ナポレオンがユダヤ教の長老会(コンシストワール)を設立(*12-13* 追加令)
1814		『ベシュト頌』が出版される
1818	*10-18*	ハンブルクで改革派ユダヤ教がシナゴーグを設立
1819	*8-2*	ドイツでヘップ・ヘップ運動が起こり，ユダヤ人が迫害される
		E・ガンツが「ドイツのユダヤ人の状況改善の会」を設立
1821		L・ツンツらが「ユダヤ人の科学と文化のための会」を設立
1823		S・H・ジャクソンがアメリカ初のユダヤ系月刊誌を出版
1824		サウスカロライナのチャールストンにアメリカ初の改革派会衆が設立される
1825		M・M・ノアがニューヨークにユダヤのホームランド設立を推進
1830		フランスがアルジェリアを征服
1834		スペインの異端審問所が廃止される
1835	*4*	ロシア政府が「ユダヤ人に関する規程」でユダヤ人の定住地域を正式に設定
1836		S・R・ヒルシュ，『ユダヤ教に関する19の手紙』を著す
1840	*2-8*	ダマスクスで血の中傷事件が起こる
1840代		東ヨーロッパでムーサル運動が起こる

1843	*10*-*13*	アメリカでユダヤ系友愛団体ブネイ・ブリスが創設される
1848		ヨーロッパ各地で革命
1853		H・グレーツ,『ユダヤ人の歴史』を著す(～76)
1858		イギリスでユダヤ人解放
1859		アメリカのユダヤ人会衆初の民族的組織である代表委員会が成立
1860	*5*	フランスのユダヤ人組織によって,世界イスラエル連盟が設立される
1864		世界イスラエル連盟の学校がタンジール,ダマスクス,バグダードで開校
1866		オーストリアでユダヤ人解放
1867		世界イスラエル連盟の学校がエルサレムで開校
		アメリカ初のラビ学校,マイモニデス・カレッジがフィラデルフィアで開校
1869		スエズ運河竣工
1870		イタリア統一完成。イタリアでユダヤ人解放
1871	*1*	ドイツ帝国の成立。ドイツでユダヤ人解放
1873		I・M・ワイズがユダヤ教改革派のアメリカ・ヒブル会衆連合を設立
1874		スイスでユダヤ人解放
1875		I・M・ワイズがシンシナティでヒブル・ユニオン・カレッジを設立
1878	*6*-*7*	ベルリン会議でユダヤ人の権利に関する条文が採択される
1879		W・マルが「反ユダヤ主義」(アンティ・ゼミティズムス)という語をつくる
1881		E・ベン・イェフダがパレスチナに移住し,現代ヘブライ語の構築に着手
		ウクライナで大規模なポグロムが起こる(～84)
		第1次アリヤーが始まる
		フランスがチュニジアを占領
1882		J・ヴェルハウゼン,『古代イスラエル史序説』を著す
		イギリスがエジプトを占領
1883		フランスがチュニジアを保護国化
1885		ピッツバーグ綱領によって,アメリカの改革派ユダヤ教の教義が定められる
1887		ユダヤ神学大学(JTS)がアメリカに開校される
1889		アメリカ人ラビの中央会議が設立される
1892		アメリカ・ユダヤ歴史学協会が設立される
1893		全米ユダヤ人女性会議がシカゴで開催される
		シカゴでの国際宗教会議にラビたちが招待される
1894	*10*	フランスでドレフュス事件が起こる
1896		T・ヘルツル,『ユダヤ人国家』を著す
1897	*8*-*29*～*31*	第1回世界シオニスト会議がバーゼル(スイス)で開催され,世界シオニスト機構を設立。*10*-*7*～*9* 東ヨーロッパでブンドが設立される
1898		ニューヨークでアメリカ正統派ユダヤ会衆連合が設立される
1901		S・ドゥブノフが文化的自治主義を提唱
1902		S・シェヒターがケンブリッジ大学からJTSに赴任
1903		キシニョフ(ロシア)で大規模なポグロムが起こる
1904		第2次アリヤーが起こる
		アメリカ初のユダヤ博物館がJTS構内の図書館に設立される
1905	*7*-*27*～*8*-*2*	第7回世界シオニスト会議で,ウガンダにユダヤ人国家を建設する案が却下される
		『シオン長老の議定書』が出版される
1906		アメリカ・ユダヤ委員会(AJC)が設立される

		M・ブーバー，『ブラツラフのラビ・ナフマンの物語』を著す
1907		M・ブーバー，『バアル・シェム・トーヴの伝説』を著す
1909	4-11	テル・アヴィヴの建設開始
1912		ハダサ（シオニストの女性組織）が設立される
1913		ボストンにヒブル・カレッジが設立される
1914	7-28	第一次世界大戦勃発
1916		H・コーヘンとM・ブーバーによるシオニズム論争
1917	11-2	バルフォア宣言。イギリス政府がパレスチナでのユダヤ人国家建設を支援。
		11-7 ロシア十月革命が起こる。12-9 イギリス軍がエルサレムを占領
1918		アメリカ・ユダヤ人会議が設立される
1919		ヴァイマル共和国成立
1920	4-24	パレスチナがイギリスの委任統治領となる
1921		F・ローゼンツヴァイク，『贖いの星』を著す
1924		アメリカで移民制限法が成立。東欧ユダヤ人の移住が制限される
1925		エルサレムにヘブライ大学が開校される
1928		キリスト教徒とユダヤ人の全米会議が設立される
		ユダヤ系の一般教養大学であるイェシヴァ・カレッジがニューヨークに開校
1929	10-24	世界恐慌が起こる
1933	3	ヒトラーが政権を掌握
1934		M・カプラン，『文明としてのユダヤ教』を著す
1935	9-15	ニュルンベルク法制定
1938		G・ショーレムがアメリカで講演。カバラーの学問的研究を提唱
	11-8	ドイツ全土でポグロムが起こる（水晶の夜事件）
1939	9-1	第二次世界大戦勃発
		ドイツからのユダヤ避難民を乗せた船がキューバとアメリカから追い返される
1940		ルバヴィッチ派のレッベがワルシャワからブルックリンに移住
1941		ナチスによるユダヤ人虐殺（～45）
		アグダト・イスラエルが国際本部をロンドンからニューヨークに移す
1942	1-20	ナチス指導者がヴァンゼー会議に集い，「最終的解決」を決定
		S・ワイズがヨーロッパのユダヤ人の大量殺戮の事実を確認
1943		アメリカ・ユダヤ委員会で，シオニズム支持を決議
1945	8-14	第二次世界大戦終結
1947	11-29	国連総会でパレスチナ二国家分割案が採択される
		死海写本が発見される
1948	5-14（15）	イスラエル独立宣言。イギリス委任統治が終了。5-15 第1次中東戦争勃発
1949	1-25	イスラエルで第1回総選挙
		イスラエル首相ベングリオンがアメリカのユダヤ人に大規模な移民を呼びかけ，反発を受ける
1950	7-5	イスラエル政府が帰還法を制定
1951		死海付近で大規模な発掘調査（～56）
1952	9	ルクセンブルク協定。西ドイツがイスラエルに対する国家賠償を承認する
1954		ユダヤ系の女子大学がニューヨークに設立
1955		Y・ヤディン，ハツォルの発掘調査をおこなう（～58）
1956	10-29	第2次中東戦争勃発（10-29 シナイ作戦）

1958		E・ヴィーゼル，小説『夜』を著す
1961	*4*	エルサレムでA・アイヒマンの裁判がおこなわれる
1964	*2*	PLO（パレスチナ解放機構）結成
1965		A・J・ヘシェルがキング牧師とともにアラバマのセルマを行進
	10-6	イスラエル国立博物館がエルサレムに設立される
1967	*6-5〜10*	第3次中東戦争（6日戦争）でイスラエルがヨルダン川西岸とガザ地区を占領
1969	*2*	アラファトがPLO議長に就任
1972		D・コーエンがJTSの学長を引き継ぐ
1973	*10-6*	第4次中東戦争勃発
1974	*11-22*	国連総会決議でPLOがパレスチナ人の代表として承認される
1978	*9-17*	イスラエルとエジプトが国交正常化に合意
1980	*9*	イラン・イラク戦争勃発
1983		非ユダヤ教徒との婚姻による子どもがユダヤ人かどうかを決定するに際し，改革派が母系のみならず父系も容認
1984		「モーセ作戦」。エチオピアのユダヤ人移住がおこなわれる
1985		C・ランズマン作，映画『ショアー』が上映される
		JTSがラビ学校への女性参加を容認
1986		E・ヴィーゼルがノーベル平和賞を受賞
1987	*12-8*	イスラエルでインティファーダが起こる。ハマース結成（88. *2*）
1988	*11-15*	パレスチナ国民評議会がパレスチナ国家独立宣言をおこなう
1991	*12*	ゴルバチョフ大統領辞任でソ連崩壊
1993	*9-13*	イスラエルとPLOがオスロ合意（パレスチナ暫定自治原則に関する協定）に調印
1994	*8-29*	イスラエルとPLOがパレスチナ自治拡大協定に調印。*10-26* イスラエルとヨルダンが平和条約に調印
1995	*9-28*	イスラエルとPLOが自治拡大協定に調印。*11-4* ラビン首相暗殺
2000	*9-28*	第2次インティファーダ
2001	*9-11*	アメリカで同時多発テロ
2002	*3*	アラブ連盟首脳会議で中東和平包括案「ベイルート宣言」の採択。*6* イスラエルによる「分離壁」（セパレーション・バリア）の建設開始
2003	*4*	アメリカ・ロシア・EU・国連の四者協議（カルテット）による中東和平構想ロードマップが発表される
2004	*7*	ハーグの国際司法裁判所が，分離壁を国際法違反として建設中止を求める。国連が分離壁の撤去を求める決議を採択
		アメリカ・ユダヤ委員会が，アメリカにおけるユダヤ人生活350周年を祝う
2005	*8*	イスラエル軍がガザ地区から撤退を開始し，9月に撤退を完了
2006	*1*	パレスチナ自治評議会（国会）選挙でハマースが勝利。*7* イスラエルとレバノンに本拠を置くヒズボラとのあいだでレバノン戦争勃発
2007	*11*	アメリカのメリーランド州アナポリスで中東和平国際会議開催
2008	*6-18*	イスラエルとハマースがエジプトの仲介で停戦に合意。*12* イスラエル軍によるガザ侵攻。アメリカのオバマ大統領就任（09. *1*）前に撤退
2013	*4*	ポーランドとユダヤ人の800年にわたる共生をテーマとして，ポーリーン・ユダヤ歴史博物館がワルシャワで開館

参考文献

◆事典

Encyclopaedia Judaica, 2nd ed., 22 vols., Farmington Hills, Thomson Gale/Jerusalem, Keter Publishing House, 2007.

Encyclopaedia Judaica, 1st ed., 16 vols., Jerusalem, Keter Publishing House, 1976.

◆概説・通史

日本ユダヤ学会(日本イスラエル文化研究会を改称)編『ユダヤ・イスラエル研究――過去と現在におけるユダヤ民族の生活と文化』日本ユダヤ学会　1966～(既刊23巻)

石田友雄『ユダヤ教史』山川出版社　2013

市川裕監修「聖書に生きる――トーラーの成立からユダヤ教へ」(東京大学駒場博物館特別展展示解説　2006)

市川裕・臼杵陽・大塚和夫・手島勲矢編『ユダヤ人と国民国家――「政教分離」を再考する』岩波書店　2008

黒川知文『ユダヤ人迫害史――繁栄と迫害とメシア運動』教文館　1997

関谷定夫『聖都エルサレム――5000年の歴史』東洋書林　2003

関谷定夫『シナゴーグ――ユダヤ人の心のルーツ』リトン　2006

手島勲矢編『わかるユダヤ学』日本実業出版社　2002

米倉立子編「祈りの継承――ユダヤの信仰と祭　ジュダイカ・コレクション１」(西南学院大学博物館第２回特別展図録　2007)

R・アロン，A・ネエール，V・マルカ，内田樹訳『ユダヤ教――過去と未来』ヨルダン社　1998

A・ウンターマン，石川耕一郎・市川裕訳『ユダヤ人――その信仰と生活』筑摩書房　1983

I・エプスタイン，安積鋭二・小泉仰訳『ユダヤ思想の発展と系譜』紀伊國屋書店　1975

E・R・カステーヨ，U・M・カポーン，那岐一尭訳『図説ユダヤ人の2000年』(歴史篇，宗教・文化篇)同朋舎出版　1996

M・ギルバート，池田智訳『ユダヤ人の歴史地図』明石書店　2000

D・コーン＝シャーボク，熊野佳代訳『ユダヤ教』春秋社　2005

G・ショーレム，山下肇訳『ユダヤ神秘主義――その主潮流』法政大学出版局　1985

P・ジョンソン，石田友雄監修，阿川尚之・池田潤・山田恵子訳『ユダヤ人の歴史』上・下　徳間書店　1999

N・ソロモン，山我哲雄訳・解説『ユダヤ教』岩波書店　2003

J・ダン「ユダヤ神秘主義――歴史的概観」(長尾雅人ほか編『岩波講座東洋思想 2　ユダヤ思想 2』岩波書店　1988)

N・デ・ランジュ，長沼宗昭訳『ジューイッシュ・ワールド』朝倉書店　1996

N・デ・ラーンジュ，柄谷凛訳『ユダヤ教入門』岩波書店　2002

P・ペリー，手島勲矢・上野正訳『トーラーの知恵――現代を生きるためのユダヤ人の聖書観』ミルトス　1988

H・H・ベンサソン編，石田友雄日本語版総編集『ユダヤ民族史』全６巻　六興出版

1976～78
R・ムーサフ＝アンドリーセ，市川裕訳『ユダヤ教聖典入門——トーラーからカバラーまで』教文館　1990
C・ロス，長谷川真・安積鋭二訳『ユダヤ人の歴史』（新装）みすず書房　1985
L. Finckelstein (ed.), *The Jews: Their History, Culture and Religion*, 2 vols., 3rd ed., New York, Harper & Brothers, 1960.
D. H. Frank and O. Leaman, *History of Jewish Philosophy*, London/New York, Routledge, 1997.

◆一次資料（翻訳）

アレクサンドリアのフィロン，野町啓・田子多津子訳『ユダヤ古典叢書　世界の創造』教文館　2007
石川耕一郎訳『過越祭のハガダー』山本書店　1988
『過越祭のハガダー〔過越祭の式次第〕』ミルトス　2003
石川耕一郎・三好迪訳『ゼライーム』（ユダヤ古典叢書　ミシュナ 1）教文館　2003
石田友雄，市川裕総括編集『バビロニア・タルムード』三貴　1993～（既刊13巻）
長窪専三・石川耕一郎訳『モエード』（ユダヤ古典叢書　ミシュナ 2）教文館　2005
日本聖書学研究所編『死海文書——テキストの翻訳と解説』山本書店　1963
日本聖書学研究所編『聖書外典偽典』全7巻＋別2巻　教文館　1975～82
F・ヨセフス，秦剛平訳『ユダヤ戦記』全3巻（ちくま学芸文庫）筑摩書房　2002

◆序章　一神教世界の歴史と文化のなかで

市川裕『ユダヤ教の精神構造』東京大学出版会　2004
市川裕「ギリシアとの相克としてのユダヤ教史」（市川裕・松村一男・渡辺和子編『宗教史とは何か』上　リトン　2008）
沼野充義編『ユダヤ学のすべて』新書館　1999
T・S・エリオット，深瀬基寛訳「文化の定義のための覚書」（『エリオット全集 5』中央公論社　1971）
H・G・キッペンベルク，月本昭男・渡辺学・久保田浩訳『宗教史の発見——宗教学と近代』岩波書店　2005
N・デ・ラーンジュ，柄谷凛訳『ユダヤ教とはなにか』青土社　2004
I・ドイッチャー，鈴木一郎訳『非ユダヤ的ユダヤ人』（岩波新書）岩波書店　1970
I・バーリン，河合秀和訳「ベンジャミン・ディズレーリとカール・マルクス——自我の探求」「ナショナリズム——過去における無視と現在の強さ」（福田歓一・河合秀和編，佐々木毅ほか訳『バーリン選集 1　思想と思想家』岩波書店　1983）
N. S. Hecht et al. (eds.), *An Introduction to the History and Sources of Jewish Law*, Oxford, Clarendon Press, 1996.
E. Ben-Rafael, *Jewish Identities: Fifty Intellectuals Answer Ben Gurion*, Leiden/Boston/Köln, Brill, 2002.
M. Elon, *Jewish Law: History, Sources, Principles*, 4 vols., Philadelphia/Jerusalem, The Jewish Publication Society, 1994/5754.

◆第１章　古代イスラエルの宗教からユダヤ教へ
旧約・新約聖書大事典編集委員会編『旧約新約聖書大事典』教文館　1989
池田裕『旧約聖書の世界』岩波書店　2001
市川裕「タルムード期のユダヤ思想」（長尾雅人ほか編『岩波講座東洋思想 1　ユダヤ思想 1』岩波書店　1988）
市川裕「祭司的ユダヤ教の世界観――エルサレム神殿と神の臨在」（『東京大学宗教学年報 XX』東京大学宗教学研究室　2003）
市川裕「ユダヤ人をユダヤ人にしたもの――トーラーの精神」（宮本久雄・大貫隆編『一神教文明からの問いかけ』〈東大駒場連続講義〉講談社　2003）
市川裕「一神教と〈戒〉――ユダヤ教的特徴」（松尾剛次編『思想の身体　戒の巻』春秋社　2006）
上村静『宗教の倒錯――ユダヤ教・イエス・キリスト教』岩波書店　2008
金井美彦・月本昭男・山我哲雄編『古代イスラエル預言者の思想的世界』新教出版社　1997
後藤光一郎『宗教と風土――古代オリエントの場合』（宗教史学論叢 4）リトン　1993
佐藤研『聖書時代史　新約篇』（岩波現代文庫）岩波書店　2003
田川建三『イエスという男』（第２版 増補改訂版）作品社　2004（初版　三一書房　1980）
長窪専三『古典ユダヤ教事典』教文館　2008
秦剛平『旧約聖書続編講義――ヘレニズム・ローマ時代のユダヤ文書を読み解く』リトン　1999
藤井悦子「レビ記ラッバにおける〈贖罪〉の諸相――〈贖罪〉に働く２つのベクトル」（『聖書学論集』29号　日本聖書学研究所　1996）
本村凌二『多神教と一神教――古代地中海世界の宗教ドラマ』（岩波新書）岩波書店　2005
山我哲雄『聖書時代史　旧約篇』（岩波現代文庫）岩波書店　2003
J・C・ヴァンダーカム，秦剛平訳『死海文書のすべて』青土社　1996
E・R・グッドイナフ，野町啓ほか訳『アレクサンドリアのフィロン入門』教文館　1994
A・コーヘン，村岡崇光・市川裕・藤井悦子訳『タルムード入門』全３巻　教文館　1997
N・ゴルブ，前田啓子訳『死海文書は誰が書いたか？』翔泳社　1998
S・サフライ，M・シュテルン編，長窪専三ほか訳『総説・ユダヤ人の歴史――キリスト教成立時代のユダヤ的生活の諸相』上・中・下　新地書房　1989～91
J・ニューズナー，長窪専三訳『パリサイ派とは何か――政治から敬虔へ』教文館　1988
D・フルッサー，池田裕・毛利稔勝訳『ユダヤ人イエス　決定版』教文館　2001
A・ヘシェル，並木浩一監修，森泉弘次訳『イスラエル預言者』上・下　教文館　1992
M・ヘンゲル，長窪専三訳『ユダヤ教とヘレニズム』日本基督教団出版局　1983
L・ポリアコフ，菅野賢治訳『キリストから宮廷ユダヤ人まで』（反ユダヤ主義の歴史 1）筑摩書房　2005
A・マザール，杉本智俊・牧野久実訳『聖書の世界の考古学』リトン　2003
Y・ヤディン，田丸徳善訳『マサダ――ヘロデスの宮殿と熱心党最後の拠点』山本書店　1975
Y・ヤディン，小川英雄訳『バル・コホバ――第二ユダヤ叛乱の伝説的英雄の発掘』山本

書店　1979
C・レヴィン，山我哲雄訳『旧約聖書——歴史・文学・宗教』教文館　2004
G. Alon, *The Jews in their Land in the Talmudic Age (70–640C.E.)*, trans. and ed. by G. Levi, Harvard University Press, 1996.
R. Elior, *The Three Temples: On the Emergence of Jewish Mysticism*, Oxford, The Littman Library of Jewish Civilization, 2004.
M. S. Jaffee, *Early Judaism,* New Jersey, Prentice Hall, 1997.
F. G. Martinez and E. J. C. Tigsvhelaar, *The Dead Sea Scrolls: Study Edition*, 2 vols., Leiden, Brill/Michigan, Eerdmans, 1997 (Vol. 1), 1998 (Vol. 2).
E. P. Sanders, *Paul and Palestinian Judaism*, London, SCM Press, 1977.
E. Schürer, Revised English Edition, G. Vermes and F. Miller (eds.), *The History of the Jewish People in the Age of Jesus Christ*, 3 vols., Edinburgh, T&T Clark, 1979.
H. L. Strack and G. Stemberger, *Introduction to Talmud and Midrash,* Mineapolis, Fortress Press, 1992.
E. Tov, *Textual Criticism of the Hebrew Bible,* 2nd ed., Minneapolis, Fortress Press/Assen, Royal Van Gorcum, 1992.
E. E. Urbach, *The Sages*, Jerusalem, Magnes, 1975.

◆第２章　一神教のなかのユダヤ教

井筒俊彦「中世ユダヤ哲学史」(長尾雅人ほか編『岩波講座東洋思想　2　ユダヤ思想　2』岩波書店　1988)
井筒俊彦『超越のことば——イスラーム・ユダヤ哲学における神と人』岩波書店　1991
大川周明『回教概論』(中公文庫) 中央公論社　1992
大塚和夫・山内昌之編『イスラームを学ぶ人のために』世界思想社　1993
勝又直也「ユダヤ典礼伝統における詩と哲学」(『新プラトン主義研究』3号　新プラトン主義研究協会　2004)
勝又直也「ユダヤ教史の再考——中世ヘブライ文学からの試み」(市川裕・松村一男・渡辺和子編『宗教史とは何か』上　リトン　2008)
佐藤次高『イスラームの「英雄」サラディン——十字軍と戦った男』(講談社選書メチエ) 講談社　1996
澤田昭夫編『ヨーロッパ論 II　ヨーロッパとは何か』放送大学教育振興会　1993
志田雅宏「ナフマニデスの『ヨブ記註解』研究序論——中世ユダヤ教聖典解釈の方法に対する理論的アプローチ」(『東京大学宗教学年報 XXV』東京大学文学部宗教学研究室　2008)
嶋田英晴「ラビ・ユダヤ教中央集権体制の終焉——10世紀のイラクを中心に」(『東京大学宗教学年報 XXII』東京大学文学部宗教学研究室　2005)
関哲行『スペインのユダヤ人』(世界史リブレット) 山川出版社　2003
高山博『中世シチリア王国』(講談社現代新書) 講談社　1999
J・L・アブー＝ルゴド，佐藤次高ほか訳『ヨーロッパ覇権以前——もうひとつの世界システム』上・下　岩波書店　2001
J・グットマン，合田正人訳『ユダヤ哲学——聖書時代からフランツ・ローゼンツヴァイ

クに至る』みすず書房　2000
H・コルバン，神谷幹夫訳「一神教のパラドクス」(A・ポルトマンほか，桂芳樹ほか訳『一なるものと多なるもの 1』〈エラノス叢書 6〉平凡社　1991)
G・ショーレム，進藤英樹訳「初期カバラーにおける聖書の神とプロティノスの神の闘い」(K・ラインハルトほか，辻村誠三ほか訳『創造の形態学 1』〈エラノス叢書 10〉平凡社　1990)
G・ショーレム，市川裕訳「神の名とカバラーの言語理論」(S・ザンブルスキーほか，村上陽一郎ほか訳『言葉と創造』〈エラノス叢書 9〉平凡社　1995)
M・ハルバータル，A・マルガリート，大平章訳『偶像崇拝――その禁止のメカニズム』法政大学出版局　2007
A・J・ヘッシェル，森泉弘次訳『マイモニデス伝』教文館　2006
L・ポリアコフ，合田正人訳『ムハンマドからマラーノへ』(反ユダヤ主義の歴史 2)筑摩書房　2005
H・マコービイ，立花希一訳『バルセロナの宮廷にて――ユダヤ教とキリスト教の論争』ミルトス　2007
M・R・メノカル，足立孝訳『寛容の文化――ムスリム，ユダヤ人，キリスト教徒の中世スペイン』名古屋大学出版会　2005
H. Beinart (ed)., *Moreshet Sepharad: The Sephardi Legacy*, 2 vols., Jerusalem, The Magnes Press, 1992.
A. Cohen, *Jewish Life Under Islam*, Hanvard University Press, 1984.
J. Gerber, *The Jews of Spain*, New York, The Free Press, 1992.
S. D. Goitein, *Jews and Arabs*, New York, Schocken Books, 1955.
S. D. Goitein, *A Mediterranean Society*, 5 vols., University of California Press, 1967–88.
S. D. Goitein, *Letters of Medieval Jewish Traders*, Princeton University Press, 1973.
N. Katsumata, *Seder Avodah for the Day of Atonement by Shelomoh Suleiman Al-Sinjari*, Tübingen, Mohr Siebeck, 2009.
B. Lewis, *The Jews of Islam*, Princeton University Press, 1981.
J. Mann, *The Jewish in Egypt and Palestine under the Fatimid Caliphs*, 2 vols., Oxford University Press, 1920.
N. A. Stillman, *The Jews of Arab Lands*, Philadelphia, The Jeish Publication Society of America, 1979.
I. Twersky, *A Maimonides Reader*, West Orange, Behrman House, 1972.

◆第 3 章　世界秩序の変遷のなかで

小岸昭『マラーノの系譜』みすず書房　1994
鈴木董『オスマン帝国とイスラム世界』東京大学出版会　1997
高木久夫「信仰と哲学の分離――マイモニデス，エリヤ・デルメディゴ，スピノザ」(『スピノザーナ』8 号　スピノザ協会　2007)
手島勲矢「スピノザの聖書解釈――ユダヤ思想の分岐点」(『思想』950号　岩波書店　2003)
徳永恂『ヴェニスからアウシュヴィッツへ――ユダヤ人殉難の地で考える』(講談社学術文

庫）講談社　2004（『ヴェニスのゲットーにて』みすず書房　1997の改訂新版）
西澤龍生編『近世軍事史の震央——人民の武装と皇帝凱旋』彩流社　1992
深沢克己・高山博編『信仰と他者——寛容と不寛容のヨーロッパ宗教社会史』東京大学出版会　2006
山本伸一「アブラハム・ミカエル・カルドーゾの神学とメシア論——シャブタイ派思想の多様性の一側面」（『東京大学宗教学年報 XXIV』東京大学文学部宗教学研究室　2007）
E・ケドゥーリ，関哲行ほか訳『スペインのユダヤ人——1492年の追放とその後』平凡社　1995
R. Elior, *The Mystical Origin of Hasidism,* London, The Littman Library of Jewish Civilization, 2006.
M. Idel, *Kabbalah: New Perspective*, Yale University Press, 1988.
J. Katz, *Tradition and Crisis: Jewish Society at the End of the Middle Ages*, New York, Schocken Books, 1993.
H. Levine, *Economic Origins of the Antisemitism: Poland and Its Jews in the Early Modern Period*, Yale University Press, 1991.
A. Menes, Chp. 8, Patterns of Jewish Scholarship in Eastern Europe, in L. Finckelstein (ed.), *The Jews: Their History, Culture and Religion*, 2 vols., 3rd ed., New York, Harper & Brothers, 1960.
G. Scholem, *Sabbetai Sevi: The Mystical Messiah 1626-1676*, Princeton University Press, 1973.

◆第 4 章　近代国民国家とユダヤ人

赤尾光春「ウマン巡礼の歴史——ウクライナにおけるユダヤ人の聖地とその変遷」（『スラヴ研究』50号　北海道大学スラブ研究センター　2003）
有田英也『ふたつのナショナリズム——ユダヤ系フランス人の「近代」』みすず書房　2000
市川裕「歴史としてのユダヤ教」（池上良正ほか編『岩波講座宗教 3　宗教史の可能性』岩波書店　2004）
市川裕「生と死をつなぐ想像力——東欧ハシディズムの救済信仰」（細田あや子・渡辺和子編『異界の交錯』上　リトン　2006）
市川裕「レヴィナスにおけるタルムード研究の意義」（『哲学雑誌』121巻793号〈レヴィナス——ヘブライズムとヘレニズム〉有斐閣　2006）
上田和夫『イディッシュ文化——東欧ユダヤ人のこころの遺産』三省堂　1996
植村邦彦『同化と解放——19世紀「ユダヤ人問題」論争』平凡社　1993
大内宏一「1878-80年の「ベルリン・反ユダヤ論争」について」（木村時夫編『ユダヤ世界と非ユダヤ世界——挑戦と対応』早稲田大学社会科学研究所　1981）
加藤克夫「「異邦人」から「国民」へ——大革命とユダヤ人解放」（服部春彦・谷川稔編『フランス史からの問い』山川出版社　2000）
川崎亜紀子「19世紀アルザス・ユダヤ人の「再生」——職業教育の観点から」（『ユダヤ・イスラエル研究』20号　日本イスラエル文化研究会　2004）
黒川知文『ロシア社会とユダヤ人——1881年ポグロムを中心に』ヨルダン社　1996

河野徹『英米文学のなかのユダヤ人』みすず書房　2001
鈴木董『オスマン帝国の解体——文化世界と国民国家』(ちくま新書) 筑摩書房　2000
高尾千津子「第6章　内なる境界——ロシアユダヤ人の地理空間」(北海道大学スラブ研究センター監修, 松里公孝編『ユーラシア——帝国の大陸』〈講座スラブ・ユーラシア学3〉講談社　2008)
鶴見太郎「ロシア帝国とシオニズム——「参入のための退出」, その社会学的考察」(『スラヴ研究』54号　北海道大学スラブ研究センター　2007)
中村廣治郎『イスラームと近代』(叢書現代の宗教 13) 岩波書店　1997
山下肇『ドイツ・ユダヤ精神史——ゲットーからヨーロッパへ』(講談社学術文庫) 講談社　1995
J・カッツ, 綾部恒夫監修, 大谷裕文訳『ユダヤ人とフリーメーソン——西欧文明の深層を探る』三交社　1995
H・クッファーバーグ, 横溝亮一訳『メンデルスゾーン家の人々——三代のユダヤ人』東京創元社　1985
H・G・シェンク, 生松敬三・塚本明子訳『ロマン主義の精神』みすず書房　1975
H・ハイネ, 伊東勉訳『ドイツ古典哲学の本質』(改訳　岩波文庫) 岩波書店　1973
I・バーリン, 河合秀和訳「ロマン主義における「意志」の讃美——理想世界の神話にたいする反乱」(福田歓一ほか訳『バーリン選集 4　理想の追求』岩波書店　1992)
I・バーリン, H・ハーディ編, 田中治男訳『バーリンロマン主義講義』岩波書店　2000
Th・ヘルツル, 佐藤康彦訳『ユダヤ人国家——ユダヤ人問題の現代的解決の試み』法政大学出版局　1991
L・ポリアコフ, 菅野賢治訳『ヴォルテールからヴァーグナーまで』(反ユダヤ主義の歴史 3) 筑摩書房　2005
G・L・モッセ, 三宅昭良訳『ユダヤ人の〈ドイツ〉——宗教と民族をこえて』(講談社選書メチエ) 講談社　1996
G. Alon, The Lithuanian Yeshivas, in J. Goldin (ed.), *Jewish Expression*, UMI, Yale University Press, 1976.
Y. Ben-Arieh, *Jerusalem in the Nineteenth Century*, Tel-Aviv, MOD Books, 1989.
L. Ginzberg, *Students, Scholars and Saints,* New York, Meridian Books, 1958.
J. Katz, *Out of the Ghetto: The Social Background of Jewish Emancipation 1770–1870*, New York, Schocken Books, 1978.
E. Levinas, 'In the Image of God', according to Rabbi Hayyim Volozhiner, in trans. by G. D. Mofe, *Beyond The Verse: Talmudic Readings and Lectures*, Indiana University Press, 1994.
P. R. Mendes-Flohr and J. Reinharz (eds.), *The Jew in the Modern World: A Documentary History*, Oxford University Press, 1980.
L. Namier, *Vanished Supremacies: Essays on European History 1812–1918*, New York, Hanper & Row, 1963.
J. L. Talmon, *Romanticism and Revolt: Europe 1815–1848*, New York, W. W. Norton & Company, 1979.

◆第５章　世界大戦と祖国建設運動

池田有日子「ルイス・ブランダイスにみる「国民国家」・「民主主義」・「パレスチナ問題」」（日本政治学会編『排除と包摂の政治学』〈年報政治学2007-Ⅱ〉木鐸社　2007）
石田勇治『20世紀ドイツ史』（シリーズ・ドイツ現代史 1）白水社　2005
大澤武男『ヒトラーとユダヤ人』（講談社現代新書）講談社　1995
大野英二『ナチズムと「ユダヤ人問題」』リブロポート　1988
佐原徹哉『近代バルカン都市社会史――多元主義空間における宗教とエスニシティ』刀水書房　2003
高尾千津子『ソ連農業集団化の原点――ソヴィエト体制とアメリカユダヤ人』彩流社　2006
中央大学人文科学研究所編『ツァロートの道――ユダヤ歴史・文化研究』中央大学出版部　2002
長尾龍一『ケルゼンの周辺』木鐸社　1980
長田浩彰「第三帝国下のユダヤ人とドイツ人のカップル――システムによる生活世界の変容」（朝倉尚ほか編『制度と生活世界』〈21世紀の教養 4〉培風館　2004）
野村達朗『ユダヤ移民のニューヨーク――移民の生活と労働の世界』（歴史のフロンティア）山川出版社　1995
野村真理『ウィーンのユダヤ人――一九世紀末からホロコースト前夜まで』御茶の水書房　1999
野村真理『ガリツィアのユダヤ人――ポーランド人とウクライナ人のはざまで』人文書院　2008
丸山空大「フランツ・ローゼンツヴァイクのユダヤ人論とキリスト教論――ローゼンツヴァイクのメシア的終末論の観点から」（『東京大学宗教学年報 XXIV』東京大学文学部宗教学研究室　2007）
M・イグナティエフ，真野明裕訳『仁義なき戦場――民族紛争と現代人の倫理』毎日新聞社　1999
E・ヴィーゼル，村上光彦訳『夜』みすず書房　1967
I・カツェネルソン，飛鳥井雅友・細見和之訳『滅ぼされたユダヤの民の歌』みすず書房　1999
V・クレンペラー，石田勇治解説，小川－フンケ里美・宮崎登訳『私は証言する――ナチ時代の日記1933-1945年』大月書店　1999
H・ケルゼン，長尾龍一訳『ハンス・ケルゼン自伝』慈学社出版　2007
J・コルチャック，中村妙子訳『子どものための美しい国』晶文社　1988
G・ショーレム，岡部仁訳『ベルリンからエルサレムへ――青春の思い出』法政大学出版局　1991
F・ティフ編，坂東宏訳『ポーランドのユダヤ人――歴史・文化・ホロコースト』みすず書房　2006
I・バーリン，小川晃一ほか訳『自由論』（新装版）みすず書房　1997
R・ヒルバーグ，望田幸男・原田一美・井上茂子訳『ヨーロッパ・ユダヤ人の絶滅』上・下　柏書房　1997
V・E・フランクル，池田香代子訳『夜と霧』（新版）みすず書房　2002（初版 霜山徳爾訳

1985）
E・フロム，飯坂良明訳『ユダヤ教の人間観——旧約聖書を読む』（改訂版新装）河出書房新社　1996
W・ベンヤミン，G・G・ショーレム，G・ショーレム編，山本尤訳『ベンヤミン—ショーレム往復書簡——1933-1940』法政大学出版局　1990
L・ポリアコフ，菅野賢治・合田正人監訳，小幡谷友二・高橋博美・宮崎海子訳『自殺に向かうヨーロッパ』（反ユダヤ主義の歴史 4）筑摩書房　2006
M・ホルクハイマー，T・W・アドルノ，徳永恂訳『啓蒙の弁証法——哲学的断想』（岩波文庫）岩波書店　2007
W・ラカー，高坂誠訳『ユダヤ人問題とシオニズムの歴史』（新版）第三書館　1994
W・ラカー編，井上茂子ほか訳『ホロコースト大事典』柏書房　2003
S. Ansky, *The Dybbuk and Other Writings*, ed. by D. G. Roskies, New York, Schocken Books, 1992.
L. F. Batnitzky, *Idolatry and Representation: The Philosophy of Franz Rosenzweig Reconsidered*, Princeton University Press, 2000.
M. Howard, *The Lessons of History*, Oxford University Press, 1991.
R. J. Lifton, *The Nazi Doctors: Medical Killing and the Psychology of Genocide*, London, Macmillan, 1986.

◆第６章　ユダヤ人の国民国家と世界市民

池田明史編『現代イスラエル政治——イシューと展開』アジア経済研究所　1988
池田明史編『イスラエル国家の諸問題』アジア経済研究所　1994
板垣雄三『石の叫びに耳を澄ます——中東和平の探索』平凡社　1992
市川裕「書評 ニコラス・デ・ラーンジュ『ユダヤ教入門』柄谷凛訳 Nicholas de Lange, *An Introduction to Judaism*」（『思想』950号　岩波書店　2003）
市川裕「現代イスラエル社会における国家と宗教——世俗社会の浸透と根本主義の台頭の狭間で」（荒木美智雄編『世界の民衆宗教』ミネルヴァ書房　2004）
臼杵陽『見えざるユダヤ人——イスラエルの〈東洋〉』（平凡社選書）平凡社　1998
臼杵陽『世界化するパレスチナ／イスラエル紛争』岩波書店　2004
奥山眞知『イスラエルの政治文化とシチズンシップ』東信堂　2002
佐藤唯行『アメリカ経済のユダヤ・パワー——なぜ彼らは強いのか』ダイヤモンド社　2001
鈴木大拙，E・フロム，R・デマルティーノ，小堀宗柏ほか訳『禅と精神分析』東京創元社　1960
武井彩佳『戦後ドイツのユダヤ人』（シリーズ・ドイツ現代史 3）白水社　2005
立山良司『エルサレム』（新潮選書）新潮社　1993
立山良司『揺れるユダヤ人国家——ポスト・シオニズム』（文春新書）文藝春秋　2000
手島勲矢「ユダヤ教と原理主義——シオニズムの源流を求めて」（小原克博・中田考・手島勲矢『原理主義から世界の動きが見える——キリスト教・イスラーム・ユダヤ教の真実と虚像』〈PHP新書〉PHP研究所　2006）
手島佑郎『ユダヤ人のビジネス教本——旧約聖書の智慧を読み解く』太陽出版　2005

土井敏邦『アメリカのユダヤ人』（岩波新書）岩波書店　1991
日本マラマッド協会編著，広瀬佳司・君塚淳一・佐川和茂編『ホロコーストとユダヤ系文学』大阪教育図書　2000
樋口義彦「エチオピアの文化は近代的ではないから――イスラエルのエチオピム受け入れ政策」（『ユダヤ・イスラエル研究』20号　日本イスラエル文化研究会　2004）
藤田進『蘇るパレスチナ――語りはじめた難民たちの証言』（新しい世界史 12）東京大学出版会　1989
本間長世『ユダヤ系アメリカ人――偉大な成功物語のジレンマ』（PHP新書）PHP研究所　1998
村松剛『血と砂と祈り――中東の現代史』（中公文庫）中央公論社　1987
山森みか『「乳と蜜の流れる地」から――非日常の国イスラエルの日常生活』新教出版社　2002
屋山久美子「現代エルサレムにおける東洋系ユダヤ人の開かれた音楽世界――準典礼音楽「シラート・ハバカショート」にみる多層的ダイナミズム」（『人文科学研究』35号　国際基督教大学キリスト教と文化研究所　2004）
D・F・アイケルマン，大塚和夫訳『中東――人類学的考察』岩波書店　1988
Y・アミハイ，村田靖子編訳『エルサレムの詩――イェフダ・アミハイ詩集』思潮社　2003
E・ヴィーゼル，村上光彦訳『そしてすべての川は海へ――20世紀ユダヤ人の肖像』上　朝日新聞社　1995
S・ヴィーゼンタール，松宮克昌訳『ひまわり――ユダヤ人にホロコーストが赦せるか』原書房　2009
A・エロン，村田靖子訳『エルサレム――記憶の戦場』法政大学出版局　1998
Y・カッツ，Z・バハラハ，池田裕・辻田真理子訳『イスラエル――その人々の歴史』2冊（全訳世界の歴史教科書シリーズ 27・28）帝国書院　1982
E・W・サイード，杉田英明訳『パレスチナ問題』みすず書房　2004
L・ジューコワ「信仰と民族の狭間で――ロシア人ユダヤ教徒のこれからの道」（津久井定雄・有宗昌子編『ロシア　祈りの大地』大阪大学出版会　2008）
I・スース，西永良成訳『ユダヤ人の友への手紙』岩波書店　1989
W・C・スミス，中村廣治郎訳『現代イスラムの歴史』上・下（中公文庫）中央公論社　1998（『現代におけるイスラム』紀伊國屋書店　1974の増補改訂版）
A・ビン＝ナン，半田伸訳『イスラエル法入門』法律文化社　1996
E・ホフマン，上田吉一・町田哲司訳『マスローの人間論――未来に贈る人間主義心理学者のエッセイ』ナカニシヤ出版　2002
E・ホフマン，村本詔司・今西康子訳『カバラー心理学――ユダヤ教神秘主義入門』人文書院　2006
J・ボヤーリン，D・ボヤーリン，赤尾光春・早尾貴紀訳『ディアスポラの力――ユダヤ文化の今日性をめぐる試論』平凡社　2008
L・ポリアコフ，菅野賢治・合田正人監訳，小幡谷友二・高橋博美・宮崎海子訳『現代の反ユダヤ主義』（反ユダヤ主義の歴史 5）筑摩書房　2007
E・レヴィナス，内田樹訳『困難な自由――ユダヤ教についての試論』国文社　1985

E・レヴィナス，合田正人訳『聖句の彼方：タルムード――読解と講演』法政大学出版局 1996

C. L. Albanese, *America: Religions and Religion*, Belmont, Wadswurth Publishing, 1981.

D. E. Kaplan (ed.), *Cambridge Companion to American Judaism*, New York, Cambridge University Press, 2005.

Y. Leibowitz, *Judaism, Human Value, and the Jewish State*, ed. by E. Goldman, Harvard University Press, 1992.

Y. M. Rabkin, trans. by F. A. Reed, *A Threat From Within: A Century of Jewish Opposition to Zionism*, Nava Scotia, Fernwood Publishing, 2006.

J. Sarna, *American Judaism,* Yale University Press, 2004.

P. Schaefer and J. Dan (eds.), *Gershom Scholem's Major Trends in Jewish Mysticism 50 Years After*, Tübingen, J. C. B. Mohr, 1993.

索 引

人名のアルファベット標記は，原則として *Encyclopaedia Judaica* 第１版に依拠し，聖書の主な人名にはヘブライ語名を併記した。

人名索引

ア

アインシュタイン *Albert Einstein* 1879-1955 4, 232
アウグスティヌス *Aurelius Augustinus* 354-430 65
アグノン *Shmuel Yosef Agnon* 1888-1970 230
アシェル・ベン・イェヒエル *Asher b. Jehiel* 1250-1327 74, 94, 102
アドラー(アルフレッド) *Alfred Adler* 1870-1937 255
アドラー(ネイサン) *Nathan Marcus Adler* 1803-90 154
アナン *Anan b. David* ８世紀 67
アハド・ハーアム(ギンツベルグ) *Aḥad Ha-Am(Asher Ginzberg)* 1856-1927 174
アブデル・ラハマン３世 *'Abd al-Raḥmān* 889-961(在位912-961) 79
アブドッラー *'Abd Allāh* 1882-1951 235
アブラバネル *Isaac Abrabanel* 1437-1508 97
アブラハム *Abraham* 前18世紀頃 15, 24, 26, 28, 30, 89, 206, 238, 248, 272
アブラフィア(アブラハム) *Abraham Abulafia* 1240-91 91, 93
アブラフィア(シュムエル) *Shmuel Abulafia* 1320?-61 90
アモス *'Amos* 前８世紀 22
アラファト *Yāser 'Arafāt* 1929-2004 272, 274
アリー(ムハンマド) *Muḥammad 'Alī* 1769-1849(位1805-48) 179
アリストテレス *Aristoteles* 前384-前322 32
アルケラウス *Archelaus* 前23-後18(位前４-後６) 43
アルファスィ *Isaac Alfasi* 1013-1103 81-83, 87, 102
アルフォンソ５世 *Alfonso V* 1396-1458(位1416-58) 96
アルフォンソ10世 *Alfonso X* 1221-84(位1252-84) 90
アルフセイニ *Amin al-Husseini* 1893-1974 232
アルント *Ernst Moritz Arndt* 1769-1860 156
アレイヘム *Sholem Aleikhem* 1859-1916 176
アレクサンドル１世 *Aleksandr I* 1777-1825(位1801-25) 164
アレクサンドル２世 *Aleksandr II* 1818-81(位1855-81) 165
アレクサンドロス大王 *Alexandros III* 前356-前323(位前336-前323) 24, 32, 33
アレンビー *Edmund Allenby* 1861-1936 208
アロン *Aaron* 前13世紀頃 31, 36
アンティオコス４世 *Antiochos IV Epiphanes* 前215-前163(位前175-前163) 33
イェシュア(大祭司) *Jeshua b. Jehozadak* 前６世紀 23
イエス *Jesus, Yeshu* 前４-後30 4, 10, 35, 37, 44-47
イサク *Isaac, Yitzḥak* 前18世紀頃 24, 26, 28, 30
イサベラ１世 *Isabel I* 1451-1504(位1474-1504) 96
イザヤ *Isaiah, Yeshayahu* 前８世紀 22, 26
イッサーレス *Moshe Isserles* 1520-72 103, 113
イブン・エズラ *Abraham Ibn Ezra* 1089-1164 73, 81, 113
イブン・ガビロール *Shlomo Ibn Gabirol* 1021?-56? 80

イブン・ティボン *Shmuel Ibn Tibbon* 1150-1230 87
ヴァイツマン(ワイズマン) *Chaim Azriel Weizmann* 1874-1952 227, 233
ヴィクトリア *Victoria* 1819-1901(位1837-1901) 151
ヴィーゼル *Elie Wiesel* 1928- 218, 244, 247, 248, 257
ヴィーゼンタール *Simon Wiesenthal* 1908-2005 219
ヴィタル *Ḥayyim Vital* 1543-1620 103
ヴィルヘルム2世 *Wilhelm II* 1859-1941(位1888-1918) 186
ヴォルテール *Voltaire* 1694-1778 131
ウマル *'Umar* 581-644(位634-644) 63
エカチェリーナ2世 *Ekaterina II* 1729-96(位1762-96) 164
エズラ *'Ezra* 前5世紀 24
エゼキエル *Ezekiel, Yeḥezqel* 前6世紀 22, 27, 88
エノク *Enoch, Ḥanokh* 36
エリオット *Thomas Sterns Eliot* 1888-1965 4
エリヤ *Elijah, Eliyahu* 前9世紀 22, 103
エリヤ・ベン・シュロモー(ヴィルナのガオン) *Elijah b. Shlomo* 1720-97 126, 128, 170, 173
エル・グレコ *El Greco* 1541-1614 90
エレアザル *Eleazar b. Ananias* 1世紀 48
エレアザル(賢者) *Eleazar* 前2世紀 34
エレミヤ *Jeremiah, Yirmeyahu* 前626-前586 22, 26

カ

ガイガー *Abraham Geiger* 1810-74 152, 154
カエサル *Gaius Julius Caesar* 前100-前44 43
カハネ *Meir David Kahane* 1932-90 272
カプラン *Mordechai Kaplan* 1881-1983 223
カロ *Joseph Caro* 1488-1575 95, 100, 102, 103, 112
カント *Immanuel Kant* 1724-1804 126
義人シモン *Simeon I* 前3世紀前半 55, 56
キュロス *Kyros* 前600-前529(位前559-前529) 23, 142
キルケゴール *Søren Aabye Kierkegaard* 1813-55 254
キング *Martin Luther King, Jr* 1929-68 257
グラッドストーン *William Ewart Gladstone* 1809-98 151
クリスチアーニ *Pablo Christiani* ?-1274 95
グレーツ *Heinrich Graetz* 1817-91 153, 204
クレンペラー *Victor Klemperer* 1881-1960 218
クロッホマル *Nachman Krochmal* 1785-1840 153
クロムウェル *Oliver Cromwell* 1599-1658 132
ゲルショム・ベン・ユダ *Gershom b. Judah* 960?-1028 71, 72
ケルゼン *Hans Kelsen* 1881-1973 160
コットラー *Aaron Kotler* 1892-1962 253
コーヘン *Hermann Cohen* 1842-1918 205, 206, 245, 248
コーラー *Kaufmann Kohler* 1843-1926 197
コロンブス *Christopher Columbus* 1446?-1506 95
コンスタンティヌス *Flavius Valerius Constantinus I* 274?-337(位306-337) 52
コント *Auguste Comte* 1798-1857 152

サ

サアディア・ガオン *Saadiah b. Joseph* 882-942 68, 70

ザカリヤ *Zechariah* 前 6 世紀 23
サラーフ・アッディーン *Ṣalaḥ al-Dīn* 1138-93(位1169-93) 86
サランター *Israel Salanter* 19世紀初め-1883 172, 173
シェヒター *Solomon Schechter* 1847-1915 222
シェリラ・ガオン *Sherira b. Ḥanina* 900頃-1000頃 69
ジカティーリャ *Joseph b. Abraham Gikatilla* 1248-1325 93
シフ *Jacob Schiff* 1847-1920 225, 226
シモン(ハスモン家の) *Simeon(Thassis)* ?-前134 34
シャガール *Marc Chagall* 1887-1985 176
シャクナ *Shalom Shakhna* ?-1558 112
シャルルマーニュ *Charlemagne* 742-814(位768-814) 59, 71
シュニアスン *Menaḥem Mendel Schneersohn* 1902-94 247, 253
シュネウル・ザルマン *Shneur Zalman* 1745-1813 122, 171
シュネルゾーン *Joseph Isaac Schneersohn* 1880-1950 252, 253
シュムエル・イブン・ナグディーラ *Shmuel ibn Nagdela* 993-1055 79
ショーレム *Gershom Gerhard Scholem* 1897-1982 90, 115, 204, 256
シンドラー *Oskar Schindler* 1908-74 219
杉原千畝 1900-86 219
スターリン *Iosif Vissarionovich Stalin* 1879-1953 211, 243
ゼルバベル *Zerubbāvel* 前 6 世紀 24
ゾムバルト *Werner Sombart* 1863-1941 204
ソロヴェイチク *Joseph Dov Soloveitchik* 1903-93 254
ソロモン *Solomon, Shlomo* 位前967-前922 26, 27, 34, 43

タ

タイテルバオム *Joel Teitelbaum* 1888-1979 252
大プリニウス *Gaius Plinius Secundus* 23-79 40
ダヴィッド・マギード *David Maggid* ?-1814 124, 125
ダーウィン *Charles Robert Darwin* 1809-82 158
ダビデ *David* 位前997-前966 20, 34, 36, 38
チャーチル *Sir Winston Churchill* 1874-1965 211, 232
ツァドク *Zadok, Ẓadok* 前10世紀 38
ツヴィ *Shabbetai Ẓevi* 1626-76 114, 115, 117, 118
ツンツ *Leopold Zunz* 1761-1802 153
ディズレーリ *Benjamin Disraeli* 1804-81 150
ディーゼングフ *Meir Dizengoff* 1861-1936 228
ティトゥス *Titus Flavius Vespasianus* 39-81(位79-81) 48, 146
デューイ *John Dewey* 1859-1952 223
デ・レオン *Moshe de Leon* 1250-1305 93
ドゥブノフ *Simon Dubnow* 1860-1941 175
トマス・アクィナス *Thomas Aquinas* 1225-74 77, 88
ドーム *Christian Wilhelm Von Dohm* 1751-1820 133
トライチュケ *Heinrich von Treitschke* 1834-96 157
トラヤヌス *Marcus Ulpius Trajanus* 53-117(位98-117) 50
ドレフュス *Alfred Dreyfus* 1859-1935 159

ナ

ナータン *Abraham Nathan Ashkenazi* 1643/4 -80 115, 117, 118

ナフマニデス（ラムバン） *Moshe b. Naḥman, Moses Naḥmanides* 1195-1270　73, 92, 95
ナフマン *Naḥman b. Simḥah* 1772-1811　110, 122
ナポレオン1世 *Napoleon Bonaparte* 1769-1821　140-143, 146, 147, 150, 173, 179
ニコライ1世 *Nikolai I* 1796-1855（位1825-55）　164
ネエール *André Neher* 1914-88　247-249
ネヘミヤ *Nehemiah, Neḥemiah* 前5世紀　24
ノア *Noah, Noaḥ*　36

ハ

バアル・シェム・トーヴ（ベシュト） *Israel b. Eliezer, Baʻal Shem Tov* 1700?-60　120, 122, 124-126
ハイ・ガオン *Hai b. Sherira* 939-1038　67, 69
ハイデッガー *Martin Heidegger* 1889-1976　246
ハイネ *Heinrich Heine* 1797-1856　146, 150
ハイム（ヴォロジンのラビ・ハイム） *Hayyim b. Isaac of Volozhin* 1749-1821　129, 170-172, 203, 253
パウロ *Paul* ?-64　47
ハガイ *Haggai* 前6世紀　23
バーコヴィッツ *Eliezer Berkovits* 1908-92　246
ハスダイ・イブン・シャプルート *Ḥasdai ibn. Shaprūṭ* 915-970　79
ハドリアヌス *Publius Aelius Hadrianus* 76-138（位117-138）　50
バル・コフバ *Bar Kokhba* ?-135　50, 280
バルフォア *Arthur James Balfour* 1848-1930　208
ビアリク *Ḥayyim Naḥman Bialik* 1873-1934　171, 175
ピウス7世 *Pius VII* 1740-1823（位1800-23）　143
ビスマルク *Otto von Bismarck* 1815-98　157
ヒトラー *Adolf Hitler* 1889-1945　209, 220
ピピン（小） *Pepin III, the Short* 714-768（位751-768）　59
ヒルデスハイム *Azriel Hildesheimer* 1820-99　154
ヒレル *Hillel* 前1世紀　49, 54
ヒレル2世 *Hillel II* 330-365　53
ピンスケル *Leon Pinsker* 1821-91　174
ファッケンハイム *Emil Ludvig Fackenheim* 1916-　246
フィヒテ *Johann Gottlieb Fichte* 1762-1814　156
フェルナンド2世 *Fernando II* 1452-1516（位1479-1516）　96
フッサール *Edmund Husserl* 1859-1938　246
ブーバー *Martin Buber* 1878-1965　122, 204-207, 245, 256
フミエルニツキ *Bogdan Chmielnicki* 1595-1657　109, 177
ブラウステイン *Jacob Blaustein* 1892-1970　251
フランク（アンネ） *Anne Frank* 1929-45　218
フランク（ヤコブ） *Jacob Frank* 1726-86　119
フランクフルター *Naphtali Frankfurter* 1810-66　149
フランクル *Viktor Emil Frankl* 1905-97　218
ブランダイス *Louis Dembitz Brandeis* 1856-1941　222
プルタルコス *Plutarchos* 46-120　33
フレンケル *Zecharias Frankel* 1801-75　152, 154
フロイト *Sigmund Freud* 1856-1939　4, 254, 255

フロム *Erich Fromm* 1900-80 255
ベギン *Menaḥem Begin* 1913-92 259
ヘーゲル *Georg Wilhelm Friedrich Hegel* 1770-1831 152, 153
ヘシェル *Abraham Joshua Heschel* 1907-72 245, 247, 257
ベック *Leo Baeck* 1873-1956 245
ペドロ *Pedro* 1334-69(位1350-69) 90
ベネディクトゥス *Benedictus* 480?-548? 64
ベール *Dov Baer* ?-1772 120
ヘルダー *Johann Gottfried Herder* 1744-1803 156
ヘルツル *Theodor Herzl* 1860-1904 159, 160, 162, 197, 203, 208, 228, 235
ヘレナ *Helena Augusta* 246/50頃-330頃 53
ヘロデ大王 *Herodes* 前73-前４(位前37-前４) 35, 36, 39, 43
ベン・アシェル *Jacob b. Asher* 1270-1343 94
ベングリオン *David Ben-Gurion* 1886-1973 229, 233, 234, 238, 250, 251
ベン・シュムエル *Judah b. Shmuel* 1150-1217 74
ベン・バルーフ *Meir b. Baruch* 1215-93 74
ベン・メイル *Shmuel b. Meir* 1085-1174 73
ホセア *Hoshea'* 前８世紀 22
ホッブズ *Thomas Hobbes* 1588-1679 134
ホメロス *Homeros* 前９世紀頃 33
ポラク *Jacob Pollak* ?-1530 106, 112
ホルトハイム *Samuel Holdheim* 1806-60 149
ポンペイウス *Gnaeus Pompeius Magnus* 前106-前48 39
ボンベルグ *Daniel Bomberg* ?-1549頃 113

マ

マイモニデス(ラムバム) *Moses Maimonides, Moshe b. Maimon* 1138-1204 80, 82, 83, 86, 89, 94, 102, 114, 123, 153
マカバイオス *Judas Makkabaios* ?-前160 34
マキル *Machir b. Judah* 10世紀-11世紀 71
マスロー *Abraham Harold Maslow* 1908-70 255, 256
マリアンメ *Mariamne* 前１世紀 43
マル *Wilhelm Marr* 1818-1904 158
マルキツェデク *Melchizedek* 36
マルクス *Karl Marx* 1818-83 4, 150, 151
マルテル *Karl Martell* 689-741 59
メイバウム *Ignaz Maybaum* 1897-1976 246
メンデルスゾーン(フェリックス) *Felix Mendelssohn* 1809-47 146
メンデルスゾーン(モーゼス) *Moses Mendelssohn* 1729-86 133-135
モーセ *Moses, Moshe* 前13世紀頃 25, 27, 30, 31, 55-57, 88, 248
モーリヤック *François Mauriac* 1885-1970 247
モンテフィオーレ *Moses Montefiore* 1784-1885 183, 189

ヤ

ヤコブ *Jocob, Ya'akov* 前18世紀頃 26, 56
ヤコブソン *Israel Jacobson* 1768-1828 147
ユスティニアヌス *Justinianus I* 482-565(位527-565) 65
ユダ・ハレヴィ *Judah HaLevi* 1075-1141 81
ヨシュア *Joshua* 前13世紀頃 55, 57
ヨセフ *Joseph* 前17世紀頃 85
ヨセフ(オバデア) *Ovadia Joseph* 1920- 279

ヨセフ(ヤコブ) *Jacob Joseph* ?-1782頃 120
ヨーゼフ1世 *Franz Joseph I* 1830-1916 (位1848-1916) 187
ヨセフス *Flavius Josephus* 37?-100? 37, 39, 40, 48
ヨハナン・ベン・ザッカイ *Johanan b. Zakkai* 1世紀 49

ラ

ライネス *Isaac Jacob Reines* 1839-1915 224
ラヴ・アシ *Ashi* 352-427 54
ラシ *Rabbi Shlomo b. Isaac* 1040-1105 72, 73, 83, 113
ラバン・ガマリエル2世 *Gamaliel II* 1世紀-2世紀 49
ラバン・シモン・ベン・ガマリエル2世 *Simeon b. Gamaliel II* 2世紀 51
ラビ・アキバ *Akiva b. Joseph* 50頃-135 50, 51
ラビ・アッバフ *Abbahu* 300頃 52
ラビ・アブラハム *Abraham b. David* 1125-98 92
ラビ・イシュマエル *Ishmael b. Elisha* 2世紀 50
ラビ・イツハク *Isaac Sagi Nahor* 1160-1235 92
ラビ・エリエゼル *Eliezer b. Hyrcanus* 1世紀-2世紀 49
ラビ・シモン・バル・ヨハイ *Simeon Bar Yohai* 2世紀 51, 93, 99
ラビ・ピンハス・ベン・ヤイール *Phinehas b. Jair* 2世紀後半 57
ラビ・メイル *Meir* 2世紀 51
ラビ・メイル(ローテンブルクの) *R. Meir b. Baruch of Rothenburg* 1215-93 74
ラビ・ヤコブ *Jacob b. Yakar* ?-1064 72
ラビ・ユダ *Judah Bar Ilai* 2世紀 51
ラビ・ユダ・ハナスィ *Judah Ha-Nasi* 2世紀-3世紀 51, 52, 56
ラビ・ヨシュア *Joshua b. Hananiah* 1世紀-2世紀 49
ラビ・ヨハナン *Johanan b. Nappaha* 180頃-279 52
ラビン *Yitzhak Rabin* 1922-95 274
ラベーヌー・タム *Jacob b. Meir Tam* 1100-71 73
ラポポート(アンスキー) *Shloyme Rapoport,(Shloime Ansky)* 1863-1920 176, 177
リーセル *Gabriel Riesser* 1806-63 148
ルエーガー *Karl Lueger* 1844-1910 158
ルソー *Jean-Jacques Rousseau* 1712-78 195, 269
ルートヴィヒ1世 *Ludwig I* 778-840 (位814-840) 71
ルーベンステイン *Richard Lowell Rubenstein* 1924- 245
ルリア *Isaac Luria* 1534-72 100, 102-105, 115, 118, 203
レーヴィ *Primo Levi* 1919-87 218
レヴィナス *Emmanuel Levinas* 1905-95 246
ロスチャイルド(エドモン・ジェームズ・ド・) *Edmond James de Rothschild* 1845-1934 231
ロスチャイルド(ジェームズ・マイヤー) *James Mayer Rothschild* 1792-1868 183
ローゼンツヴァイク *Franz Rosenzweig* 1886-1929 81, 204, 245, 248, 249
ロック *John Locke* 1632-1704 131, 134

ワ

ワイズ *Isaac Mayer Wise* 1819-1900 197
ワイズマン→ヴァイツマン
ワレンバーグ *Raoul Wallenberg* 1912-47? 219

事項索引

＊印は用語解説に解説がある用語

ア

カ

サ

タ

ナ

マ

ヤ

ラ

図版出典一覧

口絵 i, iv, viii上　PPS通信社
ii ～ iii, v ～ vii, viii下　ユニフォトプレス

p.29　*Nelson's Bible Encyclopedia for the Family*, Nashville, Thomas Nelson Publishers, 1982, pp.258-259.

p.38　E. Stern (ed.), *The New Encyclopedia of Archaeological Excavations in the Holy Land*, Vol. 1, New York/London/Toronto/Sydney/Tokyo/Singapore, Simon & Schuster, 1993, p.293.

p.41　*ibid.*, Vol. 4, p.1237.

p.45　J. B. Pritchard, *The Times Concise Atlas of The Bible*, London, Harper Collins, 1991, p.117.

p.49　著者提供

p.53　Stern, *op. cit.*, p.191.

p.96　U. Fortis, *The Ghetto on the Lagoon: AGuide to the History and Art of the Venetian Ghetto*, trans. by R. Matteoda, Venezia, Storti Edizioni, 2001, p.81.

p.106　G. Scholem, *Sabbatai Sevi: The Mystical Messiah 1626-1676*, Princeton University Press, 1975, pl. VIII.

p.111　M. Zimmerman and S. Shavit (eds.), *Ha-Yehudim Me-Reshit Ha-Et Ha-Hadashah: Shiurim be-Historia le-Beit Ha-Sefer Ha-Mamlakhati*, Jerusalem, Misrad Ha-Hinukh ve-Ha-Tarvut, 5740 (1979/80), p.77.

p.117　Scholem, *op. cit.*, pl. I.

p.127　R. Vishniac und M. Wiesel (Hrsg.), *Wo Menschen und Bücher Lebten: Bilder aus der Ostjudischen Vergangenheit*, München, Kindler Verlag, 1993, p.153.

p.143　Zimmerman and Shavit, *op. cit.*, p.42.

p.161下　Y. Losen, *Ammud Ha-Esh: Perakim be-Toledot Ha-Ziyyonut*, Jerusalem, Shikmona Publishing Company, 1982, p.16.

p.169上　M. C. Carnes and J. A. Garraty with P. Williams, *Mapping America's Past: A Historical Atlas*, New York, Henry Holt and Company, 1996, p.137

p.169中　Vishniac und Wiesel, *op.cit.*, p.133.

p.169下　*ibid.*, p.89.

p.180　Zimmerman and Shavit, *op. cit.*, p.195.

p.184上　E. Schiller (ed.), *Souvenir from Jerusalem: Visit Impressions of the French Navy in Jerusalem, 1861, inc. 14 Lithographs of the Holy Sites*, Jerusalem, Ariel Publishing House, 1978, p.21.

p.184下　E. Schiller (ed.), *The First Photographs of Jerusalem: The Old City*, Jerusalem, Ariel Publishing House, 1978, p.80.

p.185左　Schiller, *op. cit.*, p.25.

p.185右　*ibid.*, p.41.

p.188上　Zimmerman and Shavit, *op. cit.*, p.163

p.188下 E. Juhasz (ed.), *Sephardi Jews in The Ottoman Empire: Aspects of Material Culture*, Jerusalem, The Israel Museum, 1990, p.163.

p.199上 Carnes and Garraty, *op. cit.*, p.137.

p.199下 M. Zimmerman (ed.), *Reshit Ha-Ziyyonut: Shiurim be-Historia le-Beit Ha-Sefer Ha-Mamlakhati*, Jerusalem, Misrad Ha-Hinukh ve-Ha-Tarvut, 5736 (1975/76), p.59.

p.229上 *ibid.*, p.172.

p.229下 *ibid.*, p.197.

p.237上 PANA通信社

p.237下 *Encyclopaedia Judaica*, Vol. 5, 1st ed., Jerusalem, Keter Publishing House, 1971, pp.1453-54.

付録

p.11〜14 関谷定夫ジュダイカ・コレクション，『祈りの継承：ユダヤの信仰と祭』西南学院大学博物館・第２回特別展図録より。写真はイスラエル大使館提供（p.11上，14下）

p.15 E. R. Castelló and U. M. Kapón, *The Jews and Europe; 2,000 Years of History,* New York, Henry Holt and Company, 1994, p.115.

p.25 *Terre Sainte*, Editions Nouveaux-Loisirs, Paris, Gallimard, 1995, p.248.

見返し S. W. Massil (ed.), *The Jewish Year Book,* London/Portland, Vallentine Mitchell, 2002, pp.196-197 より作成

カバー表　七枝の燭台。ユニフォトプレス

カバー裏　仮庵祭。ユニフォトプレス